当代高校教师
职业伦理:
从德性到共同体建构

许烨 / 著

The Contemporary University Teacher Occupation Ethics
from Virtue to Construction of Communit

[所谓大学者,非谓有大楼之谓也,有大师之谓也。]

中央编译出版社
Central Compilation & Translation Press

图书在版编目（CIP）数据

当代高校教师职业伦理：从德性到共同体建构／许烨著．—北京：中央编译出版社，2016.9
ISBN 978-7-5117-2984-2

Ⅰ.①当… Ⅱ.①许… Ⅲ.①高等学校-师德-研究 Ⅳ.①G645.16

中国版本图书馆 CIP 数据核字（2016）第 071541 号

当代高校教师职业伦理：从德性到共同体建构

出 版 人：葛海彦
出版统筹：董 巍
责任编辑：廖晓莹
责任印制：尹 珺
出版发行：中央编译出版社
地　　址：北京市西城区车公庄大街乙5号鸿儒大厦B座（100044）
电　　话：（010）52612345（总编室）　　（010）52612363（编辑室）
　　　　　（010）52612316（发行部）　　（010）52612315（网络销售）
　　　　　（010）52612346（馆配部）　　（010）66509618（读者服务部）
传　　真：（010）66515838
经　　销：全国新华书店
印　　刷：北京振兴源印务有限公司
开　　本：710 毫米×1000 毫米　1/16
字　　数：253 千字
印　　张：17.75
版　　次：2016 年 9 月第 1 版第 1 次印刷
定　　价：50.00 元

网　　址：www.cctphome.com　　邮　　箱：cctp@cctphome.com
新浪微博：中央编译出版社　　　微　　信：中央编译出版社（ID：cctphome）
淘宝店铺：中央编译出版社直销店（http://shop108367160.taobao.com）

本社常年法律顾问：北京市吴栾赵阎律师事务所律师　闫军　梁勤
凡有印装质量问题，本社负责调换。电话：010-66509618

序 一

在 2014 年第 30 个教师节来临前夕，习近平总书记在同北京师范大学师生代表座谈时提到的好老师 4 大标准中，就有一条是，做好老师，要有道德情操。"老师是学生道德修养的镜子。"习近平总书记表示，好老师应该不断提高道德修养，提升人格品格，并把正确的道德观传授给学生。《当代高校教师职业伦理：从德性到共同体建构》正是出于这样一种思考而展开的。

首先，伦理学倡导过一种有"思"有"德"的生活，教师的伦理角色意味着教师在道德伦理维度上能够权衡"如何更好"。"你是一个好教师吗？听听学生们怎么说吧！"这不是什么名人说的话，这是一个普通教师留下的师德格言。从根本上说，高校教师职业伦理不仅关心"高校教师在伦理道德上应该如何生活和行动"，而且也关心"为什么高校教师应该如此生活和行动"这个问题。后者确实不是一个简单的问题——为了学会如何生活和行动，每一个高校教师就得学会如何欲望，如何感受，如何行动，以及最终如何成为一个教师。虽然在社会主义和谐社会伦理基础的构筑过程中，高校教师职业伦理的内容是变化发展的，但高校教师群体应该明确自身的道德责任，形成共同的价值观念和道德追求，以身示范，朝着"怎样做更好"的方向发展。

其次，高校教师在作为社会人、伦理人，是以一定的社会交往来开展工作的。教师在交往中所形成的伦理关系，在本质上是一种道德努力。而处理这种伦理关系所需要的伦理知识是高校教师专业知识中最重要但容易被忽视的一环。高校的教师教育和高等教育政策总是非常强调教师要如何提高知识水平，要如何培养科研能力完成科研项目，使之更加胜任专业工作。但很少有人注意到伦理或道德的知识，以及教师需要如何运用这种知识理解专业判断和指导他们与学生、同事和其他人建立良好的关系。这种知识将帮助教师在高校社会中所承担的专业职责背景下运用个人的道德直觉，处理复杂性的道德事件，建构与学生、同事和他人构成的相互关系。

最后，目前高校教师中存在着道德失范、学术失范的现象。但总体而言高校教师行为之善，往往以合乎一般的道德规范为条件；教师德性和人格的培养，亦需要普遍规范的引导；合理的人生，同样离不开一般的道德准则。正如本书中所展现的那样，目前的教师伦理理论和道德界说主要指向个体，而不是将之视为一个共同体来看待，缺乏对高校教师群体的整体把握和全局观念。因此，通过建立共同的道德价值判断、道德意识、价值信念、价值认同或相关德性等，组成一个学习的、关怀的、同辈的、全纳的、探究的具有共生共存关系的教师职业组织形式和教师道德共同体，显得非常有必要。

"冰雪净聪明，雷霆走精锐。"用来形容我的博士生开山弟子许烨再恰当不过，其在硕士研究生阶段就展现了作为研究者的基本素质，一方面，具有严谨的逻辑思维，能够对事物进行客观、辩证的分析，对现实问题有着自身的独到见解；另一方面，有着坚强的毅力和不怕吃苦的精神，并且对读书、科研有着执着的热爱，其广博的文化素养让我在博士生面试时见到大为惊叹。随后的四年博士学习中，她非常勤奋刻苦，对于读书、做研究依然保持着非常浓厚的兴趣，每每都能从普通事物中发掘新东西，学术敏感性极强。对于她以"高校教师职业伦理"这一研究内容作为博士论文选题，我认为是有很大挑战性和现实意义的，因为这需要有深厚的哲学功底和多学科广博的知识面。同时，作为一名高校的管理者，我深刻地理解，教师的素质对一所大学的意义之重大。希望她能在教师教育研究这条路上走得越来越好，越来越有趣。

龙献忠

（湖南文理学院校长，湖南大学马克思主义学院教授、博士生导师）

2016年7月

序 二

阅读《当代高校教师职业伦理：从德性到共同体建构》时，首先想到的是作者许烨其人。一个勤奋、温婉、清秀、明亮、平静、低调的小女孩，似独处悠闲之滨，但让你强烈地感受到她"胸中有丘壑"，淡泊宁静中，蕴含悟道致远之无穷力量。在湖南大学攻读硕士与博士期间，可谓是一个传奇式的学霸级人物，4年不到的时间，在图书馆的借书记录上，显示她借阅了1486本书目，还不包括自己购买收藏的书籍，大约是一天阅读一本书的速度，这给我留下了深刻印象。她通过博览群书，从一个学语言学出身的青涩女孩，已然成为一名深邃智慧的思想者，在其硕士与博士论文中，均介入当代教师伦理与教育哲学问题，令人欣慰钦佩。

高校教师乃大学之本，其职业伦理建设尤为重要。正如梅贻琦先生之名言，"所谓大学者，非谓有大楼之谓也，有大师之谓也。"高校教师伦理是高校教师队伍建设的重要内容，它在教师素质提升、教育教学改革与高校人才培养中具有不可估量作用。然而，教师伦理在高校教师专业发展中一直被忽视。现实生活中，特别是在高校教师发展及其相关政策中，大家均非常强调教师的知识水平、科研能力等专业发展内容，很少有人注意到高校教师伦理，以及如何运用这些伦理进行教师专业价值判断，指导自己与学生及其他人建立良好的关系。这种伦理将帮助教师在复杂的专业背景中，运用个人的伦理直觉，处理复杂性的道德事件，建构与环境的良好关系。所以说，研究高校教师职业伦理，对加强高校教师的职业道德修养，解决目前部分教师道德失范问题，体现高校教师职业伦理的科学性、示范性和时代性等要求，具有一定的现实意义。

高校教师职业伦理，作为处理高校教师社会关系之理，它一方面体现的是社会对高校教师的要求，具有鲜明的社会价值取向。即它充分肯定并积极地参与到社会发展的历史进程中，承认社会发展对社会存在的"善"的价值。另一方面，它释放教师个体的内在能量，彰显教师的生命意识，具有自我存在的价值取向。即教师参与社会发展进程是自觉、自主与自发的行为，不是被动的服从行为，承认自身存在与社会发展是一个统一的过程。总体而言，高校教师之善，既以符合一般的道德规范为条件，又以符合自身生命力量的自然绵延为内容。教师之德性与人格的养成，既需要普遍规范的引导，离不开一般的道德准则，更需要生命与人生的自由选择，遵循内在欲望与创造的倾向。因此，高校教师职业伦理与一般伦理相区别，体现了高校教师职业伦理的多向性与整体性、个体性与群体性、创造性与道义性、自由性与导向性、私人性与公共性的统一。既有对高校教师人际交往的"统一思维"的指导，又有对高校教师自由思想与创造生活的尊重与呵护。

高校教师职业伦理的形成，根植于个人内心修养，最重要的是个体在教育实践生活中的认知体验与反思平衡。伦理学倡导过一种有"思"、有"德"、有"爱"的生活。教师的伦理角色，意味着教师在伦理维度上，能够权衡"如何更好"。从根本上说，高校教师职业伦理不仅关心"高校教师在伦理道德上应该如何生活和行动"，而且也关心"为什么高校教师应该如此生活和行动"这个问题。后者确实不是一个简单的问题，为了学会如何生活和行动，每一个教师就得学会以约束为前提，享受自由生活，让生命能量自然绵延而又不逾矩。心怀仁爱之心，思考如何欲望，如何感受，如何行动，以及最终如何成为一个温暖而有力量的教师。尽管我们可以对他人的生活提出建议和劝告，但是，如果首先不进行自我反思修炼的话，我们就不可能自觉自由且不断超越自我地生活，也不可能对他人的生活提出有意义的建议和劝告。

高校教师职业伦理的形成，涵咏于身处其中的历史传统与社会文化的肥沃土壤。它的建设必须融入我国传统教师伦理文化体系，它要求教师要秉承

"格物、致知、诚意、正心、修身、齐家、治国、平天下"之文化宗旨,具有"为天地立心,为生民立命,为往圣继绝学,为万世开太平"的使命意识。这就意味着,教师要心怀天下,通过自己的道德努力,成为大众的人格典范与社会精英。这是高校教师职业伦理追求的永恒精神价值。为此,教师要以一颗赤子之心,具有为他人与社会着想的良知与文化自觉,明确自身的道德责任,以身示范,形成共同的价值观念和道德追求,在面对社会和教育中的诸多矛盾和利益冲突,能够达成谅解,形成共识,化解矛盾,形成和谐的教师职业伦理秩序。

作者虽于而立之年,但涉猎甚多,从本科的语言学,到硕士的教育学,到博士的哲学,触类旁通,既享受思想世界的广阔与乐趣,又介入专业性很强的教师伦理之思考。你可以说这些思考属于伦理学问题,也可以说属于教育学问题,还可以说属于哲学问题。所以,你阅读它,感觉她那种对世界充满好奇心、热爱与诗意的憧憬,这正是我们这个时代所需要的。当然,现代教师伦理的形成与建设,除了研究中叙述到的自我修炼与文化传统等重要内容以外,它还需要管理的进步、文化的繁荣与宽松的意识形态土壤,其中必然蕴含现代与传统、自由与约束,"我"与"他"的冲突与纠结。所以,作者今后需要努力的,可能不只是思想的逻辑,而更多的是实践的体验与追问的勇气。

唐松林于岳麓山下
2016 年元宵节

第一部分 伦理知识及历史向度

第一章 高校教师职业伦理导论

第一节 高校教师职业伦理研究的背景意义 ………………………… 3
一、伦理与道德建设：高校教师职业伦理的意义与重要性 ……… 3
二、现代化冲击：高校教师职业伦理的困境存在 ………………… 6
三、"回到伦理"的世界：高校教师职业的发展呼唤马克思主义伦理精神 …………………………………………………………… 8
四、历史的向度：社会进步与文化传承的基本诉求 ……………… 10
五、理性及其秩序：和谐社会建设的价值取向 …………………… 11

第二节 国内外关于教师职业伦理的一般性论述 ………………… 15
一、国外关于教师职业伦理的一般性论述 ………………………… 15
二、国内对教师职业伦理的普遍看法 ……………………………… 23
三、目前研究的主要不足 …………………………………………… 30

第三节 研究方法及创新点 …………………………………………… 32
一、研究方法 ………………………………………………………… 32

二、研究的创新点 ………………………………………… 33
第四节 相关概念厘清 ……………………………………………… 34
　　一、伦理与道德 …………………………………………… 34
　　二、伦理关系 ……………………………………………… 37
　　三、伦理实体 ……………………………………………… 38

第二章 高校教师职业伦理基本概述 …………………………… 40
第一节 高校教师职业伦理的内涵 ………………………………… 40
　　一、高校教师职业的伦理内涵 …………………………… 40
　　二、高校教师职业的认识论起源 ………………………… 43
　　三、高校教师职业的伦理关系特性 ……………………… 44
第二节 高校教师职业伦理的内容结构 …………………………… 45
　　一、高校教师德性伦理 …………………………………… 46
　　二、高校教师交往伦理 …………………………………… 48
　　三、高校教师规范伦理 …………………………………… 49
　　四、高校教师职业伦理秩序 ……………………………… 50
　　五、高校教师伦理共同体 ………………………………… 52
第三节 高校教师职业伦理的特征与时代要求 …………………… 53
　　一、高校教师职业伦理与一般伦理的区别 ……………… 54
　　二、高校教师职业伦理的基本特征 ……………………… 55
　　三、高校教师职业伦理的时代要求 ……………………… 59

第三章 从预成到生成：高校教师职业伦理的历史演进 ……… 61
第一节 教师职业伦理预成论 ……………………………………… 61
　　一、大学教师是"圣人" ………………………………… 63

二、大学教师是"教育者" …………………………………… 64
   三、大学教师是"专家" ……………………………………… 65
 第二节 教师职业伦理生成论 …………………………………… 66
   一、教师职业伦理生成的历史前提：两种生产 …………… 67
   二、教师职业伦理生成的现实前提：现实的人 …………… 70
   三、教师职业伦理生成的完善前提：社会交往 …………… 71
 第三节 我国教师职业伦理的历史演进 ………………………… 73
   一、传统视阈中的教师职业伦理 …………………………… 73
   二、现代视阈中的高校教师职业伦理 ……………………… 78
   三、后现代视阈中的高校教师职业伦理 …………………… 84
 第四节 中西教师职业伦理的简要对比 ………………………… 89
   一、西方教师职业伦理的发展 ……………………………… 89
   二、中西教师职业伦理的主要差异 ………………………… 94

第二部分 伦理的导向及实践

第四章 骑在道德的围墙之上：高校教师职业伦理的核心原则 …… 99
 第一节 德性：教师职业伦理的核心原则及其范畴 …………… 100
   一、教师职业伦理核心原则——德性的再认识 …………… 100
   二、教师德性伦理的生活形式 ……………………………… 103
   三、高校教师职业伦理范畴 ………………………………… 105
 第二节 高校教师的德性生活困境：围墙内外 ………………… 111
   一、德性生活：传统教师的选择 …………………………… 111
   二、庸常生活：现代教师的无奈 …………………………… 112
   三、可能生活：后现代教师的幸福 ………………………… 118

第三节　教师德性的本体论追寻：围墙之上 …………………… 121
　　　一、从"片面个性"到"全面个性" ……………………………… 122
　　　二、从"绝对权威"到"感召权威" ……………………………… 124
　　　三、从"认知理性"到"反思理性" ……………………………… 126
　　　四、从"德性体验"到"德性幸福" ……………………………… 128

第五章　形式化标准与标准化规范：高校教师职业伦理规范 ………… 131
　第一节　差异性：多样性伦理规则为教师规范伦理提供支柱 ……… 131
　　　一、历史文化中生成的各种教师道德标准 …………………… 132
　　　二、从附魅、赋魅走向祛魅的道德秩序 ……………………… 135
　　　三、科学技术发展下的教师科研伦理冲突与学术规范 ……… 137
　　　四、社会期望要求教师伦理内在规则的变化 ………………… 140
　第二节　同质化：专业实践中形成的标准化教师行为规范 ………… 145
　　　一、教师规范伦理何以必要 …………………………………… 145
　　　二、教师规范伦理的理性共识 ………………………………… 150
　　　三、教师规范伦理的难题 ……………………………………… 152
　　　四、教师规范伦理的展望 ……………………………………… 158
　第三节　自由王国：教师规范伦理的自我建构 ……………………… 163
　　　一、"被动服从"还是道德责任"主动构建" ………………… 164
　　　二、从"无意识追寻"走向伦理反省与自明 ………………… 167
　　　三、"规则中心"还是"关怀中心" …………………………… 169

第六章　对话交往：高校教师职业伦理交往 …………………………… 171
　第一节　主体与他者：高校教师职业伦理关系 ……………………… 172
　　　一、"交往"与"对话交往" …………………………………… 172

二、普遍理性交往主体的确立 …………………………… 174

第二节　"控制"与"被控制"：教师生活世界的两难情境 …… 177

　　一、伦理两难：生活交往中理性主体被解构 ……………… 178

　　二、重要他人：主体在教学交往中的内省 ………………… 181

　　三、拟像现实：符号化对话语权的解构 …………………… 185

　　四、他者的消失与道德的消弭 ……………………………… 190

第三节　主体澄明：教师交往伦理关系的后现代建构 ………… 192

　　一、平等者中的首席：对高校教学交往的再认识 ………… 192

　　二、道德的交流与主体的澄明 ……………………………… 195

　　三、教师主体的涅槃：在交往中诞生 ……………………… 198

第七章　从差序到平等：高校教师职业伦理秩序 …………… 200

第一节　传统学校中特有的差序伦理秩序 ……………………… 200

　　一、差序伦理秩序的文化起源 ……………………………… 201

　　二、权威——服从伦理秩序 ………………………………… 202

　　三、等级伦理秩序 …………………………………………… 204

第二节　现代性契约平等伦理秩序 ……………………………… 206

　　一、现代性契约平等伦理秩序的内涵 ……………………… 206

　　二、现代性契约平等伦理秩序的价值取向 ………………… 208

第三节　和谐的高校教师职业伦理秩序 ………………………… 212

　　一、公正自由的和谐宪政秩序 ……………………………… 213

　　二、德行公益的教师行为秩序 ……………………………… 214

　　三、宽容信任的教师生活秩序 ……………………………… 216

　　四、从"世俗"走向"神圣"的教师道德秩序 …………… 220

第八章 伦理愿景：高校教师职业伦理共同体的建构 …… 224

第一节 高校教师职业伦理共同体 …… 225
一、高校教师职业伦理共同体的内涵 …… 225
二、高校教师伦理共同体的特征 …… 227
三、有德之师：高校教师职业伦理共同体建构的鹄的 …… 229

第二节 回到现实世界：高校教师职业伦理共同体建构的秩序诉求 … 231
一、同情的绵延：基于情感的德性生活诉求 …… 231
二、差异的共生：基于差异的规范伦理诉求 …… 233
三、交往的需求：基于交往的学术共同体诉求 …… 234
四、和谐的创建：基于和谐的高校教师伦理秩序诉求 …… 235

第三节 高校教师职业伦理共同体建构的实践取向 …… 236
一、专业知识共同体：广博、求真 …… 237
二、伦理精神共同体：人本、理性 …… 240
三、德行规范共同体：关怀、向善 …… 244
四、科研学术共同体：自律、严谨 …… 247
五、社会服务共同体：良心、忠诚 …… 250

结　语 …… 253

参考文献 …… 258

后　记 …… 266

第一部分

伦理知识及历史向度

- ★ 高校教师职业伦理导论
- ★ 高校教师职业伦理基本概述
- ★ 从预成到生成：高校教师职业伦理的历史演进

第一章 高校教师职业伦理导论

中国社会发展正处于继往开来的重要时刻，也是社会伦理秩序分化调整的特殊时期。随着知识经济时代的到来，高等教育越来越承担着实现创新型社会国家战略目标的历史重任，承担着为社会主义现代化事业培养科技创新和高水平人才的社会职责。"教育大计，教师为本"，高校教师作为知识的拥有者、传播者和创造者，在高等教育活动中享有特殊的地位和作用，教师的素质直接影响到中国教育的发展，影响到国家的前途和民族的未来。

第一节 高校教师职业伦理研究的背景意义

一、伦理与道德建设：高校教师职业伦理的意义与重要性

《公民道德建设实施纲要》指出："社会主义道德建设是发展先进文化的重要内容。"[①] 切实加强社会主义道德建设，推行以德治国，是构建社会主义道德体系的必要条件。道德是社会关系的产物，是人们经济生活和其他社会生活要求的反映，是调节人与人之间、人与社会之间、人与自然之间关系的价值观念和行为规范的总和。以为人民服务为核心、以集体主义为原则的社会主义道德，是社会主义精神文明的基本内容，是构建社会主义和谐社会的伦理支撑。党的十八大报告提出，要大力加强社会主义核心价值体系建设，

---

① 《中共中央关于印发〈公民道德建设实施纲要〉的通知》，中发〔2001〕15号，http://dangshi.people.com.cn/GB/165617/166495/10003360.html，2001年10月24日。

"倡导富强、民主、文明、和谐,倡导自由、平等、公正、法治,倡导爱国、敬业、诚信、友善,积极培育和践行社会主义核心价值观"①,要"高度重视青年教师思想政治工作,切实加强青年教师思想教育引导"②。《国家中长期教育改革和发展规划纲要(2010—2020)》明确提出,要加强教师职业理想和职业道德建设、增强广大教师教书育人的责任感和使命感。《中共中央关于深代文化体制改革推动社会主义文化大发展大繁荣若干重大问题的决定》提出,文化工作者要加强职业道德建设和作风建设。这对普通高校的师德建设提出了新的要求。教师是学生健康成长的指导者和引路人。在国民教育中培育社会主义核心价值观,首先需要师德高尚。如果老师、校长的品德低劣,培育核心价值观便无从谈起。习近平在2014年北京大学师生座谈会上讲到,"青年要自觉践行社会主义核心价值观"③。核心价值观,承载着一个民族、一个国家的精神追求,体现着一个社会评判是非曲直的价值标准。高校教师职业伦理作为指导高校教师进行社会交往、专业实践的道理,对教师群体的社会主义核心价值观的构建具有重要的促进意义。

马克思说:"整个人类的历史无非是人类本性的不断改变而已。"存在主义者认为"人的存在先于人的本质。"这二者都强调人的活动过程就是人本性的建构过程。一般说来,高校教师职业伦理研究主要是指研究从事高校教师职业的个人在其职业活动中应当具有的品德修养,并进一步研究这种修养如何转化为道德行为的机制。高校教师职业伦理研究正是继承了马克思理论中关于"偶然性生存的人和具有个性的人之间区分的思想"④,将偶然性生存的个人作为高校教师道德的出发点,即教师出生的偶然性与成长的偶然性。如

---

① 胡锦涛:《坚定不移沿着中国特色社会主义道路前进,为全面建成小康社会而奋斗》,在中国共产党第十八次全国代表大会上的报告,2012年11月8日。
② 中组部、中宣部、教育部党组:《关于加强和改进高校青年教师思想政治工作的若干意见》,教党〔2013〕12号,2013年5月28日。
③ 习近平:《青年要自觉践行社会主义核心价值观》,在北京大学师生座谈会上的讲话,2014年5月4日。
④ 王秀敏:《个性道德与理性秩序——赫勒道德理论研究》,哈尔滨:黑龙江大学出版社2011年版,第3-5页。

果教师在进入大学后要想摆脱其双重偶然性生存的状态，就必须进行生存性的选择，在大学里和教师职业生涯中实现其生命的"跳跃"，从而将双重偶然性转化为确定性生存。

从最为宽泛的意义上来说，研究高校教师职业伦理之于伦理与道德建设的支撑意义或积极价值在于：首先，它充分地肯定并积极地参与到社会发展的历史进程之中，承认社会发展对社会存在的"善"的价值，并为其提供正当合理的价值辩护。社会主义道德体系寻求更高更合理的伦理价值思想，高校教师职业伦理体系研究可以为其提供蓝本。道德教育与道德修养是完善道德主体的主要方式，把社会主义道德教育与人的自我塑造相结合，正是为促进社会发展提供积极的主体基础。其次，一定社会的职业伦理总是反映社会整体的伦理道德，是在社会生活实践的基础上为各种社会关系的和谐和人的自我完善所提供的一种具有理想的价值追求目标。第三，高校教师职业伦理作为一种价值科学，其着眼点或根本价值导向是指向社会整体的普遍价值和长远价值，高度关注教师群体的人际关系与社会关系的和谐，强调作为社会进步的开拓者与文化传承的繁衍者的高校教师积极参与社会合作与实现个人自我完善的辩证统一，它可以有效解决高校教师在正确处理个人在职业发展中的各种关系，特别是解决好如何做人的问题。第四，高校教师职业伦理研究有助于进行高校教师的思想政治教育。高校教师的思想政治素养、人文素养、知识涵养等因素直接关系着大学生思想政治教育的效果，在此意义上，高校教师职业伦理研究的应然性理想对于引领社会道德风向、提升社会文化精神、培育核心价值观、培养优质接班人，从而最终为和谐社会的构建提供必要而充分的精神资源。在人生态度上以辛勤劳动为荣、以好逸恶劳为耻，在行为处事上以遵纪守法为荣，以违法乱纪为耻，在生活方式上以艰苦奋斗为荣、以骄奢淫逸为耻。可以说，高校教师职业伦理中所蕴含的道德特征本身就是一种道德伦理的需要。因此，高校教师职业伦理及其建构需要通过马克思主义伦理精神为其提供相应的伦理基础：既包括社会制度德性伦理基础的公平正义、社会荣辱观，也包括个人德性伦理基础的诚信友爱等。

研究高校教师职业伦理问题是一个多维的认知框架，有助于回答和解决社会学、伦理学、教育学、人类学和哲学等学科的研究对象问题，是在挑战、质疑、批判、解构传统知识体系的过程中建立的，有助于完善相关理论体系，构建中国特色的高校教师职业伦理共同体。它强调多元和谐的知识互补，用辩证批判的眼光审视教师职业伦理的历史演变，坚持发展可变的观点、追求平等和谐秩序的实现，不仅从历史的角度去考察教师职业，还从哲学的角度去审视教师职业发展所继承的人类知识，从而填补传统以等级制和排他性为特征的二元对立的男性中心主义知识构建结构中的空白，重构新的具有批判精神的思想体系，有利于我们在学术层面加强对教师学科理论的建设，克服我国在教师职业伦理研究中理论与实践的脱节，能推动教师教育理论的完善和发展，关注高校教师思想政治教育，为我国高等教育的发展提供了新的视野。

二、现代化冲击：高校教师职业伦理的困境存在

"现代化"在根本上是一种历史形态，它在总体上标志的是人类社会自16世纪以来所萌发的深刻变化。人们对现代化的理解各不相同，政治学家将之理解为民主化，社会学家将之理解为多元化及文化的大众化，而经济学家将之视为工业化基础上的市场化。无论是以民族国家替代宗教与宗教统治的现代政体民主化，还是多元社群与社群自治的形成；无论是货币经济的发展，还是公共教育的推广，这些对"现代化"的解释也可以说明政治形式与教师职业形式之间的特殊关联以及教师职业群体在协调和构建这一关系（民主、法制）过程中所扮演的历史角色。现代化对高校产生了巨大的影响，教师在道德伦理维度上应该是一个怎样的教师？

"在以往的教师道德发展解读中，我们解读的主要是外部规定性的、非自我的、被动遵守的规范道德……我们很少论及教师道德在渐进的运动变化过程中达到的程度、水平、境界，也就说不清实质上的教师道德发展，说不清

教师道德如何不断地从一个境界趋向另一个更高的境界。"①

高校教师职业伦理是高等教育专业伦理的一环，无法独立于高等教育专业伦理之外，当前高等教育专业伦理发展的困境，也存在于高校教师职业伦理当中。面对许多品德教育者所认为的正在威胁人们生活和学校教育之基础的"道德滑坡"现象，"衰退论者"作出的反应是：呼吁培育尊重、责任、勤奋、审慎和纯洁等德性，用瑞安（Wynne Ryan，1993）的话来说，就是"品德、学术和纪律"。② 高校教师道德问题的出现，主要在于其运用"社会人"身份进行实践活动时精神文化的缺失，特别是高校教师职业道德规范和相应法规的严重缺位。在恶性膨胀的物欲需求的驱动下，部分教师的主体品格、道德情操和文化素养全面失落，如学术造假、作风问题等，是导致高校教师道德失范的深层主体原因。

长期以来，以科学、民主和平等为核心的现代意识对高校教师职业伦理崇高维度的冲击，以壁垒森严为特征的社会分工对高校教师职业伦理责任维度的消解，以优胜劣汰为导向的市场竞争对高校教师职业伦理归属维度的碰撞，以制度建设为取向的问题解决方案对高校教师职业伦理自律维度的影响等，使"职业成就第一、收入第一"的功利主义思想在高校教师群体中广受追捧。人们对高校教师的期望以及社会对高等学校教育的评价，往往停留在高校教师的教学能力和科研能力上，如是否能取得重大科研项目成果、是否能发表优质论文上，对高校教师职业伦理缺乏重视，在高校教师的聘任上往往忽视其道德品质。事实上，高校教师职业伦理不仅关系着师资素质的良莠，也是高等学校教育成败的关键，所以有必要分析高校教师职业伦理的内涵，探讨高校教师职业伦理养成的途径，才能促进教师专业的发展，培养教师的思想政治素质，提高对学生思想政治教育的效果，从而达成教育的目标。此外，高校教师专业的发展也呼唤人性化的职业伦理规范。过去的教师职业伦

---

① 朱水萍：《教师伦理：现实样态与未来重构》，南京：南京大学出版社2014年版，第63页。
② Wayne H. Holtzman, *The IUPS Project on Professional Ethics and Conduct*, *International Journal of Psychology* 14, 1979: P. 107–109.

理的探究,不是偏重在某一个层面,就是缺乏教育学理和马克思主义伦理精神的基础。因此,在此意义上研究高校教师职业伦理,能够有效解决现代性对高校教师职业的冲击以及高校教师职业伦理的两难困境。

三、"回到伦理"的世界:高校教师职业的发展呼唤马克思主义伦理精神

从某种意义上,从人类社会一开始,就有了对伦理精神的追寻,有了按照伦理精神的要求安排人的群体生活的愿望,有了用道德原则及规范去调整人们之间关系的需要。① 在人类进入农业文明的时代,秩序追求是第一位的,基于权力制度的权力意志是贯穿于社会体系的基本精神;到了工业社会,对社会进步的追求开始凸显出来,基于法律制度的法的精神成为社会生活的基本保障;在后工业社会,人类开始致力于一种拥有道德制度(德制)的社会模式建设,基于道德制度的伦理精神开始进行自觉建构,也可以说在人类的未来,或者说人类当下已经显现出来的趋势,是对完美生活的追求和促进人的全面发展,这一过程需要根据马克思主义伦理精神来重建人类的社会体系。以人为本,完善人的德性,始终是马克思主义伦理精神的逻辑起点和价值归宿。在这里,伦理道德作为一种主体性的道德,对于教师职业的发展的意义和价值在于:

首先,社会是由人组成的,这就决定了人的发展对于社会发展的重要意义。教师职业产生于社会分工的发展,或者说,是可以从分工的角度来加以理解教师历史。这种分工的历史决定了教师职业伦理关系是包含在分工的框架中的,是人们在分工的基础上所形成的全部职业关系的一个方面。以往的职业活动或多或少地与人的个体意义上的生活相分离,做人有做人的道德,从业有从业的要求,特别是对于处于公共部门的教师职业活动来说,要求教师把做人与从业统一起来,把个人生活与职业活动统一起来。教师作为一个

---

① 张康之:《论伦理精神》,南京:江苏人民出版社2010年版,第55-56页。

特殊的群体，有着整体性的要求，每一个从业者都是作为这个群体中的一员而存在，他与群体中的其他成员之间的关系必须是和谐的，才能保障他所在的群体是一个整体。通常我们总是引用人类学和社会学的证据来说明职业伦理问题。我们往往注意到其他文明社会中的伦理道德观与我们社会的伦理道德观迥然相异，也看到了某一特定社会中的伦理道德观的历史演变。正如科学的历史性并不排斥或否定科学的确定性和绝对性一样，我们也不能以伦理道德的历史性、易变性、多样性来否定伦理道德的普遍性与确定性。教师职业伦理的形成与发展，正如整个人类思想与文化的发展一样，既有普遍性（共性）又有特殊性（个性），既有着民族（或地域）性又有能够相互沟通的共同性。

其次，鉴于教师管理的科学化、技术化导向，教师职业只有获取了伦理价值这样一个学科支撑点，才能实现对社会进步与文化传承的超越，进而达到一个新的、更高的科学境界。正如工业社会的学科体系中需要有专门的法学学科去探讨法的精神一样，在后工业社会也需要有高校教师职业伦理这样一个课题去专门研究社会职业伦理所需要的伦理精神。高校教师职业的马克思主义伦理精神将会成为一种普遍精神，在整个社会职业伦理秩序的构建中，都需要贯穿马克思主义伦理精神和得到马克思主义伦理精神的指导。高校教师职业道德的建设，职业精神的培育，均具有深远的社会意义，不仅直接影响着高等教育目标的实现，也是当前我国高等教育发展与师资队伍建设中的一个重要课题。

第三，高校教师主体对社会发展的理性自觉认识是人完善自身存在方式的不断深化的过程。作为社会职业中的一个重要部分，高校教师职业的发展有赖于一定理性自觉的人来完成。这就要求作为主体的教师应当具有自由的意志，并进而内化为自身的内在要求。在我国不断深化社会改革的过程中，教师的社会属性的同一性和差异性随之呈现出新的特征。在教师的社会属性的同一性方面，高校教师群体在建设社会主义民主政治、繁荣社会主义文化、促进社会主义市场经济建设、落实科学发展观、坚持"以人文本"、构建和谐社会、鼓励开拓创新等方面，逐步达成共识。而在教师的社会属性的个性或差异性方面,则集中体现在高校教师公民意识的迅速生成、个人价值选择的多样性、个体差异思维的多样性、个体创造性才能的施展等个体的社会差异性。在走向后工业社会的过程中,需要率先把握引领社会进步、传承文化的高校教师群体中伦理关系的成长和变动,需要按照伦理关系的客观状况去建立基本的职业道德制度,并在这一道德制度的框架下去展开全部的职业活动。因为,高校教师职业的服务定位如何可能,高校教师职业关系的伦理性质如何得以认识,高校教师管理制度和程序的设计如何实现道德化,高校教师本体的伦理追寻如何体现道德原则,高校教师行为如何获得有效的道德规范,马克思主义伦理精神在高校教师职业伦理秩序中如何得到贯彻,等等,所有这些问题都需要进行专门的研究来作出回答。

四、历史的向度:社会进步与文化传承的基本诉求

在历史活动中,历史进步是人的自觉活动之指称,它标识的并非是以好的代替坏的,而是以更好的代替好的。这也意味着,历史的进步并不是对历史的全盘否定,而是对于历史的某种保存与继承,正是这种保存与继承,构成新的社会历史形态继续前进的基础。正是如此,高校教师职业的发展也是以历史的客观演进进程为依据的,在当下呈现为高校教师的自觉选择与活动,然而,在历史的向度中,它却是社会历史本身的一种内在运动及其趋向,是历史在其发展过程中自我否定之历史的辩证法过程。概观马克思恩格斯对于现代化的历史向度理解,一是社会物质生产方式尤其是生产力发展的维度,这个维度所标识的是人对外部世界的实践能力的提高程度,以及人的物质生活境况的改善程度;二是人际关系的维度,这个维度所标识的是人际交往范围及其相互平等程度;三是人自身全面发展的维度,这个维度所标识的是人及自由之尺度。

在这个普遍联系的社会主义社会里,高校教师公民意识的不断提升,开始逐渐跳出"自我中心"的思维范式和心理局限,承认和肯定他人,从而有助于理解自身的社会责任感。只有每个高校教师都对自身的行为负责,都用

自己的劳动去创造价值，整个高等教育界乃至整个社会才能产生积极向善的合力，反之，教育和社会的整体进步就无从谈起。高校教师的社会属性的生成与发展是一个动态过程，随着高校教师自身素质和能力的不断成熟与发展，高校教师的社会属性就会随之提升和发展，最终必将促使高校教师自身价值的实现与教师群体社会关系的优化。

德国哲学家恩斯特·卡西尔（Ernst Cassirer）在《人论》中指出："人不再生活在一个单纯的物理宇宙之中，而是生活在一个符号宇宙之中。语言、神话、艺术和宗教则是这个符号宇宙的各部分。"[①] 人是文化的动物，"文化"是人的世界的基本特征。文化因人而存在，人是文化的目的和依据，文化的本质是它的人性内涵。教育是文化传递与文化传播的过程，文化是人类本质力量的确证与表征，教师是一种文化存在。

世界的知识不是固定在那里等待被发现的，只有通过我们的反思与建构行为，它才能得以不断的扩张和生成。高校教师职业伦理是实现高等教育价值与文化传承的基本诉求，是高等教育伦理的重要范畴。高校教师文化的建设要以是否有助于高校教师职业共同体的伦理精神和学生的精神成长为宗旨。高校教师职业伦理作为高校教师文化的深层结构和核心内容对高校教师文化建设具有重要的指导价值，是高校教师文化建设的生命和灵魂。从这种意义上来说，高校教师职业伦理就是高校教师文化建设的行动纲领，是促进社会文化发展的前提，有助于引起包括教育部门在内的政府机构及高等教育界对高校教师职业道德问题进行更多的关注和投入。

五、理性及其秩序：和谐社会建设的价值取向

韦伯在论述资本主义兴起时曾高度关注其理性精神，尔后黑格尔和康德都对理性做出了描述，认为理性是"建筑在'自然的各种法则'和正当与善的内容上"的普遍概念，是人类文明所达到的一个新的历史阶段。在哲学和科学观念中，道德德性是真实的智慧，而理性则是用来说明它们（智慧）的

---

① [德] 恩斯特·卡西尔：《人论》，甘阳译，上海：上海译文出版社1985年版，第33页。

联系外界事物之间的桥梁。这种理性精神在人类文明现代化进程中渗透在政治、经济、文化等每一个领域。马克思也在黑格尔理性国家主义、超越康德的旧理性自由主义法学观的基础上创立了新理性自由主义法哲学观。而秩序是人类生存的基本诉求，斯坦利·霍夫曼（Stanley Hoffman，1990）曾指出，国际关系有两大核心任务：一是研究如何在个人、社会、世界之间建立恰当的关系；二是寻找建立这种关系的最佳途径。这两大任务概括地说便是建立以及如何建立世界秩序的问题。① 无论世界秩序、国家秩序还是社会秩序、交往秩序、文化秩序，都有其获得正当性、合理性证明之根据。人类的交往秩序是人自己所构成，其合理性根据不在于人之外而在于人自身，在于人的理性，因而，人必须对这种秩序承负责任。②

人类学家通常认为，文化形态的组成部分之一便是伦理，其伦理类型决定于文化类型。而文化类型只有作为一个统一整体才能加以理解，比如在社会主义文化中，理性道德总是同诸如语言、社会主义政治制度、集体主义价值取向等一些社会主义文化特征紧密相连的；而在资本主义文化中，其理性道德总是同其资本主义制度、个人主义、享乐主义、拜金主义等其他文化特征紧密相连的。这两者在社会形态上属于不同的文化类型，因此在道德上所赞成的与反对的事物往往大相径庭。但是在一个社会内部，所有社会中的大多数人都具有道德的共同性，如在社会主义社会，民众对于"在道德上是否正确"的一般知识具有普遍认识性，能够意识到"一般的善"。社会是由一个个个人组成，塑造健康人格、营造和谐宁静的理性精神秩序，实现个人的和谐发展是实现社会和谐发展的基础。从现代中国社会发展的现状来看，公共性的扩张产生了相应的对社会公共生活规则与秩序的普遍需求，公共生活空间的扩张和教师私人生活价值取向呈现出多样性的增长，然而教师私人生活及其多样性的增长却与这一规则——社会秩序要求构成了某种内在的紧张，

---

① 苏云婷：《女性主义视角下的世界秩序研究》，北京：中国社会科学出版社2010年版，第66页。

② 高兆明，李萍等：《现代化进程中的伦理秩序研究》，北京：人民出版社2007年版，第45页。

如何化解这一紧张并在人们的多样性中构建一种和谐的理性精神秩序，成为现代社会和现代人都必须面对的一个现实课题。对高校教师职业伦理的研究本身是一种注重人本的现代意识。本书对高校教师职业伦理关系的道德调整和现实反思的分析秉承"以人为中心的可持续发展"理念，共建彼此尊重、平等相处、协力互助、平衡和谐的师师、师生关系，追求一个公正而富有人性的理想社会。这种现代意识使高校教师职业伦理研究充满人性的光辉和理性的光彩，充分体现了学术研究对人类文明的贡献和价值。

自党的十六大以来，构建社会主义和谐社会的议题日益受到党和政府的高度重视。"社会和谐是中国特色社会主义的本质属性"[1]，"全面建设小康社会就要使社会更加和谐，努力形成全体人民各尽其能、各得其所而又和谐相处的局面"[2]。建设和谐社会，既是指社会的经济、文化、政治等社会要素彼此协调，社会与自然环境实现可持续发展，也是指人与社会、自然、他人以及自我和谐相处。党的十七大、十八大报告也把继续创建和谐社会主义社会，发扬社会主义和谐价值观作为重点而提出。具有中国特色的社会主义作为一种历史形态同样也是一种生活方式与生活秩序，在这种生活方式与秩序中，理性及由马克思主义理性所确立的秩序成了基本的社会价值坐标。

从逻辑上看，世界和谐已经潜在地蕴含了文化的多元性或多样性。失去了文化的多元性或多样性，和谐就无从谈起。道德的多元正是文化多元的有机组成部分。高校教师世界的和谐是动态的充满活力的和谐，而不是静态的一潭死水的自我等同。高校教师伦理道德的和谐是教师世界和谐的重要内容和组成部分，也是社会和谐的重要基础。本书与通常的教师职业道德建设研究理论不同，关注的不是教师职业内指型的规范，而是从教师职业共同体的角度发掘教师职业伦理文化氛围的建设，这从教师管理理论研究角度看就是一种思维的转换和研究角度的创新。道德责任和原则是教师思想政治教育中

---

[1] 党的十六届六中全会：《中共中央关于构建社会主义和谐社会若干重大问题的决定》，2006年。

[2] 党的十六届四中全会：《中共中央关于加强党的执政能力建设的决定》，2004年。

的一个具有重大理论意义和实践意义的问题。在此意义上研究高校教师职业伦理问题有助于回答和解决社会学、伦理学、教育学、人类学等学科的基本问题，如有助于回答和解决教师道德两难问题，有助于探索知识经济时代教师职业道德教育与培育的一些新的理念和有效途径，有助于促成教师伦理与法律的有机对接等。在我国，虽然《教师法》《高等学校教师职业道德规范》等对高校教师的职业活动做出了规范约束，但是具有中国特色的高校教师职业伦理理论研究还比较薄弱，因此加强高校教师职业伦理研究，有利于具有中国特色的高校教师职业伦理秩序的建构。加强高校教师职业伦理研究，促使其良性运行，已成为高校教师群体适应社会主流发展趋势的重要保障。与此同时，加强对新时期高校教师职业精神、职业伦理关系、职业伦理规范等理论与实践问题的研究，探索高校教师思想政治教育的新方法和新途径，积极应对大数据时代、知识经济时代的冲击和挑战，成为当前教育发展与师资队伍建设中的一个重要的研究课题，本书将针对这一课题展开深入的研究工作。

从实践上看，由于长期以来在理论上对高校教师职业伦理的生成和建构缺乏系统和完整的认识，实践上缺乏对高校教师进行认识和处理职业伦理关系、构建良性高校教师职业伦理秩序等方面的正确引导，导致部分高校教师在处理伦理关系和社会关系的实践、职业道德建设、职业规范的制定与遵守等方面未能实现最好的效果。首先，研究高校教师职业伦理问题是教师正确认识和处理社会关系实践的客观需要。结合我国的国情，对于完善和丰富我国高校教师思想政治教育内容，创新我国高校教师思想政治教育方法、途径与模式，具有重要的现实意义，为高校教师教育工作方法的创新提供很好的参考价值。其次，研究高校教师职业伦理的建构是加高校强教师思想政治教育和道德建设的客观需要，有助于高校教师自身理想人格的塑造。高校教师职业伦理强调高校教师主体对当代实践及其后果的深刻反思，能够促进高校教师对职业生涯发展过程的自我认识。它要求高校教师建立一种文化视角，对个人德性的反思与批判进行高度关注，并提高对伦理两难问题的敏感程度，如在处理师生关系问题上正确应用性别变量的方法，主动遵守职业道德规范。第三，本研究有助于创造一个和谐发展的社会文化环境，研究高校教师职业伦理秩序的良性构建也是和谐社会建设的客观需要，特别是在我国经济体制改革不断深化、阶层和性别分化日趋显著的今天考察高校教师群体与其他社会关系的互动状况，充实和完善教师职业伦理，对高校教师群体的和谐发展，对整个社会的和谐建设提供了一些可供借鉴的原则与方法。

第二节　国内外关于教师职业伦理的一般性论述

一、国外关于教师职业伦理的一般性论述

早在20世纪20年代至40年代教师专业发展尚未完全兴起之时，美国学者卡他斯和韦帕斯在犹他州就已经开始进行"一名优秀教师应具备的品质"的课题研究。1948年，全美教育委员会所属的师范教育委员会，在组织专家、教师、学者以及有关研究机构进一步系统研究的基础上，向全美教师发表了题为《我们时代的教师》的报告，对教师应当具备的职业道德品质提出了13项要求和指导。事实上，赫尔巴特（Herbart. J.）、杜威（Dewey. J.）、彼得斯（Peters R. S.）都已在不同程度上触及了教师伦理中的某些问题，不过其作为一个严肃的研究领域，主要始于20世纪80年代，伴随着教师专业化研究的兴起而成为人们的关注重点。

（一）教师职业伦理的内涵界定

约翰·柯德龙（John Coldron）和罗宾·史密斯（Robin Smith）合作的《教师职业身份构建中的积极定位》（1999）中指出在社会属性中的高校教师职业身份的发展，多半取决于外部多变因素的质量和可用度。美国教育学者瑞奇（John Martin Rich）在《教育中的专业伦理》（1984）一书中，提出专业伦理的定义。他认为专业伦理是社会中存在于专业角色和专业行为中所有

有关伦理、价值的议题。① 而教师职业伦理也是推进教师专业化的一个重要维度，如布里吉特·瓦勒斯（Brigitte Valesey）在《教师专业化发展资源》（1998）认为CATTS（the Center to Advance Teaching in Technology and Science）将提供专业发展的机会和资源来改进教学效果。② 涂尔干在《职业伦理与公民道德》（2006）一书中也认为职业伦理越发达，它们的作用越先进，职业群体自身的组织就越稳定、越合理③。在教师专业化的宏观背景下，在教师专业逐渐走向成熟的今天，教师需要具备与之相匹配的专业伦理。正如拉韦特（Lovat，2000）所说的那样，教师专业伦理的建设绝对能增进教师职业的专业性。④ 此外还有如里奇（Rich. J. M.）的《教育专业伦理》（Professional Ethics in Education）、斯科特（Sockett, H.）的《教师专业主义的道德基础》（The Moral Basefor Teacher Professionalism）、卡尔（David Carr）的《教学中的专业主义与伦理》（2000）⑤。特别值得一提的是斯特赖克主编的《教育专业伦理从书》（Professional Ethics in EducationSeries），系统展现了不同教育领域涉及的专业伦理问题。专业取向的教师伦理研究在西方比较普遍，根据研究内容的侧重点不同，也形成了许多分支，有研究认为大致包括专业义务论、专业美德论、专业动机论、专业功能论和专业价值论。

（二）教师德性伦理与关怀伦理研究

20世纪80年代兴起的恢复古希腊德性伦理传统的现代德性伦理学运动，对反思当前全球社会的道德危机困境，开展了一轮新的伦理学探索——"追寻德性"。梭克特（Hugh Sockett，1993）在《教师专业质量的道德基础》一书中，将德行或品德界定为可以学习到的、持续的、个人的道德质量。教师

---

① Rich, J. M. *Professional ethics in education*. Illinois：Charles C. Thomas Publisher. 1984.

② Brigitte Valesey, CATTS：*The tech. Teacher's Professional Development Resource*, The technology teacher, May/June 1998, P. 28 - 29.

③ ［法］爱弥儿·涂尔干：《职业伦理与公民道德》，上海：世纪出版集团上海人民出版社2006年版，第8页。

④ Campbell Elizabeth. "Professional Ethics in Teaching：towards the development ofacode of practice" ［J］. *Cambridge Journal of Education*, 2000, 30（2）, P. 203 - 221.

⑤ Carr, D. *Professionalis and ethics in teaching*. New York：Routledge, 2000.

必须具备的品德称为专业品德。梭克特主张高校教师必须具备下列五项专业品德：诚实，勇气，关怀，公平和实践的智慧。① 德波拉夫（Josef Derbolav）从《责任伦理学》（*Ethik der Verantwortung*）的观点出发，非常强调教师的教育责任，提出"教育德性论"（Pädagogische Tugendlehre）。② 他主张高校教师应该具有教育德性，即教育道德，这种道德的具备首先是要有完美的人格。保罗·亚当斯（Paul Adams, 2009）在《伦理品质：德行和伦理社会工作者》一文认为伦理传统扎根于践行者的德行和品质当中，从亚里士多德、希波克拉底到当代的伦理学，都是为了引导和充实我们对社会劳动职业、实践需求和发展中得到的性格品质的理解。③ 美国学者提姆思·里根（Timothy G. Reagan），查理·凯斯（Charles W. Case）和约翰·布鲁巴彻（John W. Brubacher）在其合著的《成为反思型教师》一书中，通过案例来说明现代教师在面对道德两难中的处境以及应对策略。他们指出，现代教师再也不能从对权威的诉求中获得什么了，伦理与伦理的决断成了他们教学的一部分，课堂教师再也不能忽略或避免道德或伦理的困境。④ 另两位美国学者利达·菲尔斯丁（Lynda Fielstein）和帕彻思雅·菲尔普斯（Patricia Phelps）在其合著的《教学伦理》（*The Ethics of Teaching*）一书中探讨了在当今多变和多诉讼的社会中有关教师的道德和法律问题，他们认为在一些情况下，教师所面临的情形中，其道德的、合法的行为不是那么清晰。马克斯·韦伯甚至担心，在理性化官僚化时代，大学教师会变成这样三种人：或为"没有灵魂的专家"，或为"业余爱好者"，或为"讲台上的先知"。生活之意义的丧失使人沦为社会体制的螺丝钉，"专家没有灵魂，纵欲者没有心肝"⑤。

---

① Sockett, H. *The moral base for teacher professionalism*. New York: Teachers College Press. 1993.
② Derbolav, J. *Grundriss einer Gesamtpädagogik*. Frankfurt/M.: Verlag Diesterweg. 1987.
③ Paul Adams, *Ethics with Character: Virtues and the Ethical Social Worker*, Journal of Sociology & Social Welfare, Vol. XXXVI, No. 3, September 2009, P. 83 – 105.
④ [美] 提姆思·里根、查理·凯斯等：《成为反思型教师》，北京：中国轻工业出版社 2005 年版。
⑤ Noreen M. Webb, "The teacher's role in promoting collaborative dialogue in the classroom", *British Journal of Educational Psychology* (2009), 79, P. 1 – 28.

关怀伦理学的创始人诺丁斯（Noddings, N., 1995）指出,"关怀的伦理学拒绝一个完全自足的道德代理人的概念,接受道德相互依赖性的现实。我们的幸福、我们的成长都免不了与我们遇到的人有密切的关系。作为教师,我们依赖于学生,正如学生依赖我们一样"[1]。斯蒂文·爱德华（Steven D. Edwards, 2011）认为关怀是一个新的道德方向和价值观[2]。克雷格（Craig J. Rice, 1999）通过研究的调查结果显示高校女性教师的道德发展水平来源于吉利根学说[3],被调查教师中有73%被发现拥有很高的道德水准,能够关怀自我以及他人[4]。汉特·布瑞米（Hunter Brimi, 2009）在《学术导师或道德顾问：美国品德教育和教师两难困境》考察了教师在美国学生品德发展过程中所扮演的角色[5]。有研究指出,在形成专业伦理概念方面,关怀伦理学提供了一条很有说服力的选择性途径。关怀伦理学应用到课程实践（特别是道德教育）的时候,有四个主要的组成要素：示范（modeling）、对话（dialogue）、实践（practice）和证实（confirmation）。诺丁斯（1984）强调,关键一点是,使关怀关系成为可能的相互尊敬的关系,"必须以关怀之心对待别人,任何一个道德的人都不能逃避这个要求"[6]。还有研究者从关怀伦理出发,为教学作为一种实践进行辩护。如加拿大学者伊莉莎白·坎普贝尔在《伦理型教师》一书中对教师在实践教学中遇到的伦理问题进行了分析。[7] 简·佩特佛（Jean Pettifor）和米切尔·麦斯卡伦（Michelle C. E. McCarron, 2011）在《教学、

---

[1] Noddings, N. *Philosophy of education*. Boulder, CO: Westview, 1995, P. 196.

[2] Steven D. Edwards. "Is there a distinctive care ethics?" *Nursing Ethics*. 18 (2), 2011, P. 184 – 191.

[3] 卡罗尔·吉利根 Carol Gilligan 是世界上享有盛名的女性主义者和道德心理学家,在西方社会产生了重要的影响。

[4] Craig J. Rice, *Teacher's Level of Care, the Education Reforms*, Vol. 122 No. 1, 1999: P. 102 – 106.

[5] Hunter Brimi, *Academic Instructors or Moral Guides? Moral Education in America and the Teacher's Dilemma Moral Education in America*, Vol. 82, No. 3. January/February 2009, P. 125 – 130.

[6] Noddings, N. *Caring: A feminine approach to ethics and moral education*. Berkeley: University of California Press, 1984, P. 201.

[7] [加拿大]伊莉莎白·坎普贝尔：《伦理型教师》,王凯、杜芳芳译,上海：华中师范大学出版社2011年版。

研究、实践和管理中的伦理监督》一文中指出，2009年加拿大心理学会采取了心理道德准则，对心理学的教学、研究、实践和管理进行监督。这四个道德准则主要包括尊重有尊严的人，负责任的关心，关系的完整性以及对社会的责任。[①] 马塞尔·贝克尔（Marcel Becker，2004）在《德性之后23年的美德伦理、应用伦理和理性》中聚焦于美德伦理和竞争理论的不同之处，如道义论和功利主义的优缺点，发现美德伦理并不仅是描绘行为的严格准则，可以被理解为一种寻求标准的邀请，引导个体规范行为。[②] 不过，关怀面临的挑战却异常复杂。就像约瑟夫·沃特拉斯所指出的那样，关怀与其他积极的教育价值一样，只有在反思性实践更为宽广的语境下才有意义。

（三）教师职业伦理关系研究

后现代主义代表人物齐格蒙·鲍曼（Zygmunt Bauman，2002）在《生活在碎片之中——论后现代道德》一书中认为人类道德已经处在破碎化的时代。[③] 利奥塔（Lyotard）认为，现代社会一些特征表明，"宏叙述"的丧失和终结，这正是后现代的特征。也"当今的课堂从性质上讲已经处于后现代状态了"。[④] 后现代运动通过提供人与人之间新型的巧合而开拓出创造性活动的新天地，就学校和课堂而言，在于它能建立新型的师生关系，一种教师和学生之间互惠式而不是从前那种传授式和控制式逻辑衍生的教学关系。史密斯认为，教师自我理解的真正提高是四重行为的不断递进：向他人开放、与他人交流、某种包含自我更新意味的自我反省、重新与他人交流。后现代主义学者认为高校教师作为对话的行动者，必须具备合作、团结、组织和文化综

---

① Jean Pettifor, Michelle C. E. McCarron, Greg Schoepp, Cannie Stark, Donald Stewart. *Ethical Supervision in Teaching, Research, Practice, and Administration.* Canadian Psychological Association, 2011, P. 198 – 205.

② Marcel Becker, "Virtue Ethics", *Applied Ethics and Rationality twenty – three years after After Virtue*, S. Afr. J, Philos. 2004, 23 (3), P. 267 – 281.

③ ［英］齐格蒙·鲍曼：《生活在碎片之中——论后现代道德》，郁建兴、周俊、周莹译，上海：学林出版社2002年版。

④ Smith, D. G. Teacher "Education as a form of Discourse: On the Relation of the public in Conversations about Teaching", in *Analytic Teaching*, 1991, 12 (1).

合等素质。芬斯特马赫（Fenstermacher G., 1986）认为，作为专业人员的教师与学生之间是互惠关系，因为教师不可能独自一人完成教学任务，他也不能维持与学生之间的知识鸿沟和社会距离。[①] 狄尔泰（Wilhelm Dithey, 1986）主张"教育学要成为科学，只有从教师与学生的关系去描述才有可能"。[②] 布伯（Martin Buber, 1997）是狄尔泰的学生，对师生关系有深入的研究，如重视接触与对话，肯定施教的对象，教育关系是对话，秉持人类学原则，教育就是唤醒。[③] 此外，正如亨利·吉鲁（Henry Giroux, 1992）所指出的那样，"批判教育学进展的核心一点就是，去探索教育如何能在师生关系的不对称权力结构中成为一种生产，而不仅仅是传递知识的文化实践"[④]。保罗·弗莱雷（Paulo Freire, 2011）在《被压迫者教育学》，约翰·马丁·费舍（John Martin Fisher）和马克·拉维扎（Mark Ravizza）在《责任与控制——一种道德责任理论》（2002）则集中在教育政治经济学、政府与教育、文本的表征、学生主体性的建构等方面发表了大量的著述。

埃德蒙·D. 佩利格里诺（Edmund D. Pellegrino）和戴维·C. 托马斯玛（David C. Thomasma, 1993）从他们对医学专业大学生的研究中得出：品德很少能通过伦理课程获得改变。在他们看来，一名高校教师塑造善行或恶行的能力可能是强大的，也可能是微不足道的，这取决于学生做出回应和做好准备的程度，也取决于这位教师是否愿意公开地、频繁地讨论和示范忠诚、同情、正义、坚韧、温和、正直和自谦等德性。他们认为，要使教育（或教学）真正成为亚氏意义上的"实践"，就离不开作为实践主体的教师的"实践智慧"。持同样观点的还有迈克尔（Michael D. Mumford, 2010），他通过对258名医学学生在日常管理、学习行为、专业技能和商业手段四个方面进行了调

---

① Fenstermacher, G. D. "Philosophy of Research on Teaching: Three Aspects" [C]//M. C. Handbook of Research on Teaching. Macmillan, 1986.

② Dilthey, W. Pädagogik, Geschichte und Grundlinen des System. In ders: *Gesammelte Schriften Band 9*. Stuttgart: Teubner Verlag. 1986.

③ Buber, M. Ich und Du. 13. Auflage. Heidelberg: Lambert Schneider Verlag. 1997.

④ Giroux, H. A. *Border crossings: Cultural workers and the politics of education*. New York: Routledge, 1992a.

查后发现，这四项指标都与创造性地解决问题之间有紧密关系。① 麦特（Matt Stichter，2007）在《伦理技能：德行的道德技巧》一文中介绍了朱莉娅·安娜斯的思想，后者是尝试表述"德行与技能类似"这一现代概念而写作的少数现代作家之一，正在为一个全面而详尽的美德做争论，认为德行的知识结构与实践技能的知识结构相似。② 韦恩（Wayne H. Holtzman，1979）在《关于职业伦理和行为的IUPS报告》中对国际生理科学协会（IUPS）颁布的各项调查结果和报告，如伦理章程发布的历史和内容进行了简单介绍，以期望让全世界的心理学家及其团队在如何宣扬高水准的道德和职业行为等方面达成共识。③

另一些研究者，如索尔蒂斯、皮尔森（Pearson, A. T.）、范梅南（Van Manen, M.）、邓恩（Dunne, D.）、汉森（Hansen, D.）等，则从麦金泰尔（MacIntyre, A.）的"实践"（Practice）概念出发，认为教育（或教学）作为一种特殊的社会协作活动，是一种具有自身"内在利益"或"卓越标准"的实践，这种"内在利益"或"卓越标准"就是满足或促进他人的学习。而要实现这种"内在利益"，就需要教师拥有某种德性（Dunne, J., 2003）。④ 辛西娅（Renehan, Cynthia L., 2009）指出，教育领导者依赖其个人守则和职业道德来遵循职业道德规范。⑤ 瑟文森（Frans Svensson，2010）在《美德伦理与正当行为研究》中通过举例说明来演绎推理论证美德与正当行为的关系。⑥ 斯普朗格（Eduard Spranger，1951）主张人们希望每一位教师都具备各

---

① Michael D. Mumford, "Creativity and Ethics: The Relationship of Creative and Ethical Problem – Solving", *Creativiy Research Journal*, 22（1），2010，P. 74 – 89.

② Matt Stichter, "Ethical Expertise: The Skill Model of Virtue", *Ethic Theory Moral Prac.* 2007, (10), P. 183 – 194.

③ Wayne H. Holtzman, *The IUPS Project on Professional Ethics and Conduct*, International Journal of Psychology 14, 1979, P. 107 – 109.

④ Dunne, J. *Arguing for Teaching as a Practice：eply to Alasdair MacIntyre. Journal of Philosophy of Education*, 2003.

⑤ Renehan, Cynthia L. *Teacher leaders：Demonstrating the ethic of the profession：*［Temple University］. Philadelphia, Pennsylvania, USA：Temple University bEducational Administration. 2009.

⑥ Frans Svensson, "Virtue Ethics and the Search for an Account of Right Action", *Ethic Theory Moral Prac.* 2010, (13), P. 255 – 271.

种道德，当然还有特殊的教师道德。① 霍尼格（Honig, 1987）认为："学校必须支持，甚至赞美有道德的生活理念——因为伦理行为是需要学习的。"

（四）教师职业伦理规范研究

自文艺复兴后，以人的理性对抗神性，伦理学中的德性"沉寂"下来，规范取而代之。在西方先进国家，许多以知识作为其执业基础的学术或专业团体，尤其是跟"人"有密切关联的行业，像心理学家、社会学家、医师、律师、会计师、建筑师等等，大多订有诸如此类的"伦理准则"，作为会员们行动的指引，甚至将权力道德规范上升为法律规范，即道德法律化。胡萨米（Z. I. Husami, 1978）在《马克思论分配正义》一文中认为，在马克思那里，"规范不仅仅只与一定的生产方式相关，同时还与不同的社会阶级在生产方式中的地位相关"②。博登海默（Edgar Bodenheimer, 1987）在其著名的《法理学——法哲学及其方法》一书中指出，"那些被视为是社会交往的基本而必要的道德正义原则，在一切社会中都被赋予了具有强大力量的强制性质。"③ 通常情况下，这种具有强制性的道德原则的外在约束力是通过转化为法律规则而实现的。在高校教师专业化发展中，高校教师伦理道德标准始终是教师职业标准确定的一个重要内容。

桑德斯（Saunders, 1933）、利伯曼（M. Lieberman, 1956）和美国教育学会（NEA, 1975、1984）等都较早地提出了一些大众所能接受的包括伦理维度在内的职业标准。1956 年，利伯曼提出的专业八项特征，明确了专业是"非营利，以服务为动机"。1987 年《国际教师工作与教师教育百科全书》则较为通俗地解释了专业标准的内涵。④ 此后，随着高等教育的迅速发展，美国教育界各学会先后制订了《职业伦理声明》《伦理标准》《心理学家伦理标

---

① Spranger, E. *Erziehungsethik*. In Spranger, E. *Geist der Erziehung*. Herausgegeben von Bäuer, G. & Flitner, and A. Heidelberg: Quelle & Meyer Verlag. 1969, P. 406 – 419.
② Ziyad I. Husami. *Marx on Distributive Justice*. *Philosophy and Public Affairs*, Vol. 8, No. 1. (Autumn, 1978), pp. 27 – 64.
③ ［美］博登海默：《法理学——法哲学及其方法》，北京：华夏出版社 1987 年版，第 361 页。
④ 程亮：《规范·专业·实践：当代教师伦理研究的三种取向》，载《教育发展研究》，2009 年第 12 期，第 71 – 76 页。

准》等文本，对教师职业道德进行了分门别类的规定，并开始针对不同的教师职业和不同专业的教师提供相对应的职业道德准则。另一方面，美国教育界的理论工作者也开始把教育学、教育心理学、教育行为科学和教育伦理学的研究问题相结合，以期为培养教师的职业道德品质提供广泛、深入的理论论证。例如，麦金太尔·奥黑尔（Mcintyre, 2002）的《教师角色》、约纳什罗·F. 绍尔蒂什（Jonas F. Soltis, 2007）和罗伯特·纳什的《德性的探寻：关于品德教育的道德对话》、托马斯·里克纳（Thomas Lickona, 1997）的《品德教育中的教师角色》、劳伦斯·科尔伯格（Lawrence Kohlberg, 1975）的《社会道德变迁中的道德教育》等。这些专著、教材小部分涉及高校教师的个性品格、行为品质、师生关系性质以及职业道德等。因此，从不同角度分析已有环球视野的教师规范、准则等文本，就成为高校教师职业伦理研究的一种取向。这类研究一般都从教学实践或教师专业视角分析已有高校教师职业伦理准则在教育、教学或管理过程中的应用及其面临的冲突或困境。在分析视角上，有些偏向规范伦理学或应伦理学，有些偏向美德伦理学；在研究路径上，有些侧重于哲学的分析，有些侧重于经验的研究，有些侧重于案例的反思。

二、国内对教师职业伦理的普遍看法

目前，国内关于教师职业伦理的研究成果不多，主要是对教师职业伦理的理论、内容、精神等相关方面进行描述性和介绍性的阐述。总体来说，我国关于教师职业伦理的研究可以归纳为以下几类：

（一）关于教师职业伦理的界定研究

教师职业是一种"人类化成"（Menschwerden）的志业，在学校中要从事教学、辅导、教育和行政的工作，必须具备基本的道德，拥有专业的观念，注重教学伦理，与学生建立良好的教育关系。教师职业伦理内涵的建构可以促进教师专业的发展，帮助教师认识教师专业的伦理，提供教师作为指引教育行动的依据，提高学校教育的效果，达成学校教育的目标。而职业伦理

(professional ethics)，按照一般的理解，是指"职业群体为更好地履行职业责任，满足社会需要，维护职业声誉而制定的自我约束的行为规范——一套一致认可的伦理标准"①，是指"那些适用于某些专业领域人员的规范"②。宋萑对近年来国际教师职业伦理研究的若干重要研究议题进行梳理，通过分析专业伦理与一般伦理的关系，定义专业伦理、德性伦理与规范伦理来对教师职业伦理的复杂图景进行较为清晰的描绘。③

朱道忠认为，教师职业伦理是指教师专业领域中的一套行为规范，藉以规范教师执行专业时对其个人、他人及社会的行为。这种规范既关注规章的制定，也注重教师专业的实践。既体现了教师的个体道德，也体现了教师专业群体的伦理责任。④傅维利认为师道就是"社会对教师阶层的应然性规定，是一种为师的伦理制度，是对教师群体的职业规范"。⑤邢亚珍在《讲台上的禁欲——韦伯论大学教师的职业伦理》一文中认为韦伯的"讲台上的禁欲"应包括以下三方面：第一，对学术事业的热情献身；第二，在学术分工体系中成为专家；第三，学者理智的诚实。教师职业伦理的内涵包括教师的基本道德、专业观念、教育关系、教学伦理、辅导伦理和学校伦理。⑥

（二）关于高校教师的伦理价值观研究

高校教师的伦理价值观念是教师职业伦理重要的一部分。从"教师职业道德"到"教师职业伦理"的转向，是基于教师专业化的要求、伦理与道德的分野，并针对传统师德的弊端而提出的。⑦刘军在《简论高校教师的两大职

---

① 刘捷：《专业化：挑战21世纪的教师》，北京：教育科学出版社2002年版，第62页。
② 刘明新、罗家玲：《职业伦理与职业素养》，北京：机械工业出版社2009年版。
③ 宋萑：《教师专业伦理之辩证》，载《湖南师范大学教育科学学报》，2009年第11期，第9-12页。
④ 朱道忠：《论周敦颐的教育伦理》，载《零陵师范高等专科学校学报》，2001年第22卷第1期，第35-38页。
⑤ 傅维利：《教师职业道德教育指南（第2版）》，北京：高等教育出版社2009年版。
⑥ 邢亚珍：《讲台上的禁欲——韦伯论大学教师的职业伦理》，载《高教探索》，2010年第6期，第123-126页。
⑦ 王丽佳、洪洁：《解读"教师专业伦理"》，载《湖南师范大学教育科学学报》，2009年第8卷第6期，第22-24页。

业伦理要求》一文中提出教师在教育科研活动的价值取向中应具备教育伦理和科研伦理两种伦理原则和规范。① 周建平在《生命性教师德性：教师德性观的重建》一文中认为教师德性展现不是对教师生命的否定，而是对教师生命的肯定，同时也是对学生生命的提升。② 杨晓峰认为，教师要追寻非沉沦的存在，要重新定位教师专业伦理发展的假说基础，营造相互承诺的生存关系，设计具体而微的制度与政策，让教师专业伦理成为一种自律。此外，还有一些学者就如何构建教师的职业伦理价值观做出了研究。③ 毛菊、杨淑芹在《教师伦理理性的内涵及其培养》一文中围绕教师伦理理性的内涵及培养途径展开论述，并提出具体的对策以供借鉴，如丰富教师的道德及伦理知识，形成教师的伦理思维，提升教师的伦理素养，促进教师伦理理性发展等。④

（三）关于高校教师职业伦理关系研究

关于伦理关系，目前国内少数学者对此有过界定或分析。宋希仁教授在《论伦理关系》一文中指出："伦理关系是有精神渗透其中的、主观见之于客观的实体性关系。"⑤ 龚群在《论社会伦理关系》一文中认为"伦理关系是人与人之间体现和合乎伦理规定的关系"。⑥ 学校教师在教育的过程中，必须与学生进行接触，惟有建立良好的关系，才能发挥影响力，改变学生的思想和行为。同时，建立普效性的教育学理论，解决教育实际的问题。因此，高等教育中的伦理关系是高校教师职业伦理的重要一部分。

高校教师职业伦理关系主要分为教师人际生活伦理关系和教学生活伦理

---

① 刘军：《简论高校教师的两大职业伦理要求》，载《辽宁行政学院学报》，2011年第4期，第16-117页。
② 周建平：《生命性教师德性：教师德性观的重建》，载《当代教育论坛》，2007年第10期，第18-20页。
③ 杨晓峰：《存在主义视角中的现代性陷阱与教师专业伦理的回归和发展》，载《中国德育》，2010年第3期，第15-20页。
④ 毛菊、杨淑芹：《教师伦理理性的内涵及其培养》，载《当代教育科学》，2010年第11期，第39-42期。
⑤ 宋希仁：《论伦理关系》，载《中国人民大学学报》，2000年第3期。
⑥ 龚群：《论社会伦理关系》，载《中国人民大学学报》，1999年第4期。

关系。① 高校教师人际生活关系主要是指教师在进行人际交往中所形成的特定关系，而教学生活伦理关系主要是指教师在从事教学工作中与同事、学生生成的一种交往关系。在这里，教师与教师、教师与学生共同创造生成了一种特殊的交往关系，形成了一个利益共同体。与其他的社会利益共同体不同的是，"教学生活伦理"为教师的教学生活提供了准则。万晨琳在《中国高校师生关系研究述评》中谈到中国高校师生关系研究内容主要分为高校师生关系现状反思和新型高校师生关系建构两部分。② 阮成武认为高校教师的伦理关系主要分为教师与学生的关系、教师与学校管理者的关系以及教师与自我的关系。③ 吴艺在《从库珀模式看高师生伦理价值观的建构》一文中认为要从主体性角度去认识和描述教师伦理关系问题。④

（四）关于高校教师职业伦理规范研究

在西方高校教师职业伦理规范的历史研究方面，对美国的研究关注度较高。有具体分析全美教育协会教育专业伦理规范，比如王正平对美国教育职业伦理准则的实证研究、正式制定、修正与发展作出简单介绍并对其进行了简要评论。⑤ 美国等发达国家的教师职业道德向专业伦理迈进的过程中，其教师职业伦理规范的发展对我国教师职业道德建设的专业化和教师队伍发展有着极其重要的作用和价值。⑥ 王俏华在对中美两国的师德规范进行比较分析之后，认为"美德论"和"义务论"决定着管理和规范的内容，人性假设决定

---

① 朱海林：《伦理关系论》，北京：光明日报出版社2011年版。
② 万晨琳：《中国高校师生关系研究述评》，载《当代教育论坛》，2009年第9期，第95 - 97期。
③ 阮成武：《教师行动研究的专业伦理及其建构》，载《安徽师范大学学报》（人文社会科学版），2010年第1期，第13 - 18页。
④ 吴艺：《从库珀模式看高师生伦理价值观的建构》，载《教育探索》，2011年第1期，第119 - 120页。
⑤ 王正平：《美国教育职业伦理准则的研究》，载《思想理论教育》，2001年第6期，第9 - 11页。
⑥ 郅庭瑾、曹丽：《美国教师伦理与职业道德教育的发展及启示》，载《全球教育展望》，2009年第5期，第34 - 38页。

着道德评价的高标和低标。① 于龙认为以道德理想主义、教师中心、集体本位和人情本位为价值取向，具有宏大叙述特征的中国传统"神圣伦理"和"红色伦理"已经不适合当代语境之下教师专业化发展的要求。② 此外还有郭晓娜的《国外教师组织概况及其伦理性——兼论教师专业伦理规范》、邹昌明的《多元文化美国教师专业伦理研究》等对我国和西方职业伦理道德规范进行了比较。

在我国高校教师职业伦理规范的制定方面：王海明在《新伦理学》一书中认为优良道德的制定有赖于规范伦理。③ 沈璿、宋月辉认为教师责任的伦理性质就是从道德哲学的角度审视教师行为的伦理内涵，将作为人性的善与恶通过建立具有伦理性质的教师行业制度和规约制度，对教师这一社会职业行为与特殊责任予以约束。④ 而在具体的制定细则方面，我国教师职业道德规范还没有一个清晰的边界，与教师活动中的经济、政治、法律、技术和语言这些非道德规范有所混淆。⑤ 王荣德在《教师职业伦理》一书中认为教师职业伦理规范包含爱国守法、爱岗敬业、关爱学生、教书育人、为人师表、终身学习等内容。⑥ 王有兰、曾子桐在《教师专业伦理的失落与重塑》中提出需建立符合教师专业发展要求的伦理规范，将教师专业伦理的发展纳入教师教育的规划之中，将专业伦理的发展与教师生涯发展与规划结合起来。⑦

（五）关于高校教师职业伦理困境及其对策研究

目前高校教师职业伦理确实存在诸多伦理困境，如郑富兴在《教师道德

---

① 王俏华：《对我国教师道德规范的重新思考——从中美两国师德规范比较的角度》，载《教育导刊（上半月）》，2010 年第 9 期，第 51 - 53 页。
② 于龙：《教师专业化视野的伦理标准建构——以中美教师专业伦理标准的价值取向为例》，载《教育科学论坛》，2007 年第 3 期，第 56 - 58 页。
③ 王海明：《新伦理学》，北京：商务印书馆 2001 年版，第 103 页。
④ 沈璿、宋月辉：《教师责任的伦理性与伦理规约》，载《教育理论与实践》，2010 年第 10 期，第 35 - 38 页。
⑤ 冯婉桢：《教师职业道德规范的边界》，载《教师教育研究》，2009 年第 1 期，第 16 - 20 页。
⑥ 王荣德：《教师职业伦理》，重庆：重庆大学出版社 2013 年版。
⑦ 王有兰、曾子桐：《教师专业伦理的失落与重塑》，载《教育学术月刊》，2010 年第 12 期，第 80 - 81 页。

评价的二重性》一文中认为当前德育教师面临着"人学"困境、现代性困境和伦理困境等诸多人格困境。① 史慧明认为目前高校辅导员在专业化过程中普遍存在一些伦理困境，如职业道德信仰的缺失，职业责任模糊，职业能力的专业化以及职业道德评价的不统一。② 还有学者认为教师的语德也存在一些问题，如郭冬娥认为由价值冲突和教育理念引起的造成学生心理损害的不文明语言，压抑学生看法的狭隘偏激、有失公正的语言等教师语德问题，是影响教师形象及教育教学效果的关键问题之一。③ 宋苾、张倩在《教师专业伦理实践困境与解困路径》中认为目前高校教师职业伦理困境主要包括伦理价值间的矛盾、认为要构建教师德性伦理，通过反思、体验、领悟来加强教师职业伦理的建设。④ 教师只有通过价值判断、行为之善、个性养成、自觉反思、仪表规范、专业标准、操之以恒、教育服务来修行并养成专业行为伦理，才能实现教师专业行为对人类一般行为的超越。⑤

（六）关于马克思主义视野下的高校教师伦理研究

新中国成立后，特别是改革开放以来的 20 年是我国伦理思想史研究的黄金时期，马克思主义的中国伦理思想史学科、西方伦理思想史学科和东方伦理思想史学科得以形成，并进入初步、繁荣和发展的阶段⑥。

首先，在马克思主义伦理思想的研究方面。罗国杰、李奇、周原冰、唐凯麟、魏英敏、宋希仁、朱贻庭、章海山等伦理学工作者推出了一批研究性的著作与教材。⑦ 罗国杰主编的《马克思主义伦理学》提出伦理学由道德基本

---

① 郑富兴：《教师道德评价的二重性》，载《教育科学研究》，2010 年第 12 期，第 11－14 页。

② 史慧明：《高校辅导员专业化误区与职业伦理塑造》，载《文教资料》，2011 年第 9 期，第 176－180 页。

③ 郭冬娥：《教师语德浅议》，载《教育探索》，2010 年第 2 期，第 119－120 页。

④ 陈学凤：《浅议新时期高职院校教师职业伦理的构建》，载《当代教育论坛》，2008 年第 8 期，第 108－109 页。

⑤ 尹湘兵、曲中林：《修行：教师专业行为伦理的存活状态》，载《现代大学教育》，2009 年第 6 期，第 22－26 页。

⑥ 王敬华：《当代中国马克思主义伦理学研究新趋向——近年来马克思主义伦理学研究前沿热点问题述要》，载《山西师大学报（社会科学版）》，2010 年第 7 期，第 12－15 页。

⑦ 王泽应：《20 世纪中国马克思主义伦理思想发展研究》，载《毛泽东邓小平理论研究》，2005 年第 7 期，第 23－28，12 页。

理论、道德原则规范和道德活动三部分组成。① 李奇则运用辩证唯物主义的历史观构筑了伦理学的根基,揭示了道德与社会生活方方面面的联系,丰富和发展了马克思主义伦理学的理论体系。② 有的学者还认为面向现实,回到"生活世界"是马克思伦理思想的出发点;在社会发展的洪流中来探寻伦理道德发展演变的规律性及其功能限度,充分体现马克思思考伦理道德问题的广阔视野。③ 依据马克思文本,唐凯麟认为,历史上出现的各种道德类型都是以如何处理和调整人的存在及其需要或利益的二重性的关系问题为中心展开的,而马克思主义伦理学的最高宗旨就是帮助人们实现其二重性存在的和谐统一。④ 道德本体应该是作为道德主体的人的价值存在和价值关系。因此,在顾智明看来,人的价值实现和完善应该作为伦理思考的最高对象。⑤

其次,关于马克思伦理思想下的高校教师伦理研究方面。相关性研究的论文成果较少,施祖军认为我国当代教师职业伦理精神主要体现在敬业精神、表率精神、求知精神、团队精神、自律精神、奉献精神和创新精神上。⑥ 作为一种专业的伦理要求,不同于普通职业道德规范,应当从专业角度出发,加强教师专业伦理规范建设,从而体现教师的专业素质与专业精神。⑦ 在和谐社会构建背景下进行教师职业伦理观培育方面,罗红艳提出"复归教师教育政策的教师专业发展权利本位、建立健全教师的利益表达机制与民主参与制度以及统筹城乡教师教育的均衡发展应该成为和谐社会教师教育政策伦理建构

---

① 丁正亚:《论罗国杰对马克思主义伦理学学科体系建设的理论贡献》,载《河西学院学报》,2008年第24卷第6期,第6-9页、第46页。
② 鲁芳,陈瑛:《新中国马克思主义伦理学的重要奠基者——李奇伦理思想研究》,载《高校理论战线》,2010年第7期,第17-25页。
③ 李培超:《论马克思伦理思想的逻辑思路》,载《当代世界与社会主义》,2007年第4期,第43-48页。
④ 唐凯麟:《论伦理学的逻辑起点——一种依据马克思主义文本的阐释》,载《湖南社会科学》,2004年第1期,第11-15页。
⑤ 顾智明:《论伦理本体——对马克思伦理视角的一种解读》,载《社会科学》,2003年第3期,第82-87页。
⑥ 施祖军:《论我国当代教师职业伦理精神》,载《当代教育论坛》,2005年第2期,第35-38页。
⑦ 葛畅:《德育教师人格困境及其成因探究》,载《高等教育管理》,2010年第2期,第57-61页。

的可行路径。"① 迟成勇在《论市场经济背景下的教师职业伦理精神之建构》一文中认为"适应社会主义市场经济发展的教师职业伦理精神主要有：仁爱精神与责任精神之融合、功利精神与奉献精神之统一、求实精神与创新精神之合一及竞争精神与合作精神之结合。"②

三、目前研究的主要不足

从国外的研究状况看，西方学者对教师职业伦理的理论研究比较丰富，无论是出于对教师专业发展的专业性考察还是实践性考察，均有较多的相关性成果，能够充分利用多学科优势来综合分析教师职业伦理存在的普遍问题，在教师职业伦理规范的研究和实践方面较中国先行一步。国内学者的高校教师职业伦理研究则往往仅从教育学和伦理学角度出发考察，探讨不够全面，研究还欠深入，因此不能总体上把握高校教师的职业伦理。笔者认为，当前国内外对高校教师职业伦理研究主导有以下几点不足之处。

首先，在研究对象方面，西方教师职业伦理研究往往关注于某一地区的单一的教师群体，且重点在幼师群体和中小学教师，对教师整体缺乏宏观上的把握，较少涉及高校教师职业伦理。国内学者对国外高校教师职业伦理的理论及其发展研究的关注较少，只有少数几部成果提及，更多的是从国内高校教师职业的发展着手进行研究，缺乏全球发展意识。

其次，在研究内容方面，西方学者多从规范伦理、关怀伦理和后现代视域等角度分析目前高校教师职业伦理关系，普遍认为目前教师职业伦理存在一些两难困境，但相关成果就如何解决这些困境的解答也十分薄弱，较多停留在理论层面，缺乏可操作性。西方学者对高校教师职业伦理的建构对策研究较少，且未对理想的高校教师职业伦理秩序提出明确构想。国内学者对教师职业伦理理论与内容的研究不够完善，缺少对高校教师职业伦理的系统论

---

① 罗红艳：《和谐社会视野下教师教育政策的伦理诉求》，载《现代教育管理》，2011年第1期，第54-57页。

② 迟成勇：《论市场经济背景下的教师职业伦理精神之建构》，载《教育文化论坛》，2010年第2期，第24-28页、第40页。

述，缺乏对马克思主义哲学思想背景下良性教师职业伦理秩序的宏观把握。国内研究者对教师职业伦理建构的方法和策略研究不够全面，现有研究主要停留在其内涵的某一个层面，缺乏整体的系统研究，未能充分利用马克思主义伦理思想理论来进行教师思想政治教育研究。

第三，在研究视角方面，高校教师职业伦理是一个多维度的视野，涉及到社会学、教育学、人类学、伦理学、哲学、管理学等多学科，需要研究者从上述学科中进行归纳总结，而现有研究成果在多学科研究领域涉入不足，不是偏重在某一个学科，就是缺乏教育学理的基础。

第四，在研究方法方面，国内学者对教师职业伦理的研究主要是描述性研究和概述，深入程度不够，多停留在理论层面，缺乏实证研究，缺乏对高校教师职业伦理的系统概述。

第五，在研究区域方面，则主要集中在少数发达国家和地区，如美国、加拿大等，对少数发达国家和地区之外的欠发达国家和地区的高校教师职业伦理的关注不多。

高校教师职业伦理不仅关系着师资素质，也是高等教育和大学生思想政治教育成败的关键，所以有必要分析高校教师职业伦理的内涵，从整体上探讨高校教师职业伦理的性质特征、历史演变过程，通过对中西方教师职业伦理的比较分析，以及教师职业伦理的核心原则、规范、实践交往和秩序的详细论述，以此对当前教师职业伦理存在的两难困境进行历史和哲学解读并进行伦理反思，从马克思哲学和西方哲学等理论出发对高校教师职业伦理共同体的建构提出伦理实践对策，以期提高高校教师的思想政治素养和人文素养，使之形成良好的高校教师职业伦理秩序，提高高等教育的效果，促进社会进步与文化的发展。

第三节　研究方法及创新点

一、研究方法

（一）文献研究法

本书在分析教师职业伦理历史演变的过程中，将充分了解和掌握前人的研究成果，这是本书的基础所在。因此，文献分析法是本书的主要研究方法，笔者将尽可能地广泛搜集国内外马克思主义伦理学原理研究、教师职业伦理研究等相关领域的文献资料，以使本书的分析论述更为详实和有据。

（二）多学科研究法

高校教师职业伦理研究涉及诸多学科，本书采用多学科的分析方法，在论证中综合运用社会学、哲学、历史学、伦理学、教育学、人类学等学科的相关知识与方法，对各阶段性研究成果进行综合归纳，并逐步整理成文。

（三）历史分析法

从历史角度入手，对教师职业伦理的生成和历史演进进行了追溯和分析。

（四）调查研究法

根据研究内容对高校教师开展直接的访问调查，采取随机取样方法，以湖南省高校教师为研究对象。随机选取湖南长沙、岳阳两地的五所高等院校（文中以字母 A、B、C、D、E 为名）的教师进行访谈，了解教师在职业生涯中遭遇的一些伦理问题及其对这些问题的看法和处理方式；并同时对该五所高等院校的学生进行随机走访，了解其对任课教师的态度以及在师生交往中遭遇的一些伦理困惑。对走访结果进行认真分析和研究，认识、掌握高校教师职业伦理两难困境现状，选取其中具有代表意义的典型事例进行辅证说明。

（五）系统研究法

从基本理论入手，系统分析高校教师职业伦理的性质特征和不同历史时期教师职业伦理的典型特征，探索当前社会转型时期教师职业伦理涉及的基本问题，以此建构高校教师职业伦理共同体的若干对策。

二、研究的创新点

第一，本书以"高校教师职业伦理"为论题将其作为一个整体进行研究，提出了高校教师职业伦理的基本理论、基本问题和构成要素，这在理论界是一种探索式的全新尝试。本书对国内外教师职业伦理的相关研究的最新动态做了较准确的翻译和较全面的论述，有利于拓展和完善马克思主义理论和教师思想政治教育研究的视域与内涵，具有一定的理论创新。

第二，在前人研究的基础上，对高校教师职业伦理的构成要素进行了新的划分，将传统的伦理本体、伦理关系延伸为德性伦理、交往伦理、规范伦理、伦理秩序，将高校教师职业伦理的核心原则确认为"德性"，提出了高校教师职业伦理实践的表现形态——教学交往，突破了现有论述的教条式理解和阐释，具有一定的创新性和特色。

第三，本书分析了传统学校的差序伦理秩序和现代性平等秩序，对我们更好地理解和认识高校教师职业提供新的视域，为我们更好地建构和谐理想的高校教师职业伦理秩序给予启迪。同时本书提出理想的高校教师职业伦理秩序涉及宪政秩序、行为秩序、生活秩序和道德秩序四个方面，在意义上具有一定的创新性和特色。

第四，目前的教师伦理理论和道德界说主要指向个体，而不是将之作为一个道德共同体来看待的，事实上教师在高校德育中的作用是以群体或集体为单位来发挥作用的，一个学生成才也绝不是靠单一教师的作用，而是靠教师集体的共同作用。本书首次提出构建高校教师职业伦理共同体，将高校教师职业作为一个伦理"共同体"来进行考量，形成以专业知识、伦理精神、德行规范、科研学术、社会服务为主要内容的共同体，以维持和谐的高校教师伦理秩序，在策略上具有一定的理论创新性和特色。

第四节　相关概念厘清

一、伦理与道德

"伦理"（the ethical）和"道德"（the moral）这两个概念，在一定的词源含义上，可以视为同义异词，指的是社会道德现象，所以，常常伦理道德不加区分或联用。伦理来自古希腊语"ethos"（习惯、习俗），原来的意思是"品格"或"习惯"。早在荷马史诗《伊利亚特》中，就已经出现了这个词，意思为人的住所或居留之处，后来意义扩大，表示风俗、习惯以及所形成的人的品格和气质。在原来的意义上，伦理首先是对品格的关注，这种关注既包括"应该成为一个什么样的人"这个问题，也包括一个社会所显示出来的全面品质——通常被称为"社会风尚"（ethos）。柏拉图和亚里士多德使用"ta ethika"这个引申的短语来描述他们对古希腊社会的价值和理想的研究。亚里士多德说，"把习惯一词（ethos）的拼写方法略加改变，就成了'伦理'（ethike）这个名称。"① 后来罗马人使用的拉丁文，沿用了古希腊的"ethiken"这一名词，在拉丁文中写成"ethikos"。道德一词词源是拉丁文中的"moralis"——古罗马哲学家西塞罗在翻译希腊的"ethike"时创造的一个词。因此，"moralis"本来并不具备我们所说的"道德"这个词的意思。"moralis"的意思是与"mores"（意为品格、作风、习惯、风俗）相关的某种东西。因此在词源学的意义上，"伦理"和"道德"是同一的，没有实质性的区分。但自黑格尔（Georg Wilhelm Friedrich Hegel）开始，"伦理"和"道德"开始区分性运用。黑格尔指出："主观的善和客观的、自在自为地存在的善的统一，就是伦理。"② "道德是涉及个人的主观意志，伦理则是体现于家庭、社

---

① ［古希腊］亚里士多德：《尼各马可伦理学》，北京：中国社会科学出版社1990年版，第25页。
② ［德］黑格尔：《法哲学原理》，范扬、张企泰译，北京：商务印书馆1979年版。

会、国家中的客观意志。"① 德国哲学家谢林（Friedrich Wilhelm Joseph Schelling）也指出"道德只是针对个人的规范要求，目的为了要求个人达成人格的完美，而伦理则是针对社会规范的要求，它要求全体社会遵守规范，藉以保障每一个人的人格"②。道德较多的是指人们之间的实际关系，而伦理较多的指向有关这种关系的道理。

而在中国文化视域中，"伦理"和"道德"的分野，从语源学意义上看，要比西方明显得多。首先，中国语言的"伦理"二字本身就具有社会伦理的意蕴。古人云："伦，从人，辈也，明道也；理，从玉也。""伦"字作辈分、等次、秩序解，引申其义可解释为人们之间的各种社会关系，又称作"人伦"。"理"字原指雕琢玉器使其成型有用，作治理、整理、调理解，后来引申之义为协调社会生活和人际关系的道理、理论、规则等。伦理合成一个概念使用，最早出现在《礼记·乐记》中，"乐者，通伦理者也。"之后，"伦理"一词逐渐用来专指人在社会生活关系中应当遵循的道理与规则，或专指社会的秩序、规则以及人们合理正当的行为。而"道德"中的"道"，是中国哲学的最高概念。如把道与人对宇宙的产生、变化发展的观点联合起来，就有了"天道"的概念；把道与人类社会的发展变化以及人的行为准则联系起来，就有了"人道"的概念。按照中国哲学的观念，道无处不在，无事不在。儒道两家都认为，人类的本性与天地宇宙的本性是一个本性③，因此，天道和人道在根本上是一个道。而"德"字与"得"相通，"德者得也"，二字可以互训。因此，德有获取、占有的意思，把这两重意思联系起来，就有了所得无愧于心的意思，因而也就引申出内心在获得满足后的愉悦感。许慎在《说文解字》中解释为"外得于人，内得于己。"④ 而"道""德"字连用，

---

① Hegel, G. F. W. *Grundlinien der Philosophie des Rechts*. Hamburg：Meiner Verlag. 1995.
② Schelling, F. W. J. *Schellings Philosophie der Freiheit：Festschrift der Stadt Leonberg zum 200. Geburtstag des Philosophen*. Stuttgart：Kohlhammer Verlag. 1977.
③ 道家——道生万物；儒家——尽心、知性、知天。
④ 段玉裁对这两句话的注释是"内得于己，所谓身心所自得也；外得于人，谓惠泽使人得之也。"意思就是，"身心所自得"者，以善念存之于心中，使身心互得其益；而"外得于人"则是说以善德施予他人，使众人各得其所。

其意义则十分明确，专指个体自我对道之所得，得道于己也。综合儒道两家的思想，"道德"在人这个行为主体这里，从根本上符合（在一定社会条件下）人的存在与发展需要的精神品质，以及对人伦物理的认识和把握，并体现在社会实践活动中的对道的体认。因而，"道德"不仅是要给"伦理"提供一个形而上的基础，而且要使"伦理"内化为心性的道德或境界。

然而在近代以来，随着社会变得越来越复杂，现代哲学家不再强调"伦理生活"的理想，而是认为伦理生活的实质就在于严格地遵守某些普遍的道德规则或者道德规范。伦理和道德两者皆指涉某种规范系统；如果严格加以区分，则前者偏重社会层面，后者偏重个人层面。社会伦理所要研究的是不同社会层面、社会体制、制度的伦理性，伦理就是针对人类社会中人伦关系及其秩序而言的。伦理关注人类以个体或集体的方式如何过上一种值得过的生活。通达幸福之路，对个人是"好的生活"，对群体是"好的社会"。因此，在现代，"道德"主要是指由那些规则或者规范构成的体系。"道德哲学"主要是指对"道德"的系统的哲学反思或理性反思，把从这种反思中产生出来的专门的道德理论称为"伦理理论"。而伦理更广泛地指称道德和道德哲学的全部领域。抽掉个体具体的社会活动和个体活动的道德性，任何社会伦理的规定都要流于空疏和虚妄。社会伦理只有落在个体道德的层面上，成为人格化、个体化的东西，成为个体的共识，才具有现实性意义。那么，社会伦理与个体道德的内在联结点在哪里？它们内在联结的关键在于社会实践。任何一种社会实践都是具体的、客观的社会活动。正如亚里士多德所说，"每一种活动、每一种探求、每一种实践，其目的都在于某种善（good）。"任何一种社会实践活动，如农民种地、工人做工、教师教书等，它的存在和发展都有相关的善的追求。而介入这一实践活动中的任何个体，他相应的德性品质，都与这个实践整体的善内在相关。在此意义上，高校教师职业"道德"则是作为高校教师个人对如何处理各种社会关系的个体考量，与其个体自身的人生观、价值观密切相关，与其个体的人生境遇、生活体验、人生感悟密不可分，具有内在性、个体性、差异性、特殊性等特征，是一种体现个体道德选择的"差异思维"。而高校教师职业"伦理",所要处理的问题是"教师如何生活和行动"的问题,是作为处理高校教师的各种社会关系的道理,体现的是社会对高校教师的要求,社会占主导地位的价值取向,具有外在性、社会性、共同性、普遍性等特征,是一种指导高校教师人际关系的"统一思维"。

二、伦理关系

伦理关系是体现社会交往关系和交往主体的价值特性的一类社会关系,是社会交往关系体系内的一个子结构或亚层次。[①] 社会交往关系的多样性同时也意味着伦理关系的多样性。从社会伦理关系发生的机制来看,有这样两类:一类是原生性的,即在人类社实践活动中产生、发展于实践主体间的伦理关系;一类是派生性的,即从主体间的伦理关系衍生而来的人与自然的关系。马克思把社会关系看成是许多个人的合作,把生产力看做共同活动方式本身,这种提法本身就蕴含了伦理规定的需要。值得指出的是,"交往关系"或"交往形式"概念在马克思创立理论之初,就具有了与后来的"生产关系"概念同等的意义。马克思在《德意志意识形态》中说:

> 起初是自主活动的条件,后来却变成了它的桎梏,它们在整个历史发展过程中构成了一个有联系的交往形式的序列,交往形式的联系就在于:已成长为桎梏的旧的交往形式被适应于比较发达的生产力,因而也适应于更进步的个人的自主活动类型的新交往形式所代替;新的交往形式又会变成桎梏,然后又为别的交往形式所代替。[②]

在这里,"交往关系"即为后来所使用的"生产关系"概念。在他看来,人类的交往关系与劳动分工有内在联系,随着分工的发展,人类的交往关系也不断发展。而交往关系的发展,即推动社会的发展并最终产生了他所设想的理想社会,也就是说,"共产主义"等同于"交往形式本身的生产。"[③]

---

① 龚群:《社会伦理十讲》,北京:中国人民大学出版社2008年版,第30页。
② 《马克思恩格斯全集》(第3卷),北京:人民出版社1960年版,第33页。
③ 《马克思恩格斯全集》(第3卷),北京:人民出版社1960年版,第379页。

伦理关系中的主体，即活动发生源或使他物运动的始因。主体为有道德意识和道德人格的活动者，是能够独立承担行为道德责任的行动主体。而伦理关系的客体即与主体相对应的对象物或人，是作为客体存在的人。在特殊的社会条件或背景下，人可能不是作为主体，而是作为他者的客体而为他者存在。伦理关系中的主体和客体是互为主客体的，也可视为体现主体与主体的相互依存的关系和平等的关系。

三、伦理实体

黑格尔说，"因为伦理性的规定构成自由的概念，所以这些伦理性的规定就是个人的实体性或普遍本质。"① 伦理实体就是"那种自在自为地存在着的精神本质"②。黑格尔把实体看成是精神，也就是把精神看成是实体。这种论点尽管是唯心的，但黑格尔的这种思想却是相当深刻的——它强调伦理精神在现实伦理生活中所起的动源性作用，以及维系伦理生活的力量之所在。但伦理精神本身并不等同于客观的伦理实体，由伦理原则、伦理规范、伦理理想等构成的主观伦理或伦理理念，只是伦理的理论或伦理价值体系，它存在并体现于现实的伦理关系与伦理实体中，可以被称作客观伦理实体的核心或灵魂，但并不等同与客观实体本身。比如说分别上下、尊卑、等次之礼，本身就是伦理关系的体现。而对礼的履行，所展现的就是社会伦理秩序。而那些能够自觉地和长期履行礼的规定或相应规范的个人，就是具有相应品德的个人。任何一个具体的伦理实体，都是由体现其内在的伦理关系的伦理规范、行为主体履行这些规范所形成的伦理秩序这两者构成的。

伦理关系是伦理实体的本质内容，伦理规范是伦理实体的精神，而伦理秩序则是处于伦理实体中的个体的实践所形成的实体的客观表现形态。简而言之，当某种伦理秩序建构起来时，它便是伦理实体。任何具体的社会伦理实体，不仅内在地具有一定的伦理秩序，而且处在社会伦理秩序与社会伦理

---

① ［德］黑格尔：《法哲学原理》，北京：商务印书馆1961年版，第165页。
② ［德］黑格尔：《精神现象学（下卷）》，北京：商务印书馆1979年版，第2页。

关系之中。伦理关系通过伦理秩序表现出来，没有相应的伦理秩序，伦理实体就要消解或名存实亡。处于一定的伦理关系中的人，履行体现伦理关系的那些规定的实践所形成的就是伦理秩序。伦理秩序的产生和维持，是实体中的个体的社会实践的产物。这种个体的伦理实践，也就是以符合伦理要求的规定来要求自己，即道德性主体有相应的德性。因此，伦理实体的存在有赖于普遍个体的德性水平。在现实生活中，并非任何一个伦理实体都能完美地体现具有普遍意义的社会伦理精神。任何一个具体社会伦理实体的目标都在于某种善；而真善和伪善的标准不在于某一伦理实体所自许的善。

只有能够真正体现社会伦理精神、具有社会普遍性的善，同时也能够给实体中的个人带来善的伦理实体，才是真实的伦理实体。这种真实的伦理实体，也就称之为"道德共同体"。道德共同体所体现的是，伦理实体的目标是每一个参与者的共同的善，并把参与者的生活提升到至善的层面。道德共同体的成员对于该共同体而言，有共同的价值信念与价值认同。而共同体本身的特殊性的善，在实质上是与社会伦理的普遍性相统一的。因而，共同体的善，既是其自身的善，也是社会的至善。或者说，是社会至善在共同体中的体现。就道德共同体，或者说，那类能够把伦理实体的善与社会普遍善相统一的伦理实体而言，则更需要用其成员的完善的德性来维持。对于一定类型的伦理实体而言，需要有参与其中的成员的相关德性才能得以维系下去，如一夫一妻制家庭这类伦理实体，忠贞是一个关键性德性。对于任何一个共同体或伦理实体而言，是一种普遍性的、必然性的伦理要求。但是，这种普遍性、必然性的伦理要求，应当是真的"共同的善"，而不应当被虚化。也就是说，如果这种善不具有共同性的品格，不为伦理实体的所有参与者带来意义，那就意味着这种伦理要求丧失了其普遍性、必然性的品格。对于某一伦理实体的成员而言，他所具有的、为维系该实体所需的道德意识、道德观念或相关德性有了变化，变得与这种伦理实体赖以存在的德性不相符合，那就意味着伦理实体的解体。当然，这里还有一个限定性的前提，即这种共同体成员的善（利益）必须是与社会普遍意义的善（利益）一致。而普遍性伦理要求的虚幻化、虚假化，意味着伦理实体的性质的改变、"道德共同体"的名存实亡。

第二章　高校教师职业伦理基本概述

伦理思维本质上是反思性的，中国哲学的切入点是"关心生命"。[①] 从根本上说，高校教师职业伦理不仅关心"高校教师在伦理道德上应该如何生活和行动"，而且也关心"为什么高校教师应该如何生活和行动"这个问题。后者确实不是一个简单的问题——为了学会如何生活和行动，每一个高校教师就得学会如何欲望，如何感受，如何行动，以及最终如何成为一个教师。所以说尽管我们可以对他人的生活提出建议和劝告，但是，如果不首先进行自我反思的话，我们就不可能对他人的生活提出有意义的建议和劝告。

第一节　高校教师职业伦理的内涵

一、高校教师职业的伦理内涵

（一）职业伦理

职业伦理（professional ethics），是现代社会所兴起的一个社会伦理的中心层次，在现代社会伦理中越来越具有它的重要意义。在古代社会，虽然也有相对的社会分工，但是整体性的社会伦理和家庭伦理的中心地位，使得职业伦理没有应有的社会意义。职业伦理通过社会化过程而形成，与每个国家

---

① 孙彩平：《教育的伦理精神》，太原：山西教育出版社 2004 年版，第 141 页。

的教育制度有着密切联系，遵循着社会和文化主导的一般规则。[①] 到后工业主义（Post–Industrialism）和后福特主义（Post–Fordism）时代后的现代主义思潮兴起，其本质放弃现代性的基本前提及其规范内容，批判理性主义，崇尚非理性；解构现代主体性；反对同一性、整体性，崇尚差异性。[②] 道德上的犬儒主义和感性上的快乐主义开始大行其道。

就像法律先于一切秩序一样，伦理必须先于道德。道德是伦理的产物，伦理规范是生产方式，伦理哲学是工业技术，伦理说教是道德工业的实证主义；善是它所计划获得的收益，罪恶是它生产中的废品或副产品。[③] 道德体系通常是群体的事务，只有在群体通过权威对其加以保护的情况下可运转。道德是由规范构成的，规范既能够支配个体，迫使他们按照诸如此类的方式运动，也能够为个体的取向加以限制，禁止他们超出界限之外。所以，只有唯一的一种道德权利，对所有人来说都是共同的道德权利，凌驾于个体之上，通过合法的方式为个体设定法律，这就是集体权力。从某种意义上讲，个体可以自行其是，摆脱所有的社会约束，也可以不受道德约束的束缚。然而，职业伦理却不可能摆脱所有道德体系的基本条件。尽管共同道德把社会大众当成它纯粹的基质、单纯的器官，然而职业伦理的器官却是多重的。[④]

（二）高校教师职业伦理

高校教师职业伦理有十分丰富的内涵，它是多重性职业道德要求的总称。一方面，高校教师职业伦理有一般伦理定向。高校教师职业伦理作为处理高校教师的各种社会关系的道理，体现的是社会对高校教师的要求，社会占主导地位的价值取向，具有外在性、社会性、共同性、普遍性等特征，其中高

---

① Chanzanagh, H. E., & Nejat, J. *Values and work ethic in Iran: A case study on Iranian teachers. Procedia Social and Behavioral Sciences*, 5, 2010, P. 1521–1526.

② 龙献忠、许烨：《教师职业伦理及其后现代诠释》，载《大学教育科学》，2012年第1期，第60–65页。

③ [英] 齐格蒙·鲍曼：《生活在碎片之中——论后现代道德》，郁建兴、周俊、周莹译，上海：学林出版社2002年版。

④ [法] 爱弥儿·涂尔干：《职业伦理与公民道德》，上海：世纪出版集团上海人民出版社2006年版，第7页。

校教师德性伦理与交往伦理具有主体性和内在性特征,是一种指导高校教师人际关系的"统一思维"。高校教师职业伦理,是教师专业成熟的重要条件,也是从事大学教育教学的必备条件。另一方面,高校教师职业伦理有其特殊伦理定向。高校教师职业伦理是指履行大学教育教学的专业人员必须共同遵守的专业精神和专业规范,是大学教师与大学生、与其他教师及教师集体、与高等教育事业、与社区及社会等伦理关系的总和。高校教师职业伦理包含教师的价值观、事业心、责任感、敬业精神等专业精神,包含平等、和谐的教师人际关系,也包含同事之间相互信任、进取与诚信的学术尊重,更包含对社会和谐发展的良心、使命和责任感等。它不同于普通的教师伦理规范,而是从"专业"的角度,按照"专业"的要求来确定的具体的伦理规范,对教师的伦理素质提出了较高要求,体现的是高校教师应当必备的专业素质与专业精神。

大学教师作为一门专门职业,作为社会分工的产物,必定也需要承担一定的职业责任。从理论上看,高校教师职业伦理的建立应满足以下三个方面:(1)社会对教师特殊的伦理要求与期望都是基于高校教师职业活动本身需要的;(2)社会赋予高校教师的专业权利与义务之间应保持平衡关系;(3)社会对高校教师的职业伦理要求不构成对教师身为普通公民的基本权利的侵犯。根据我国《教师法》和联合国教科文组织《关于教师地位之建议书》中对教师权利的阐述。本书认为高校教师的职业权利包括教育教学权、专业发展权、获得报酬权、参与管理权,如在教育教学权上,主要包括组织教学权、管理和评价学生权利;专业发展权上主要是进行教学改革、学术研究和参与进修培训的权利。高校教师的义务既包括对人类文明的传承、社会进步的推动,如授业、解惑、学术创新,也包括敬畏、保护和塑造生命,如对学生负责,对社会的道义责任。只有认清高校教师的权利和义务,才能充分发挥其主体地位,在伦理规范的再建中发挥其主体性。而关于高校教师的义务方面,体现在道德上的义务更显突出。首先,在人类文明的传承方面,教师承担着授业、解惑的传播传统文化知识的责任。那么在道德上,教师只有使学生更好地掌握历史文化的精华并将之内化入个人的价值观才能算完成了其道德责任。其次，教师作为学生成长过程中的"重要他人"，其道德责任强调教师在教育过程中应充分尊重、理解、爱护每一个体，并选择示范、召唤、对话等方式来引导和澄清价值生成，从而实现自己的道德责任。第三，教师作为知识创新的主力军，特别鉴于学术创新对于科技文化进步的重要作用，教师既承担着对传统文化的吸收和传播的责任，也承担着创新文化使之更好地向前发展的责任。

二、高校教师职业的认识论起源

人类社会的发展是建立在人类自身生存和繁衍基础上的，人类自身的生存和繁衍离不开物质资料的生产和人类自身的生产。人类教育活动的出现是教师职业产生的前提，社会生产力的发展是教师职业产生的基础，脑力劳动与体力劳动的分工使教师职业成为可能。教师正式成为一种社会职业，是在人类社会分化为阶级以后出现的。人类社会的发展表明，教师职业是一个社会历史范畴。它不是从来就有的，也不是永恒不变的。作为一种社会历史现象，它是与社会分工和生产内部的劳动分工相联系的。

教师的职业是一种人类化成的志业，是时代的产物，教师职业角色从产生、定位到发展经历了一个漫长的历史过程，是一定社会历史条件赋予教师群体的特定内涵与功能。随着教育事业的逐渐发展起来，教师的职业活动也日益复杂起来。高校教师职业伦理内涵的建构可以促进教师职业的发展，帮助大学教师认识教师职业的伦理，提供大学教师作为指引教育行动的依据，提高学校教育的效果，达成学校教育的目标。因此，一般来说高校教师职业是指以高等教育和服务社会为前提而形成的社会关系，是从事高等教育的教师赖以进行基本教学活动和社会活动的专门业务，以及因此关系和业务使教师应对社会承担的特定职责。

与职业相关的还有角色的概念，它既与职业相联系，又与职业有区别。角色与任何社会共同体的伦理关系都有联系。不仅是在一定的教育职业领域有相应的劳动的分工，如幼儿教师角色、小学教师角色、中学教师角色、高校教师角色,而且在非职业领域,如在家庭范围内,也有自然生理差别及血缘关系而形成的伦理关系,因而也有相应的角色区别。所谓高校教师角色,是指教师在一定的高校共同体内所承担的特定职责,是教师在高等教育生活中的特定位置。

三、高校教师职业的伦理关系特性

教师职业作为教师的社会关系的一个重要方面而普遍存在于社会生产与社会管理领域。因而,教师职业本身不是伦理实体,而是具有实体性的社会生活领域的一个基本方面,是实体性的社会伦理关系。

(一)教师职业作为一种伦理关系,从根本上看,是人类交往关系的一个层面

交往关系也就是交互主体性关系,即"主体与主体"之间的关系。高校教师职业作为一种伦理关系,其特殊性在于,与活动主体相对应的对象是人类主体——学生。应当看到,教师对待学生的态度,可以反映出职业活动主体的职业道德修养与职业道德水平。教师职业活动主体对待客体学生的态度,实质上是对待其他人类主体的态度,或者说,职业活动的主体通过对待特定客体的道德态度,从而体现了他对待其他人类主体的态度。因此,这里的"主体—主体"的关系是以"主—客—主"的关系模式出现的。其中的客体,就是主体间关系的中介。如一位教师授课内容的好坏,本身就是他的道德态度(如学识水平)的凝结。而正是授课内容这一客体,体现了教师这一道德主体与其他学生主体的伦理关系。教师职业伦理关系与其他伦理关系(如亲属伦理关系)的不同在于,教师职业伦理关系主要施动者是职业活动的主体——教师,或者说,教师职业领域中的活动主体是造成一定的伦理环境、伦理气氛的施动者。在教师职业伦理关系中,教师应是调动、创造和形成一种伦理氛围的中心。

（二）教师职业作为一种伦理关系，既有其普遍性，又有其特殊性

正如恩格斯所说："每一行业都各有各的道德。"① 高校教师是关系中的存在，关系在逻辑上先于个体自我。从事教师职业的界限及条件的规定，形成了各种不同的职业角色道德要求和职业角色道德实践。在高校教师职业角色活动中，如何处理教师与教师之间，教师与学生之间关系，以及教师如何对社会尽职尽责，自觉履行自己的义务，以及如何处理与其他社会活动的关系等，都构成普遍性的高校教师职业伦理与角色道德所面临的问题。这种伦理关系所规定的义务，以具体的道德自我为承担者；道德自我同时也可以看做是道德实践的主体。不同的教师职业，如幼师、中小学教师、高校教师的准则规范有差别但却具体的反映了一般社会伦理道德的要求，都必须有相应的责任和公正观。从这个意义上可以说，道德是一种实践精神，是人类把握世界的一种特殊方式，而伦理关系正是这种实践——精神地把握世界的方式。高校教师职业伦理恰是一种维持相应伦理关系的德性要求。

第二节 高校教师职业伦理的内容结构

作为一种社会伦理现象，高校教师职业伦理由四大要素构成：高校教师德性伦理、高校教师规范伦理、高校教师交往伦理和高校教师职业伦理秩序。其中，教师德性作为高校教师职业伦理原则，是整个高校教师职业伦理体系的核心和精髓；规范伦理是高校教师职业伦理原则的展开和具体化；交往伦理是高校教师职业伦理实践的主要形式，是高校教师职业伦理原则和规范发挥作用的必要条件；职业伦理秩序是高校教师职业伦理的体现，与规范伦理的要求应当是一致的；而高校教师职业伦理的这四大要素均指向教师共同体的建构。

---

① 《马克思恩格斯选集》（第4卷），北京：人民出版社1956年版，第240页。

一、高校教师德性伦理

德性（virtue）是一个人的道德品质、做人的品格，指人的自然至诚之性。① 而教师德性，就是一种能够担当起教师角色职责的专业品质和专业品格，它是教育伦理学的一个范畴，也是与教育情景相关的教育行为准则。教师职业道德（或教师角色道德）是教师个人德性不可分割的一部分。所谓教师角色（role or character）道德，即教师这一角色道德要求所反映的特定的内在伦理规定。一个好教师、一个好司机、一个好农夫，都是通过其所履行的特定职责所表现出来的。一个社会共同体把应得的荣誉或惩罚给予了一个教师，是因为他履行了或是没有履行相应的职责，他的卓越表现使他获得应得的奖赏和荣誉，因而他的行为为教师团队或社会共同体所赞许。而一个教师要履行相应的角色职责，在职责范围内，就是职业道德的要求，这就是教师角色道德与职业道德的共通之处。但教师的社会活动并不限于"教师"这一种职业范围，因为一个人总是以某种角色处于不同的社会共同体中，即处于不同的伦理实体的相应位置上，因而也有不同的角色规定。如，一个人处于家庭这一伦理实体中，他既是父亲，又是儿子或丈夫，他处在不同的伦理关系中充当不同的角色，必须具备相应的角色道德。他先称为一位父亲或儿子，然后是一所高校的教师，因而他同时还必须履行高校的职责指派给他的任务，他还必须能够具备遵循高校教师职业道德的品格。同时，这个在家庭称为父亲的人，在会议厅或剧场这种公共场所，他又是一个听众或观众，这种人群共同体虽具有较短的历时性，但是他们之间的关系也得遵循特定的伦理规定，因而也是一种伦理实体。他处于这种伦理实体中，为了充当好听众或好观众的角色，也必须遵循某种基本的行为规则。无论他处于什么社会共同体中，社会总是把某种明确的职责指派给他，因而总有某种角色道德相应的要求人们遵循。同样，我们说一个人是好人或是有德之人，并不是说他是个好父亲而不是好儿子，也不是说他是个好教师但不是个好父亲，而是说，这个人从

---

① 语出《礼记·中庸》："故君子尊德性而道问学。"郑玄注："德性，谓性至诚者也。"

他对不同的角色履行的状况中都反映出,这个人具有某种内在的德性。

教师职业道德或者说角色道德,不应当把对它的研究分析与对教师个人德性的研究分离开来,而是应当透过职业道德或角色道德来看待个人德性。对一个教师品德的认识,仍然只有通过他的人生角色行为才可获得。一个纯粹内在而不在任何角色行为中表现出来的自我,只不过是一个精神幽灵而已。高校教师职业伦理虽是个人的,但同时也是社会的,因而不能仅仅把它看成是纯粹个人性的。因而,把教师角色道德放在一定的社会背景条件下就会发现,一个时代大众所趋的社会角色(character)往往是一个时代的道德精神的反映。[①] 如教师的崇高与无私奉献,代表着社会对教师道德的要求,商人受到社会青睐,明星受到社会追捧,都说明其代表着一批社会道德态度。由此也可以看出,角色道德与社会伦理精神的内在联系。

古希腊哲学家柏拉图(Plato)认为作为王者的哲学家的德性是智慧,城邦的护卫者(军人)的德性是勇敢与坚毅,而工艺人的德性则是节制。不同的职业、不同的角色,对从业者来说,不仅德性规范要求不同,而且道德水准要求也不同。对于高校教师来说,只有具有基本的德性,才能真正的以身作则,指导学生的行为表现,促进学生人格健全的发展。因此,基本德性是教师职业伦理重要的一部分,在某种程度上,德性更多的体现于个体的内在品格,在某种意义上可以看作是规范的内化。如:威严(stateliness),教师在言行上要具有威严,威严不是严肃,而是态度坚定明确,能够以身作则,教师不可以轻佻随便,以免对学生产生不良的影响;自我控制(selbstbeherrschung),教师要能够乐观真诚,不矫情,不情绪低落,不暴躁,教育的风格就是忍让;公正(gerechtigkeit),不管学生的出身、外貌、表现如何,教师都要以公平的态度来对待学生等;诚实(honesty),由于教师教导知识和真理,所以诚实特别重要。教师要能区分事实与虚构的事物;关心真理和探求真理的方法;不相信没有证据的事;在教师内建立相互信任的关系;区分价值与

---

① 李培超:《论马克思伦理思想的逻辑思路》,载《当代世界与社会主义》,2007年第4期,第43-48页。

事实；勇气（courage），勇气不只是用来对付害怕，还必须用在实际的判断与推理，在教育界追求长期的认同尤其需要勇气；关怀（care），这种质量要以感情为基础，自从诺丁斯在教育界提出关怀的概念，引发教育界女性主义者的兴趣，认为这是一种母性的声音，等等。

作为可以学习到的、持续的、个人的道德质量，高校教师个人德性或德行正是在履行其职责的活动中对高校教师职业道德准则的内化和遵循，集中表现为个人的观念情操和品质境界，是伦理规范内化为个体的道德选择、道德品性，是个体遵循为师之道所引起的收获、体验，具有主观性和个体性。教师个人德性对教师职业规范的遵守、伦理关系的处理和伦理秩序的生成具有重要的意义，从中产生的教师职业伦理既包括教师对职业的认识，如职业良心、职业纪律、职业理想、职业作风、职业信念、对职业规则的信奉等。所有这些教师职业伦理的需求与履行均是教师个人德性不可分割的一部分。教师职业伦理虽是个人的，也是社会的。教师职业伦理所体现的一种教师个人角色的道德选择和道德品性，也往往是一个时代道德精神的反映，是一个时代所趋的社会角色。

二、高校教师交往伦理

从《黑格尔法哲学批判》和《论离婚法草案》等著作中，可以找到马克思对"伦理关系"的相关论述，如"伦理关系的概念""一切伦理关系"等。①马克思认为人在进行社会生产和交往中形成的社会关系，现实的人就是处在一定社会关系中的人。而社会关系包含丰富的内容，如生产关系、职业关系、政治关系以及伦理关系等。在这个意义上，教师职业伦理关系就是与生产关系、经济关系、政治关系等其他社会关系结合在一起的，包含教师主体的道德观念等主观意识在内的特殊的社会关系。作为社会关系重要方面的教师伦理关系，是由经济关系所决定的、受政治关系所影响和制约的一类社会关系。在不同的社会历史条件下，高校教师职业伦理关系具有不同的性质

---

① 《马克思恩格斯全集》（第1卷），北京：人民出版社1956年版，第184-185页。

或特点，由此产生不同的道德原则和规范，用以调整和处理相应的社会关系。

高校教师职业作为一种伦理关系，从根本上说，教师是交往、政治与历史的生成者，与学生、社会共成生命的关系网络。这种对"主体与主体"间交互关系的重点关注，使教师职业伦理区别于其他职业。黑格尔说："伦理关系本质上是现实的社会结构中的关系。"也可以说是合理的社会关系中的秩序，它不但是人伦之实，人伦之理，还有人伦之规，表现为道德规范、法律和习俗等人的活动的社会存在方式。[①]

交往伦理是高校教师职业伦理重要的一部分，高校教师交往伦理的主要体现形式是教学交往。教学交往就是高校教师在教学这一特定活动应具有的道德观念、道德规范和道德实践。教学活动是师生互动的活动，既包括教师的教，又包括学生的学。高校教师在教学过程中，必须注重教学伦理的问题，才能解答学生的疑惑，提高教学活动的效果，厘清伦理道德的观念，建立正确的价值观，促进学生人格健全的发展。在高校教师职业伦理关系中，高校教师理当成为道德和学问认知、评价、审美、决策、信仰与实践的"生成中心"。这种普遍性与特殊性，让教师职业有了特殊的职责规定，也就是说，不同的伦理规定。所以教师职业伦理恰是一种维持其与学生、社会关系的德性要求。[②] 其中教师职业伦理关系主要指在教育教学中教师与学生，教师与教师，教师与社会之间的伦理关系；学校教师在教育的过程中，必须与学生进行接触，惟有建立良好的关系，才能发挥影响力，改变学生的思想和行为。同时，建立普效性的教师伦理学和教育学理论，解决教育实际的伦理问题。因此，交往关系是教师职业伦理重要的一部分。

三、高校教师规范伦理

与德性的内化性相区别，规范主要从社会价值趋向等方面制约着一个人

[①] 高兆明、李萍等：《现代化进程中的伦理秩序研究》，北京：人民出版社2007年版，第5页。
[②] 龙献忠、许烨：《教师职业伦理及其后现代诠释》，载《大学教育科学》，2012年第1期，第60-65页。

理想人格的形成与塑造。高校教师职业规范是反映高校教师职业伦理关系的规范性要求，如各类职业道德规范和准则，具有客观性和社会性。根据目前的教师资格条件，只要遵守宪法和法律，热爱教育事业，具备《教师法》规定的学历和教育教学的科学文化素质和教育能力素质，遵守教师职业道德，身体合格的人便可以从事教师职业。更具体的如美国教育协会颁布的《教育专业道德规范》，我国 2008 版的《中小学教师职业道德规范》等对教师的职业行为做出了具体规定，但对教师个体的角色道德并未做具体明确规范。[①] 正如拉德布鲁赫所说的"每一个职业都有它所要求的爱好和能力，人们不能在职业中发现这些爱好和能力，而只能依职务和理解力渐渐取得"[②]。高校教师的从教行为必须依法、依规范，否则就是渎职。

规范作为普遍的律令，具有无人格的特点，其现实有效性又要以德性来加以担保。由于教师职业伦理在内容上比一般职业伦理更具全面性、先进性、导向性；在影响空间上比一般职业伦理更具广泛性、示范性，因此其对教师个人的德性要求也更高。高德性的从业者更能严格遵守职业规范的约束，因此所建立起来的职业伦理秩序也就更好。但是由于教师个人德性在其教育活动中并不产生直接的功利效益，使得教师在现代社会"拜金、犬儒"等功利思想的熏陶和诸多竞争压力的挤压中要保持个人德性的崇高也变得有些力不从心，导致了某些道德失范的病态秩序。[③] 而当教师根据个人德性，主动遵循教师职业规范处理好相互之间的伦理关系，一个井然有序的教师职业伦理秩序便形成了。

四、高校教师职业伦理秩序

现代性高校教师职业伦理秩序是一个自然演进过程。所谓自然演进过程，

[①] 同上。
[②] 郭春涛：《论法律人职业道德的构成要素及生成环境》，载《中国司法》，2006 年版，第 85-87 页。
[③] 戴跃侬：《和谐：教师人格的德育意蕴》，载《教师教育研究》，2008 年第 4 期，第 25-28 页。

根据哈耶克（Friedrich August Von Hayek）的看法，是指教师职业伦理秩序不是一个预先设计好的过程，不是如工厂生产产品一般，先有图纸，然后依照图纸制造出来，而是教师在生产活动中通过不断地选择，并在不断选择中所形成的类似恩格斯所说的"合力"之结果，它能够合理揭示教师职业伦理秩序的变迁并不是一个既定的过程，但是却无法进一步解释教师职业伦理秩序是如何演进、其机理是什么等这样一些更为深刻的内容。高校教师职业伦理秩序的自然演进过程，亦是一个全息演进过程。所谓全息，是信息学概念，标志一事物记录了全部相关信息，人们可以在一个微小个别存在中，合理地透视与此个别存在相关的整个世界的信息。因而全息演进过程是指事物的存在与演化状况由其存在的全部环境条件（内部的、外部的、客观的、主观的等）所决定，一旦某一事物取一种存在与演化状态，则这种存在与演化状态本身又会作为一种既有的环境因素，加入到对其自身的存在与演化的影响因素中去。在教师这一特定存在与演化状态中，隐匿记载着整个既有教师世界的相关信息，或者说正是既有教师世界的全部相关信息的作用，才使教师职业伦理秩序呈现目前这样一种状态。

吉登斯（Geudens, T）曾以社会结构二重性理论揭示：社会系统的结构化过程，是系统在互动中被反复再生产的过程；社会系统的结构性特征对于人的实践而言，既是其中介又是其结果，既具有使动性又具有制约性。① 作为行动者的教师的活动总是会被"记忆"在教师的社会生活结构中，虽然这种活动是在既定的时间背景中从事，似乎是被规定的，然而，也是具有主动性的。这种主动性不仅是指教师有理解能力且能够去做，更是指教师可以通过自己的行动，创造行动的条件与背景，进而可以改变教师伦理秩序的社会演进进程。教师所谋划着的每一个现实行动，未必就是按社会所理解与谋划的方式呈现为结果，甚至可能以出乎意料的样式呈现在我们面前。但是，教师的每一个行动都会构成无限开放行动环节上的一个环节，并通过反馈的方式，影响今后的行为，影响事件的演进方向与路径。甚至教师对于未来社会的理

---

① 吉登斯：《社会的构成》，北京：生活·读书·新知三联书店1998年版，第89－90页。

解、对自身存在的态度，亦会通过其当下对于行为的谋划与选择，制约自己的实践活动。正是在这个意义上，教师的发展历史是其自身所选择与创造的。

现代性高校教师职业伦理秩序的建立，是一个通过教师自身的自觉活动所实现的自然演进过程。在这个过程中，既有的一切相关因素，都会对这个过程本身产生间接或直接、潜在或现实的影响。教师职业伦理秩序以自己的特殊方式记录了教师世界曾经存在过的全部相关信息（因素）。教师职业伦理秩序似乎是一种关于教师的秩序、结构和精神。然而，这种认识仅仅是从结果维度的观察。如果从过程、原因、实践的维度观之，则会发现它是包括应对自然、环境、文化、政治、社会等因素的全部社会生活实践的系统性结果。在20世纪80年代，人们很难想象市场经济对新型社会伦理关系及其秩序会有何种影响，很难想象它对社会政治、思想文化、科学技术，乃至整个生活世界及其交往方式会有何种意义。在20世纪90年代，人们很难想象互联网技术的普及会对社会政治生活、人们交往方式产生何种重大影响。事实上，改革的双刃剑使市场经济改变了部分教师的人生价值观，互联网使传统教授模式、师生关系出现了新变革。一般来说，每一个当下行为的积极解决，都会通过各种反馈方式推进教师职业伦理秩序的现代化演进。

以全息演进理念来把握当代高校教师职业伦理秩序，有助于对问题的深刻认识。这主要集中体现在以下几个方面：首先，现代性教师职业伦理秩序的建立是一个系统性任务。教师职业伦理关系、伦理秩序绝非如过去简单理解的那样仅仅是伦理道德领域中的问题，它要求我们对伦理道德，特别是教师的伦理道德、伦理关系及其秩序本身进行重新理解。其次，现代性教师职业伦理秩序的建立是一个长期目标，不能期望一蹴而就。第三，高校教师既是教师伦理秩序的建设者，又是教师伦理秩序的受制者。

五、高校教师伦理共同体

现代社会中正统的管理被一种不言自明的论断——"好的组织将产生好的人"所引导，伦理问题屈从于好的制度设计。事实上，伦理学中没有道德教育的这种矛盾的论点，是近来公共行政研究生教育中存在的倾向和过去十年里政治和道德哲学变化的结果。在目前的政治社会系统中，卡尔·施密特（Carl Schmitt）在"政治的概念"一文中曾用道德怀疑主义和政治现实主义来批判自由主义把政治道德化和经济化。这种政治现实主义所实现的政治的自律与崇高为道德的发展扫清障碍，其背后所隐含的道德体现，正是一场严肃的伦理战斗。虽然托马斯·霍布斯（Thomas Hobbes）认为在国家组成之前，即政治社会到来之前，是不存在任何善恶的共同准则，个人的欲望便是善恶的尺度。但自康德（Immanuel Kant）超越了霍布斯在《利维坦》中描绘的主权国家形式的政治共同体，而诉诸一个更为广泛的政治——伦理共同体。这种伦理共同体在高校教师这一群体中，应该依靠社会对教师德性的价值期待来构建，只有顺应社会时代发展和当前教育改革现实所提出的教师职业要求，只有真实的反映教育道德的现实和教师德性伦理的现状需求，借鉴吸收国外优秀成果服务于伦理规范建设，才能符合社会对教师德性的价值期待。

共同体是高校教师的归宿，因为教师对学生的影响不仅是作为教师个人的影响，更是一种专业团体的影响。它比一般的共同体联盟更多了一项影响人心灵的作用，潜藏着某种共同的伦理思想。也就是说每一个高校教师都必须相互认同为一个共同体的成员，共同遵循内部的规则，有统一的集体归属感等。换言之，只有当每一个高校教师都能充分认识自己后才能与别人和谐共处，才能在完整的自我中生根，形成不可见的魅力。

第三节　高校教师职业伦理的特征与时代要求

马克思在《关于费尔巴哈的提纲》中曾经指出："人的本质不是单个人所固有的抽象物，在其现实性上，它是一切社会关系的总和。"[1] 高校教师的生存样态及其所有生活行为，都不能不与周围的人发生关系，诸如生产关系、同事关系、亲属关系、性爱关系等。这种复杂的社会关系规定了高校教师的

---

[1] 《马克思恩格斯选集》（第1卷），北京：人民出版社1995年版，第60页。

社会本质，形成了高校教师区别于一般个体的社会属性，由此形成的高校教师职业伦理也区别于一般的个体伦理。

一、高校教师职业伦理与一般伦理的区别

职业伦理一词与一般伦理（general ethics）是相对的概念，职业伦理属于应用伦理学讨论的范围，是指那些适用于某一职业领域人员的专业规范。而一般伦理属于理论伦理学讨论的范围，是指那些适用于社会所有成员的规范。

从伦理学的角度看，作为职业伦理学的高校教师伦理学在研究伦理关系时是不同于一般伦理学的，它把自己的研究范围严格限制在高校教师活动及其相关联的要素之中。一般的职业伦理只涉及职业行为和职业角色，并不涉及从业者严格意义上的私人生活，也不涉及从业者纯粹作为公民的社会公共生活。高校教师在其职业活动和生活之中的关系是多重的，伦理关系只是其中的一维；同样，在这一职业活动之外还有着其他社会关系及其伦理关系。教师职业伦理学既不觊觎教师伦理学中的全部管理和活动，也不对高校教师作为人的所有伦理关系加以探讨。职业伦理视域中的伦理关系仅仅属于教师以及与从事教师活动直接关联着的伦理关系。但是，当一种职业活动受到科学精神或原则的规范时，职业活动的主体是可以分析分解的，教师的职业活动以外的各种品质是被要求加以屏蔽和排除的，这时，作为职业活动者的教师是抽象的和片面性的。但是，教师职业伦理学所研究的这一职业活动是基于马克思主义伦理精神和道德原则的活动，伦理关系是其职业关系中占主导地位的基础性关系，其他各方面的关系都受到伦理关系的统领和制约，所以，教师主体是作为完整的人而存在的，他的各方面品质以及能力都从属于马克思主义伦理精神和道德原则。

教师职业伦理学并不肩负教师管理方法或其他的创新和技术的发明，而是努力追寻教师所应拥有的那些伦理精神和道德原则。它与传统伦理学有所区别，并不执着于提高教师的教育水平，而是把塑造教师应当拥有的伦理精神放在第一位。它以整个教师道德现象视为研究对象，通过阐释教师道德原

则、规范，形成道德意识，指导教师道德实践，因而有自己内在的理论体系。对高校教师职业伦理的研究也遵循这一内在规律，其中高校教师德性伦理作为道德原则居于主导地位，统帅和支配着教师职业伦理规范和交往实践，具有广泛的指导性和约束力，是整个高校教师职业伦理的核心和精髓。高校教师职业伦理规范是德性伦理的展开和具体化，教师德性通过其职业伦理规范来加以指导和调节。高校教师交往伦理则是教师道德实践的表现形式，是教师德性与职业伦理规范发挥作用的必要条件。不论是高校教师德性伦理还是规范，都在教师与人、社会的交往过程中内化为教师个体的道德心理机制而发挥作用。

而高校教师职业伦理与一般的教师职业伦理学又有一个显著区别，即高校教师从事科研活动和进行社会服务工作导向的价值观态度系统。高校教师职业伦理不仅在于它有助于更新传统"教师职业道德"或"师德"观念，而且更为重要的是它在推进教师专业建设方面具有独特的价值，是对高校教师"在伦理道德上应该如何生活和行动"，以及"为什么高校教师应该如此生活和行动"的回答。它不仅是从外部的制度或规范来指导或约束高校教师的职业行为，也引领着高校教师自身专业化方向的发展，推动高校更好地服务社会。它不仅是维护高校教师职业声誉的强有力支持，更是高校教师体现专业自我，实现人生价值的见证。

二、高校教师职业伦理的基本特征

高校教师职业伦理具有如下基本特征：

（一）高校教师职业伦理既包括多向性的社会伦理基础，又包括群体性的社会关系，是多向性与群体性的统一

所谓多向性的社会伦理，指的是社会关系的多元实际状态，即在现实社会生活中，人与人之间的多元伦理现实。而群体性的社会关系"应该"，指的是高校教师这一群体的社会关系理想状态，即高校教师与他人之间关系的"应该"——教师主体关于"我应该怎样"的一种自我追求和对教师与社会交往关系的理想状态的追求，或者说社会、人们对教师提出的理想的道德要求。人类的思想方式可以把粗糙的识别道德的自然禀赋随着时间的推移而转化为确切的实践原则，从而把那种病态的被迫形成社会的一致性，最终转化为一个道德的整体。高校教师职业伦理的多向性与群体性相统一的特质，也主要源于伦理主体的客观关系与主观意识相统一的特点。从客观关系来看，高校教师职业伦理总有一定的实体表现，即物质承载者；高校教师职业伦理的生成是一个不以教师的意志为转移的客观过程；高校教师职业伦理所体现的教师与他人之间的职责和义务关系也是客观的，因为在社会生活中，社会对教师这一特定角色和身份有着具体的规范和要求，由此构成的教师的职责和义务都是客观存在的。从主观意识来看，高校教师职业伦理作为社会生活中教师与他人之间的职责和义务关系的一种体现，内在地包含着教师主体的道德认识、道德情感、道德意志、道德信念以及价值观念，如教师道德情感的丰富性需要体现在情感胸怀的博大、情感体验的细微、情感调控的自觉、以情化人的灵活等。这种体现便是一种群体性规定，使得教师主体在思考与对方的关系时，能够从现实社会关系的实际出发，着眼于自身与他人关系的"应该"，在相应伦理精神和道德观念的指导下，根据相应的道德原则和道德规范来认识和处理自己与知识、与学生、与同行、与集体、与社会的关系，从而促进自身与他人之间关系的和谐与进步。

（二）高校教师职业伦理具有道义性与导向性

教师之所以受到历代社会、民俗的尊重，很重要的一条就是与教师自身对道德的深刻认识，对道德修养的严格要求，道德水平处于较高层次有关。从某种意义上来说，教育的事业，也是道德和情感的事业，是一种德性实践。正如苏霍姆林斯基所说的那样，"教育者的崇高的道德品质，实质上是我们称之为教育的这个微妙的人类创造领域中获得成功的最重要的前提。"[①] 高校教师职业伦理在一定意义上总是反映着现实社会、人们对教师职业的期待，伦

---

① 王荣德：《教师职业伦理》，重庆：重庆大学出版社 2013 年版，第 14 页。

理是职业之基,个人德性建构其上。高校教师具有一种使自己社会化的倾向;因为他在这样的一种"为师"的状态下才感到自己不止于"是(自然)人"而已。也就是说,"教师"这一身份使他的自然禀赋得到了而发展,但是个性使然和个人的非社会的本性可能使他产生一种被孤立化(单独化)的倾向,希望按照自己的意愿来工作、生活。这种自我意愿和社会意愿之间的矛盾,推动着他克服自己的懒惰倾向,唤起自己的全部能力,并且由于社会期望的驱使,而要他承担一定的道义责任,以此在他的同胞之间为自己争取一席之地。由于高校教育活动的目的是为社会培养中高级专门人才,对象是趋于社会化的青年学生,手段是高校教师的真才实学、人格品德,时空上具有弹性和自由度,而高校教师的社会活动是多方面的,不同类的活动——教学活动与交往活动——要求不同的习惯,公正、节制、审慎、有爱心、宽容等德性正是由不同类的活动分别塑成的;当然,同类的活动能够形成相同的德性,相同的品质追随着相同的实践活动;但从全社会的宏观角度和个人活动的多方面来看,"品质正是以实践活动而不同。"习惯总是存在于一定种类的活动中和一定的范围内;习惯必然具有多样性;正是由于习惯在教师伦理德性中所具有的决定性作用,德性也成为具体的、多种多样的。对于教师来说,其体现道德价值的精神和原则随时贯穿于自身的日常行为实践及学校生活中,贯穿于与学生交往的各种影响中。教师职业伦理需要教师在以大学为主要场域的职业生涯中体现他的生活智慧,这种真正的教育生活、伦理生活实践也在一定意义上导向教师成长为更全面的教师。

(三)高校教师职业伦理需要具备一定的担当性与去魅性

高校教师职业伦理影响之深,表现在它直接作用于人的心灵,因而需要具备一定担当性。"一年之计,莫如树谷;十年之计,莫如树木;终身之计,莫如树人。"[①] 高校教师的职业作为一种对精神的辅助生产,是教师通过心灵的努力去完成的。其成果也在劳动对象的心灵上产生,帮助大学生形成一个

---

① 《管子·权修》。

完善的美好的丰富的内心世界，这是人全面发展的一个重要标志。高校教师承担着影响人心灵成长的功用，通过教师自己道德影响来对学生的思想品德产生作用，改变着学生的精神面貌，影响着学生一生的发展。高校教师在教育中抱有怎样的劳动态度，表现怎样的道德品行，完全取决于教师的责任感和内心的自我监督。只有当这些外在的监督转化为教师内心的自我监督时，外在的监督才能真正发挥作用。这种转化过程就是教师的自觉行为，有赖于教师在社会生活中、在课堂上都能时刻牢记自己的神圣职责，自觉地担当起为人师表的角色。而根据马克斯·韦伯（Max Weber）的理论，行政管理过程中的价值因素是被作为一种"巫魅"而加以祛除的，官僚制的非人格化与行政人员的职业道德不可兼容的。[①] 作为一个自由主义者，韦伯最为关注的是在一个官僚化时代如何挽救人的精神自由，他反对国家权力对大学人事任免的干预。韦伯担心，在理性化官僚化时代，大学教师变成这样三种人，"没有灵魂的专家""业余爱好者""讲台上的先知"，从而丧失学者的尊严和责任感。在理性化时代，伴随着世界之解除魔咒，世界之意义也被消解。作为道德的领路人，高校教师需要摒除一切杂念，如对权力的渴望，对权威的欲望，对行政级别的虎视眈眈，而专职走向对学生的培养、对学术的追求上来。在一个"诸神争斗"的多元价值观的世界上，一个人生活的意义来自于他的选择和热情献身。高校教师选择了"以学术为志业"，学术就是他的"神召"和"使命"，是他生活意义的来源。个人"应当侍奉什么样的神"，最终是按照个人良心来决定的。实际上，只有自己决定自己价值观的人，才能对抗官僚化时代的无所不在的铁笼，才能挽救人的精神自由。由此高校教师职业伦理有其一定的"祛魅"作用，为教师在从教生涯中能坚守己任，敬岗爱业提供明确的方向。没有高校教师的职业伦理，学术自由和大学精神一定无从谈起，在今天这样一个官僚化无处不在的时代，大学将变成一个没有精神的"铁的牢笼"。

[①] 张康之：《论伦理精神》，南京：江苏人民出版社2010年版，第27页。

三、高校教师职业伦理的时代要求

(一) 科学性要求

科学精神就是科学文化的深层结构中所涵括的一套价值和规范的复合体。高校教师职业伦理需要教师具备一定的科学方法、科学态度、科学信念、科学道德,表现一定的科学能力和科学精神,内化并形成自己当科学良心,要求教师在社会活动中体现合目的性与合规律性相统一,世界客观性与教师的主体性相统一。马克思主义是我们时代的真理,是社会主义建设的指导原则。建设有中国特色的社会主义理论体系,践行社会主义核心价值观,是我们加强高校教师的职业伦理修养的科学指南。科学的生命力在于创新。高等教育劳动作为创造性的职业,需要教师的创新开拓能力。

(二) 民族性要求

中华文明之所以五千年奔腾不息,就是源于我们的民族精神、民族理想、民族智慧和民族文化。唯物论、实践论、无神论、大同论代表了中华文明的四大思想基石,"老子道学—孔子儒学—孙子实学"无不代表中华智慧的三大源头。老子道德首倡"道法自然";孔子儒家核心观念是"仁者爱人",主张"毋意,毋必,毋固,毋我";孙子提出柔武弭兵之道,思想主流都带有知行统一的实践倾向。五四新文化运动后,随着马克思主义的中国化,中华文明的四大优秀传统、思想基石又有了新的升华。中国传统文化强调天地之间人为贵,以人为本,强调人的价值,在人格培养上的传统就是"学做人""正人"与"行理"相统一。高校教师职业伦理要求高校教师首先是个爱国主义者,能够善于吸取中华民族的优秀文化遗产,继承和弘扬民族精神;其次要以德立人,坚持独立的人格,为祖国培育品学兼优、德才兼备的高素质人才;第三在强调个体"修身"的同时,也要"齐家治国平天下",把"人、家、国"作为一个整体认知。

(三) 示范性要求

尽管我国师范学校从建立至今只有百余年,但从孔子讲学到书院教育几千年流传下来的学者办学、学者从师、如何为师、尊师重教、精于师道的育师经验，成为高校教师职业伦理修养的一份宝贵财富。汉代学者杨雄说，"师者，人之模范也。"人民教育家徐特立也说，"做教育工作的人，一般总是先进分子。"与其他职业是用工具去影响劳动对象不同，高校教师是用自己的言行去直接影响学生，是把自身的各种个性作为手段去感染学生。教师言教和身教示范作用的重要性不言而喻。在道德方面，高校教师需要具备高尚的道德品质，热爱教育，热爱学生，要有坚定的敬业乐业精神和乐于奉献的献身精神；在才能方面，高校教师要具备渊博的知识，学而不厌，勇于创新，专博相济，认真施教；在技能方面，高校教师要懂得教育规律，掌握现代教育的方法，讲究教学艺术，把握教育分寸，开展有效教学，提高教育质量。

（四）时代性要求

教育是社会和经济发展的首推动力，高等教育是科技发展和知识进步的贡献者。一方面，虽然科学技术本身并不具有善恶的道德属性，但诸如原子能的利用，人工智能技术以及生命科学中的器官移植，试管婴儿，"克隆"技术等，都已经或正在造成某种道德困境，其应用可能有潜在都破坏性。如果某些技术被滥用，其后果将是非常严重的。教育职业者承担着传授和普及科学知识的任务，特别是高校教师，直接处于现代科学技术的前沿，直接参与着科学技术的研究和应用开发活动，这就对高校教师对道德品质提出了特殊要求。另一方面，未来世界范围的经济竞争、综合国力竞争、科学技术竞争，归根结底还是民族素质的竞争。"教育大计，教师为本。"提高全民族的素质，迫切需要培养和造就千百万优秀的教师。优先发展教师教育，教育和培训高素质教师成为当前教师发展的重点。高校教师职业伦理旨在培育有德之师，根据《国家中长期教育改革和发展规划纲要（2010—2020）》中提出的"严格教师资质，提升教师素质，努力造就一支师德高尚、业务精湛、结构合理、充满活力的高素质专业化教师队伍。"这也实际上成为参与国际竞争的一项先导性的战略措施。

第三章 从预成到生成：
高校教师职业伦理的历史演进

中国传统文化追求的是"仁义、兼爱、无为、空灵"，皆是以儒家文化为主流的，综合了佛家与道家的思想。与西方哲学追求的"美德、至善、理性、信仰"和西方伦理的关注点以"交往"为中心，强调自由不同，中国社会是以家族血缘为纽带的社会，伦理关系的本质是以"人伦"为中心，是个体与他的伦理共同体之间的关系。

第一节 教师职业伦理预成论

预成论（preformation）① 又称"先成论"，宇宙世界的运行发展是预成的还是生成的，曾经是哲学和科学史上争论不休的问题。神创论认为，万物乃是上帝所创，一经造成就不再发生任何变化，即使有变化也只能在该物种的范围内发生变化。到十七世纪被称为"现代历史之父"的维科首先提出历史是人创造的，社会发展的历程都必须经历从神学阶段（人类童年）到英雄阶段（人类青年）再到凡人阶段（人类成年）这三个历史循环阶段。这一历史循环论也是一种预成论。

从根本上看，哲学所追问的对象有且只有两种可能：一为现成的对象，一为非现成的对象。在预成论的视野中，一切都是已经完成，都有一个本质，

---

① 胚胎发育学说之一，是在十七至十八世纪占统治地位的先成说概念基础上产生的。认为生物体是预先存在于性细胞（精子或卵）中的雏形发育观，是与生成论（渐成论）观点相对立的一种思想。

这个本质决定着对象"是其所是"。世界的存在是已完成的，而人和世界是同一的，人的存在方式从根本上也是预成的，即人有固有的本质，其活动遵循一切规律，社会是人的集合的存在方式，社会历史领域也存在客观的规律。

从泰勒斯的水、巴门尼德的存在到柏拉图的理念、亚里士多德的实体再到笛卡尔的我思、康德的我自体、黑格尔的绝对精神。不管这些阿基米德点①彼此多么不同，但从实质上看它们是同一的，即它们都是现成的存在。这种已完成性，是在逻辑而非时间意义上讲的，而非现成的，简单地讲，就是未完成的。这一未完成同样是在逻辑而非时间意义上讲的。即从逻辑上讲，一切不可（可以、可能）完成的存在都是未完成的。未完成性意味着永处于生成变化的过程之中。与预成论的人的存在方式相适应，一般系统论把人的存在方式分成四个层次：第一层次是物理学的；第二层次是生物学的；第三层次是个体人的存在；第四层次是人与人组成的社会系统，人作为社会存在物而存在②。每个层次都以决定论为依据。由于早期分析哲学特别是逻辑实证主义尽管在所研究的问题上大不同于古典哲学，但在思维方式层面，则是一致的，即都是预成论的。在后期维特根斯坦（Ludwing Wittgenstein）所引起的"语用学转向"之后，分析哲学的主导思维方式开始由预成论转向了生成论，这一转向使分析哲学与现象学在思维方式上得以相通，这一相通在最终意义上导致了二者的融合③。

但在预成论视域下的教育教学在世界观上体现的是一种科学主义世界观和理性主义价值观，即"一切都是现成的、已完成的，"事物的发展在开始发展之前、其路径和结果便已经预设。教师在教学的过程即是执行教案的过程；评价学生的考卷也有着固定而统一的标准答案……于是，我们似乎可以预见

---

① 认识自我乃是哲学探究的最高目标，它已被证明是阿基米德点，是一切思潮的牢固而不可动摇的中心。古希腊哲学家阿基米德曾说："给我一个支点，我就能撬动地球。"这是力学中的阿基米德点。

② 徐德华、郭宏群：《对教育视野下"人的存在方式"的研究——从预成论到生成论》，载《教育探索》，2007年第11期，第6页。

③ 邹广文、崔唯航：《从现成到生成——论哲学思维方式的现代转换》，载《清华大学学报（哲学社会科学版）》，2003年2月，第5页

这样的场景：课堂成了演出"教案剧"的舞台，教师为主角，大多数无名氏学生则为群众演员，甚至连配角都不是。

哲学概念中的预成论，视教师为圣人、教育者、专家，于是，教师成了道德的说教者，成了科学知识与真理的奉送者，成了学生认知与人格结构的塑造者。①

一、大学教师是"圣人"

教师，从古代的"传道、授业、解惑"，到现在的道德上是"道德家"，知识上是"教育者"，教学技能上是"专家"等，具有强烈的预成论哲学意蕴。受传统观念影响，普遍认为教育行为与人的成长之间是一种简单、直接的因果关系，把教师看作无所不知、无所不能的"神"，习惯于把教师奉为"道德圣人""人类灵魂的工程师"……其成长发展过程是至真、至善、至美的和谐统一的过程。这实际上是对教师人性假设上的"圣化"，把教师看作"伦理人"或者"道德人"。事实上，教师不可能是道德圣人，于是教育的虚伪就产生了。就知识、能力、阅历等方面而言，教师显然在学生之上；但就道德而言，却很难说学生不如教师。教师因为戴着社会预成的"圣人"高帽之后，就容易压抑作为普通人的正常欲求。

与其说要成为圣人，不如踏踏实实做一个普通人。从某种意义上说，教育的过程并不是给学生外加"美好道德"而是让学生尽可能保持童心的过程。事实上，在崇尚科学的今天，什么都是可以塑造的，唯有人的灵魂——即人的精神是不能被塑造的。不管"塑造"以什么"崇高""神圣"的名义，"塑造"灵魂的教育是赤裸裸的专制的教育。当公众对教师的期望值过高，幻想教师的行为可以点石成金，化腐朽为神奇，一旦与理想有出入，或者说教师的身上出现瑕疵时，教师便立刻被孤立成了一个群体，整个教师群体与社会脱节，成为人类灵魂的替罪羔羊。所以，社会将学生的教育问题，全部归咎

---

① 许烨：《从预成到生成——教师角色的现代性反思》，载《大学教育科学》，2010 年第 2 期，第 70 - 74 页。

于教师，这是一种误解，是极其不负责任的，使得家庭和社会逃避了教育的责任。

二、大学教师是"教育者"

在"预成论"的教学观下，学校对教材内容"定于一尊"，大学教师也成为了真理与知识传递者的代言人，从而知识也就通过教师衍变为一种权力，教师也通过对学生进行现成知识的传授，成了对学生个性发展的宰制，在把教科书当作"圣经"传授给学生的过程中，学生逐渐形成了一种依附权威的思想，以及"听老师的话"的行为模式。教师作为知识的先验者，不仅自己说他人之话，也教学生说他人之话。教学中更多强调的是秩序、规范与控制，关注的是接受、掌握与认同，而变异、批判与创造的品质被剔除，探究、建构与超越的特点被忽视。于是，极易禁锢学生的思维，阉割教学的创造，使学生的个人认识普遍僵化，使学生的生命活力受到压制。结果，学校变得死气沉沉，缺乏生活气息和生命活力。

对此，英国化学教育家亨利·阿姆斯特让一针见血，把现代教学过程归纳为：我听，我遗忘；我读，我记住；我做，我理解①。这切中了当前我国教育界众多人士普遍存在的一个致命弱点：喜欢坐而论道，说得多，做得少。弗莱雷指出："没有了对话，就没有了交流；没有了交流，也就没有真正的教育"。② 可以看出，预成论以"构成论"和"嵌入说"为思想基础，排斥预设之外的生成性资源，把教师的教学看成是一部由若干零件构成并可加以拆散和还原的机器，从而把教学活动框定为一种"预成"式的对象化活动。这种教学观强调教师对学生进行外部的控制和塑造，而忽视甚至压制学生内生的力量与可能；重视经验的简单传承和知识的被动掌握，而忽视学生探究品质的培养和个性的自由发展。它忽视了教学中的丰富复杂性，抑制了教学中学

---

① 吴国庆：《可爱的对称——化学家眼中的对称性》，长沙：湖南教育出版社2001年版，第8页。

② ［巴西］弗莱雷：《被压迫者教育学》，顾建新等译，上海：华东师范大学出版社2001年版，第41页。

生的能动性和内发性，否定了教学中的动态生成性。

三、大学教师是"专家"

社会对大学教师角色的认识除了"圣人"与"教育者"以外，随着科学主义的盛行，越来越多的人视之为专家——塑造人类灵魂的专家。这种期待又加剧了对教师的权力角色的定势。当人们在为提升教师的专业素质和教学技能竭尽全力之际，当教师专业化正在如火如荼进行之际，教师的人格魅力和道德声望似乎在无可挽回地衰落。斯宾诺莎说："人的心灵除了具有思想的力量和构成正确观念的力量以外，没有别的力量。"[1] 今天的教师却越来越缺乏影响学生心灵的思想力量。如果没有人性和人格的滋润涵养，很有可能炮制出大量"靠专业化吃饭"的人。

我们不能否认教师的教育专业品质，但它不是教师人格的全部，不能掩盖教师的生活与生命形式。教师专业技术包括其学科专业与教学专业技术，均是生命组成部分与工具形式，不是生命本身；它是手段而不是目的，但现代社会把它预成教师的目的，这是值得警惕的。不少人误认教师"专业"为精深的专业知识和塑造人的知识，反而淡化了教师的德性涵养和精神修炼，放弃了师生伦理的职责和勇气，开始了与医师、律师、工程师比肩的教师专业化追求。当前的社会舆论和宣传对教师专业及其的劳动价值给予较高的评价，很多教师对此产生认同。然而，当人们不断追求其教师行为成绩的过程中，对教师的社会功能却遗忘或者说淡化了。教师不仅成了学校教育主体，而且使学校脱离了社会生活，脱离了教育民主，脱离了教育教学真正发生器是学生而不是学生外部的专家的事实。就本质而言，教育真正发生的过程是学生自我教育的过程。这就决定了教师的专业技术是为学生服务的工具，是辅助性的。

---

[1] ［荷兰］斯宾诺莎：《伦理学》，北京：商务印书馆1958年版，第225-226页。

第二节　教师职业伦理生成论

为反对传统本质主义，萨特旗帜鲜明地抛出他的"存在先于本质"的著名论断，指出人性是后天衍生的，根本不存在什么先天人性论，人的自由取决于后天的选择；"生存论建构的首要意义就是将来。"① 吉尔·德勒兹的"生成"（becoming）也包含两个维度：一是生成的欲望（或情感）维度，二是生成的权力维度。在德勒兹看来，"身体在特定的力度或在那个力度的限度内能够发生影响。"② 当一身体作用于他身体或被其他身体作用时，身体就遭受了改变。这种改变也就构成了德勒兹意义上的身体与身体之间各种关系的"生成"。个人的存在方式和社会系统的存在方式都是向未来开放的，个人和社会的本质是在发展过程中不断生成的，人的存在就是一个不断自我超越、自我更新、自我创造的过程。学习和实践是个人适应世界、改造自身的主要途径，人的本质是在实践中生成的。人与人的关系是在互动中建构出来的，是不断生成和演化的。人存在的生成性主要取决于其存在的开放性、复杂的作用机制（特别是非线性作用）以及内外随机性。人存在的生成性导致了具体的某次研究难以准确地再现被研究者过去的情况或准确地预测其未来的情况。

马克思代之以实践生成论，以人的自由、和谐与全面发展为指归，从人的"属性""本质"和人的全面发展谈实践生成。生成论使人从个性自由到自由个性到自由人的群体或关系或社会，符合马克思的"人是社会关系的总和的思想"。自由的人在这里具有自由、互存、互享、互动与互进关系，从而使人具有了实践性与社会性属性，也使人具有了实践的、社会的、希望的、意义的、超越的生成内涵。这种马克思主义哲学，作为真正意义上的哲学革命，不仅仅是具体观点和体系的改变，而是深入到思维方式层面，实现了思

---

　　① ［德］海德格尔：《存在与时间》，陈嘉映，王庆节译，北京：生活·读书·新知三联书店 2000 年版，第 373 页。
　　② ［法］Gilles Deleuze and Felix Guattari，*A Thousand Plateaus*: *Capitalism and Schizophrenia*, Minneapolis London: University of Minnesota Press, 1987, P.256.

维方式的范式转变——由预成论转向了生成论。生产是生成的，社会关系是生成的，人的本质也是生成的，"世界从本质上是某种从混沌中产生的东西，是某种发展起来的东西、某种逐渐生成的东西。"① 生成论建构的首要意义就是将来。马克思在人本质问题上实现的变革，不是在已有观点之外又增加了一种观点，而是从根本上转变了探索问题的方向，即从统治西方哲学两千多年的预成论的思维方式转向了生成论的思维方式。在这一全新视野中，自然、人、一切存在都不再是等待解释的预成性存在，而是生生不息、变动不已的生成性的存在。因此，在现代思维方式中，不存在预定，不存在命定，一切都在创造中产生，人在不断的创造中实现自我完善和自我超越。高校教师职业伦理作为一种特殊的社会关系，是社会伦理的一个子结构。高校教师职业伦理的产生是客观条件与主观条件的历史性统一，其发展具有历史继承性。每一个历史时期的伦理关系，不仅仅是对现实经济关系的体现，而且同此前的伦理关系存在着继承的联系，从而使不同时代的教师职业伦理之间表现出不同程度的相同或相似性。这从伦理发展的历史来看，每一历史时期的教师职业伦理都既有对当代社会发展水平的反映，又往往保留着历史上伦理关系的某些因素。迄今，教师存在方式的生成性决定了教育、教师研究必须采用新的方法论，比如可以采用复杂性科学的理论和方法，关心具体的、与人的现实生活紧密相关的东西。在生成论视域下，人只关心现世命运，回归现实，立足于现实，这个现实世界不是工具性泛滥的科学世界，而是一个关系的世界。

一、教师职业伦理生成的历史前提：两种生产

人类的"两种生产"，即物质生活资料的生产和教师本身的生产是我们考察高校教师职业伦理生成的内在一切社会关系产生和发展问题的根本依据。这是因为，人类一切社会关系无非就是在"两种生产"中发生的人与人之间的关系。马克思在《德意志意识形态》中认为人类第一个历史活动，就是生

---

① 《马克思恩格斯选集》（第3卷），北京：人民出版社1972年版，第44页。

产物质生活本身。可见，物质生活资料的生产是人类社会历史发展的起点。人与人之间的社会关系使人类在改造自然的生产活动中生成的，人类社会各种伦理的生成也是在这种物质生活资料的生产过程中产生而发展起来的。社会生产力的发展，使人类劳动变得越来越复杂，原来那种适应自然、防御自然和被动应付自然的教育内容，已远远不能满足生产活动的需要。人类开始意识到，要顺应自然，驾驭自然，必须要有目的地、有意识地去认识自然，学习掌握改造自然的知识。于是人类教育活动的目的越来越明确，内容越来越系统、深化。人们要推广和传播科学知识，单纯依靠口述、身教已不能适应生产力发展需要了。高校教师职业伦理的生成是以"两种生产"作为自己的历史前提的："两种生产"的发展，不仅为高校教师职业伦理的生成提供了客观条件，即推动着高校教师职业伦理的不断生成和发展；也为高校教师职业伦理的生成创造了主观条件，即推动着高校教师职业伦理随着高校教师所产生的主体意识的不断增强而增强。

（一）劳动创造了高校教师职业伦理生成的主体——教师

教师作为高校教师职业伦理生成的主体，不是凭空产生的，而是经历了一个十分漫长的历史过程。在这一过程中，劳动的分工起了决定作用。劳动的分工使教师的主体需要与利益观念开始出现。在原始社会中，教师与社会、集体是完全一致的，教师作为言传身教的老人，一切服从于集体协作劳动的需要。但随着社会的发展，教师与社会、集体的完全一致性被打破，教师群体中产生了自我需要和利益观念，从而为教师职业伦理的生成和发展创造了根本动力。随着教师的需要和利益关系的发展，教师的价值观念、道德观念也不断发展，教师对自身与社会、与知识、与同行、与学生之间的关系有了新的认识，从而使包括道德在内的各种调节手段也不断丰富和发展。

（二）劳动的分工也使高校教师对自身权力与义务的关系认识有所发展

劳动在没有分化以前，是包含了一切领域的人类活动，在这种情况下，还不可能产生职业伦理。后来随着劳动的专业化和职业化，人与人之间相互依赖、协作的关系不断加强。在这种关系之下，高校教师也需要根据自己的角色、地位和作用来履行相应的职责和义务，这也就需要新的力量来调节教师群体之间的权利与义务关系，以此形成不断被规则化的"应该怎样"的职责与义务关系。高校教师在高校发展的过程中，在社会交往的过程中所逐渐体现和遵循的这种"应该怎样"的道德规范和道德要求，正是体现了其职业伦理关系。

　　人本身的生产和再生产是人类社会历史发展的第二个起点。按照马克思"从主体出发"的实践观的本意，人的本质力量与实践是相互规定的关系，即人的本质力量发展到何等程度，就会有与之相对应的实践；反之，有什么样的实践活动，就会塑造与之相应的主体。因此，实践本身并不仅仅局限于改变自然、处理人与自然的关系，同时还包含改变人自身、处理人与人之间的社会关系。一方面，壁垒森严的社会分工造成了教师职业伦理与其他伦理之间的分隔与疏离。高校教师职业伦理仅仅是"一类人"的伦理，主要规定高校教师在教育教学领域内"什么是正确的"和"什么是善的"，没有将关注的目光投向教育教学领域之外，如教师的职业生涯，教师的生活。伦理领地的割据状态导致部分高校教师的伦理王国无法得到统一，使一些教师成为分裂的伦理道德主体。我们只是在教育教学领域来判断教师伦理的价值，对其职业伦理进行宣判，而大众和学生却是从教师生活的全部来审视其伦理道德问题。作为一个负有各种角色和身份的高校教师来说，其他领域内的伦理问题，必然会超过其边界限定来影响教师的职业伦理。另一方面，社会分工也导致了齐格蒙特·鲍曼（Zygmunt Bauman）所说的后现代伦理困境。由于分工的原因，每个人都是产品生产中的一个片段。这种片段性消解了产品的著作权，使我们只能看到作品，却看不到作者，也找不出该为产品负责的人。学生的发展是所有教师在不同时空中合作的结晶。没有任何人可以把学生的发展功劳全部揽到自己头上，也不会有人认为学生的所有问题都是自己一手造成的。于是，不管从学生的整体发展，还是从学生在某个时间段的发展来看，教师都无法为之承担责任。于是，无法扎根的责任就处于漂浮状态。

二、教师职业伦理生成的现实前提：现实的人

高校教师职业伦理作为高校教师与教师之间的一种特殊的社会伦理，与其他社会伦理一样，也是人的活动的产物或后果。伦理存在只有以人的活动为基础才能形成和发展，没有人的活动，或者说没有"现实的人"，伦理就不可能存在。"人就其本质而言是一种关系性的存在，""人是全部人类活动和全部人类关系的本质、基础。"① "现实的人"就是高校教师职业伦理生成的现实前提。从主观的条件看，高校教师职业伦理的生成离不开一定的主观精神条件，这种主观精神条件主要包括语言和意识两个方面。高校教师的语言和意识产生于高校教师的劳动生产时间和交往关系之中，是由于"与他人交往的迫切需要才产生的"，如与学生的交往、与社会的交往，是千差万别的。"语言是一种实践的、既为别人存在并仅仅因此也为自我存在的、现实的意识。"② 教师的本质是教师的真正的社会联系，"真正的社会联系并不是由反思产生的，它是由于有了个人的需要和利己主义才出现的，也就是个人在积极实现其存在时的直接产物。"③ 而高校教师规范伦理作为高校教师与教师之间的一种特殊的社会伦理，一种外在规约，从实质上看，是建立在"人的真正的社会联系"基础上的普遍共识，是基于差异的共识。它包括对高校教师与经济、政治、法律以及其他伦理联系的普遍认识，这种伦理的联系说到底就是人与人之间伦理的现实表现。

传统社会中通行的很多伦理规则在今天已经失去了往日的权威，而且很多原有的规则随着时代的变迁也已经失去了效力，这从当前社会中已经出现了"拒绝道德、无视规则"的迹象中可以明显察觉出来。人类条件起始于人的"被抛"状态④，即无论在传统社会还是在现代社会，每个特定的人出生都

---

① 《马克思恩格斯全集》（第 2 卷），北京：人民出版社 1957 年版，第 118 页。
② 《马克思恩格斯全集》（第 2 卷），北京：人民出版社 1960 年版，第 34 页。
③ 《马克思恩格斯全集》（第 42 卷），北京：人民出版社 1979 年版，第 24 页。
④ 王秀敏：《个性道德与理性秩序——赫勒道德理论研究》，哈尔滨：黑龙江大学出版社，2011 年版，第 3 - 5 页。

具有偶然性特征，而这一出生的偶然性特征则将人抛在了特定世界上。"每一个人生来就被抛入一个特别的社会中。"① 这一过程是遗传先验（genetic a prior）和社会—文化先验（socio-cultural a priori）—嵌接（dovetailing）的过程。之所以说它们是先验的，是因为它们先于单独个人而存在，在人们出生之前就已经客观存在着，它们可以制约和影响着现在的人。具体来说，高校中的每一位教师都无法摆脱遗传基因的作用，因为其首先是作为生物学上的自然人而存在，其次，每一位高校教师的成长和发展都不能离开特定的社会——文化、大学、生活等其他背景，这是其作为社会人而存在，所以说遗传和社会——文化对个人来说是先验性的存在。

人类条件展开于遗传先验和社会——文化先验之间嵌接的动态张力中。② 个人在其成长过程中为了实现自由而全面的发展，虽然一直试图联结人的遗传先验和社会——文化先验之间的间隙，但是这种联结却永远也不会完成，更不能达到完全嵌接。因为只有在以下三种情况相遇时，才能够实现两种先验之间的完全嵌接：（1）所有外在的社会规则完全内化；（2）这些规则已经转化成人们的本能；（3）在所有规则之间进行选择的缺席。但这三种情况同时出现的几率比较小，特别是在现代复杂的社会环境中。所以说，高校教师要想成为真正的社会人，就必须在其成长的历程中学会如何去处理和连接两者之间的缝隙，这便构成了教师生活的条件。

三、教师职业伦理生成的完善前提：社会交往

马克思从物质生产实践的角度来理解交往关系，认为人类的交往关系不仅是生产关系，而且是整个社会关系，是主体与主体之间的"共同活动"，是指"许多人的合作，至于这种合作在什么条件下、用什么方式和为了什么目的进行的，则是无关紧要的"③。哈贝马斯认为，交往是至少在两个主体之间，

---

① Agnes Heller, *General Ethics*, Oxford: Basil Blackwell Ltd, 1988, P.20.
② 王秀敏：《个性道德与理性秩序——赫勒道德理论研究》，哈尔滨：黑龙江大学出版社，2011年版，第3-5页。
③ 《马克思恩格斯全集》（第3卷），北京：人民出版社1960年版，第30页。

以语言为媒介、以理解、合法为目的的社会行动。从这个意义上说，社会关系就是人与人之间的交往活动中产生的关系，即"许多人的合作"关系。

高校教师职业伦理有自己的完善机制，即社会交往：高校教师职业伦理是产生于高校教师与他人之间的社会交往活动之中的；离开了社会交往，不但"现实的人"无法实现，而且无法说明"人是社会关系的总和"，无法说明现实的教师是如何与他人产生伦理关系的①。就高校教师职业伦理来说，社会交往在其生成过程中的完善作用主要体现在以下两个方面：

（一）作为高校教师职业伦理生成的现实前提的"现实的人"，产生于社会知识的传承与社会交往的需要

社会交往是"现实的教师"产生的必要前提，是实现教师从自然存在物向社会存在物这一根本转变的前提，也是高校教师职业伦理生成的历史前提即生产活动得以实现的重要条件。在原始社会，人作为孤立的自然存在物起初并不具有教师职业的本质，慢慢通过社会关系才可能获得这种职业属性。因此，教师只有在社会交往中才能获得成为教师的本质。从"现实的人"的发展来看，作为一种历史性的存在物，高校教师的身份有一个不断发展、进步和完善的过程。教师的发展取决于他直接存在的社会关系和他间接进行交往的其他教师、学生、家长的发展。教师与社会彼此之间发生的关系的个人的后代是紧密联系的，"后代继承着前代积累起来的生产力和交往形式，这就决定了他们这一代的相互关系。"② 由此可见，教师职业的发展程度对后代的发展有较大的影响作用。社会交往的每一次进步，都在不同程度上促进了人类物质资料生产水平的提高，随着高校教师主体能力与意识的增强，其对科学技术的发展和进步，知识文化的创新和延续有较大作用，因而在一定程度上可以说，高校教师交往关系的发展对社会生产有着不可忽视的作用。

（二）高校教师的社会交往意味着教师职业伦理的实现

高校教师职业伦理作为高校教师与他人之间的关系伦理，本身就是一种

---

① 朱海林：《伦理关系论》，北京：光明日报出版社2011年版，第62页。
② 《马克思恩格斯全集》（第3卷），北京：人民出版社1960年版，第515页。

社会交往过程。从人的本质意义上说，主体与主体之间的关系的形成过程有着根本性意义，存在着丰富的道德问题，如教师交往认知问题、教师交往道德界定问题、公共资源与教师私人领域的道德界限问题等。之所以说高校教师的社会交往意味着教师职业伦理的实现，是因为在高校教师与他人之间的社会交往以及由此形成的交往关系中蕴含着深刻的价值关系，这种价值关系往往涵盖一切道德高标，成为其职业伦理生成的基本依据。高校教师职业伦理规范的生成过程，就是制定者在自觉的道德批判意识的引领下，将教师职业伦理规范中的应然价值转换为实然价值的过程。这种来自"现实的人"的道德批判意识，乃是教师职业伦理规范生成的价值保证。因为高校教师在社会交往关系中总是遵循或不自觉地遵循一定的规范或准则，按照一定的要求来进行，社会也总是给予教师过高的道德要求用以规范其行为，它体现作为交往主体的社会一方对教师劳动价值的认可和尊重，饱含了浓厚的伦理精神和伦理意蕴。这种蕴含着浓郁伦理精神和伦理因素的交往关系，就是教师职业伦理。因此，高校教师职业伦理就是在高校教师交往活动中产生的，具有伦理精神特性或伦理因素的社会关系。

第三节 我国教师职业伦理的历史演进

传统社会的教师职业伦理处于一种"觉识"的状态，它的运动轨迹在很大程度上可以归结为"哲学追寻之路"；现代社会的教师职业伦理处于一种"解放"的状态，它的运动轨迹虽然孕育了整个近代以来的哲学史，却在终极意义上包含了法学的意蕴，属于"法学追寻之路"；而后现代的教师职业伦理将以一种"建构"的状态呈现在人们面前，新的运动轨迹将以对公共治理的思考为起点，以伦理精神的构建为内容，实际上也是一场"伦理追寻之路"。

一、传统视阈中的教师职业伦理

（一）传统视阈解读

农业社会的经济以种植、畜牧业为主，其经济结构中存在的科学技术含量低、社会成员身份等级差异明显以及变化十分缓慢这三个基本特征①，经历了原始社会、奴隶社会和封建社会乡村的、局域的、专制的、宗教的、自然保守的社会状态。原始社会中，因为没有相对固定的职业分工，教育一般由老人在生产生活中进行言传身教，所以真正意义上的教师职业角色和教师伦理还未萌芽。到奴隶社会，宫廷和官府中开始出现官家办学堂的热潮，独立的专门教育机构——"学校"由此产生，当时的教学工作由统治者选出的一些官吏担任，因此从统治阶级中划分出了"教师"，即所谓的"以官为师""官师合一"。②先秦春秋战国时期，由于中国尚未建立起统一的封建集权国家，因此也就没有一国的"舆论一律"的意识形态导向来规制和干预学术活动，没有统一的政治标准用以限制文人学士的自由思维，各派学人都能够独立思考，不同学术思想都可以自由发表，知识学人无需趋炎附势，无需随波逐流。一些开明的诸国王侯对此不仅不加干预，反而还谦恭地问政于文化士人。孔子提出了"忠、孝、诚、信、礼、义、廉、耻"教师道德的思想，成为中国传统师德的最初内容。继孔子之后，诸子百家学说纷纷兴起，出现了所谓"王官失职，文化下移"的现象，教育史上具有划时代意义的私学由此兴起，形成百家争鸣的局面，专职教师开始出现。在这一时期有了对师德理论的初步阐发和论述，如《论语·为政》："温故而知新，可以为师矣。"《荀子·致士》："尊严而惮，可以为师；耆艾而信，可以为师；诵说而不陵不犯，可以为师；知微而论，可以为师。"《礼记·学记》："能博喻，然后能为师。"③

从阶级社会开始，社会有了明显的阶级分工。"劳心者食人，劳力者食于人；食人者治人，食于人者治于人（孟子）"，是对阶级分工的一种简单概括。在这种社会中，政治是社会的中心权力，教育的权力为社会中拥有政治地位的人垄断；反过来，教育也是为社会政治服务的工具，因为在以政治为中心

---

① 张志增：《试析农业社会中职业教育与主要相关要素的关系》，载《教育与职业》，2005年第14期，第9—11页。
② 龙献忠、许烨：《教师职业角色发展的嬗变及伦理反思》，载《高教探索》，2012年第3期，第119—123页。
③ 同上。

的社会中,"政治是所有人的生活和意志的真正的和唯一的内容,每个人的物质生活存在同时即是他的政治存在。"① 但此时"教师"并不作为一门职业,而是作为统治阶级的一部分而存在,他们向弟子传授自己的学术观点、政治主张,培养弟子成士,所进行的教育活动是为统治阶级提供大小官吏和专门人才。因此当时教师职业角色规范尚未具备,教师伦理即是"为官"之道,也就是符合奴隶主贵族统治需要的道德。② 在"天人合一"的文化传统中,天为社会生活和一切行为的根本法则;礼是天之运化、地之精义、人及万物生长发育的深刻秩序;维护社会秩序的刑狱赏罚,虽是针对人的好、恶、喜、怒、哀、乐六气,但其根据仍是天的变化;人间的"生殖长育",乃是体现天之生生之德,符合天的本性,以此维持社会稳定、和谐的秩序。

(二)教师职业伦理的传统特征

封建社会生产力有很大发展,文化教育也很发达。教育机构出现了官学、私学和半官半私的书院三大类型,此时的教师已经完全改变了那种"非官莫属"的状况,成为一种专门的、独立的、稳定的社会职业,因而有相对完备的职业角色要求。杨雄在《法言·学行》中言:"师者,人之模范也"。王阳明也认为"今较童子,惟当以孝悌忠信礼仪廉耻为专务。"教师不仅是知识的传授者,而且还是信息的鉴别者、思想教育者和道德示范者,他们的人格模式要求应当先于、优于和高于其他行业的人格模式要求,换言之,教师人格应该是全社会的表率。从这个意义上来说,人格就是教师的一切。由于这一时期的惯有思维特征是用封建神性、巫术来解释世界,认为有自然主体之外的神主宰人的一切,因此教师的职业伦理有以下几个特点:③

1. 教师伦理关系表现为一种政治关系,人性关怀缺失。

中国古代的伦理关系直接表现为一种政治关系,这种政治关系也同样反映在教育过程中。天、地、君、亲、师并为人极,教师是"道"的直接体现,

---

① 黄克剑:《人韵》,上海:东方出版社1996年版,第212页。
② 龙献忠、许烨:《教师职业角色发展的嬗变及伦理反思》,载《高教探索》,2012年第3期,第119-123页。
③ 同上。

是政治关系的代表，表现形式主要是为建立社会的伦理秩序服务。教师职业从产生伊始，便是为统治阶级的政治目的服务的，为巩固封建统治培养继承人。西汉时期把"三纲五常"作为整个社会道德的核心，"化民成性，其必由学"成为历代王朝的大纲，教师的作用就在于培养一个适应社会伦理秩序的人。要严格遵从"师法、家法"，从而确定了传统师德"法古、崇威"的价值取向。农业社会的教师还是为封建统治阶级服务的职业，是封建阶级的附属阶层，特别是由于封建社会自给自足的自然经济占主导地位和等级制的压迫，随之而来的是教师师德并没有得到很大发展，教师人格无法彰显，始终依附于封建统治阶级而存在。[①] 在西方的古代文字中，教育源于教仆（pedagogue），这从侧面说明了教育活动在政治中心和群体主体社会环境中的依附地位。不管是中国的"以吏为师""学在官府"，还是西方的以僧侣为师，学在教堂，都说明教育在当时不过是政治、教会的一个附属品。以官吏和僧侣作为教师，阻止了异教邪说流传的主要渠道，也完全扼制了教育对文化选择的自由。同时，学在官府与教堂限制了教育权的流失，控制了教育享有者的范围，只此一种场所与教师的限定，便牢牢束缚住了教育的自由。没有自由存在的地方，理性便也无处容身。所以，虽然有"师道尊严"及"天地君亲师"的说法，但由于教育本身的奴仆地位，教师的尊严也一样如痴人说梦。因此，当教师按照一定的方法去教授既定的内容，特别是当教师为了教育外的目的（如生计等），并必须得出别人给出的、而不是依据理性的逻辑推理必然得出的结论时，教师本身早已成为这既定模式、内容与结论的奴隶。

2. 教师伦理修养的行为是个体的。

由于教师职业发展尚不成熟，未出现专门的教师培训、培养等教师教育机构，因此教师各方面素质都是自身养成，德行的高低在于自身修行的深浅。综观整个农业社会，名师辈出，大师级教师层出不穷，他们通晓古今，博采众长，独树一帜，将教育教学当作一门艺术，形成了具有自身特点的教育思

[①] 龙献忠、许烨：《教师职业角色发展的嬗变及伦理反思》，载《高教探索》，2012年第3期，第119–123页。

想、风格和体系，不仅乐于教书育人，将深奥晦涩的知识以最生动、最恰当的表达，信手拈来，而且全身心融入课堂；另一方面善于以其高尚和谐的人格影响来塑造学生的人格，像孔子"学而不厌，诲人不倦"的人格特质；屈原"虽九死其犹未悔"的爱国精神；范仲淹"先天下之忧而忧，后天下之乐而乐"的坦荡胸怀都是教师角色魅力的代表。从总的来看，封建社会的师德思想反映了统治阶级对教师的师德要求，那就是修身治国，为学教人，便于封建地主阶级所利用。[①]

3. 教师权威不可动摇，师生关系不平等。

教师职业角色在教育过程中的作用被社会伦理的要求片面地强化为教育过程的核心。居于统治地位的儒家思想将教师的地位抬得很高，常常把师与君相提并论，一方面提倡师道尊严，以强化社会的伦理秩序，把师与道完全等同起来，把教师的道德地位放在了极其崇高的地位，成为真理的化身，世人的标准和范式，成为学生必须服从的至尊和榜样，师生关系表现为崇尚教师的权威等等这些师德规范，学生应百分之百地听从老师的教诲，"师云亦云"，接受教师的知识，并将老师的学问传承下去，不能有丝毫的怀疑、责难与改变。易使教师想当然地认为自己在人格上高于学生，漠视学生独立存在的主体性人格，在师生交往中缺乏对学生的尊重和人际公正，尊师爱生不是一种平等的互相尊重的情感交流，而是一种伦理责任和义务，培养起来是忠君爱国等品质。另一方面，要求教师要以身作则，在教育过程中通过处理师生关体系来完整地体现社会的要求，成为教育过程的主宰：既是教育目标的具体体现，又是达到这一目标的根本和唯一的依靠，是教育过程中一切伦理关系的直接源泉。

---

① 龙献忠、许烨：《教师职业角色发展的嬗变及伦理反思》，载《高教探索》，2012年第3期，第119－123页。

二、现代视阈中的高校教师职业伦理

(一) 现代视阈解读

从历史跨度来看,"现代"始于文艺复兴时期,中经启蒙运动而到 20 世纪 60 年代至 70 年代。这一历史范围实际上是西方资本主义从产生、发展而走向现代化的历史进程。在现代性的发展历程中就蕴涵了较为突出的相对主义内容。[①] 齐格蒙特·鲍曼指出"我们的时代是一个强烈感受到道德模糊性的时代,这一时代为我们提供了从未有过的选择自由,同时也将我们抛进一种从未如此令人烦恼的不确定状态……我们对任何被宣布为绝对可靠的东西都表示怀疑。"[②] 一般而言,"现代性"包含了理性主义、科学主义、个人主义、市场经济、政治民主和历史进步等要素。在以机械化、电器化、自动化、计算机化为标志的工业化时代,教师职业随着社会分工和生产力的进一步发展,也开始形成新的更大规模的职业活动,特别是师范教育的兴起,揭开了教师职业发展的新一页。

到了近代,中国沦陷为半殖民地、半封建社会,西方文化价值观的传入使得中国传统的私塾日趋萎缩。辛亥革命后,新兴的资产阶级民主派对清末的教育进行了一些改革,社会上一些有识之士如康有为、张之洞、梁启超、蔡元培、陶行知等人也对教师道德进行了论述。如康有为十分重视师德修养,在《大同书》里他根据学生的特点,较系统地提出了各级教师具体的道德要求,这在教师职业道德发展史上还是第一次。张之洞等在《奏定学堂章程》中指出,教师"不染嗜好者,方于教育有裨"。梁启超在《趣味教育与教育趣味》一文中告诫"在教育界立身的人,应该以教育为唯一的趣味",特别强调学校教育在振兴中国、开拓民智中的作用,因此认为必须发展师范教育,号召教师自觉以国家民族利益为重,应终身以教育为志向不计个人得失。蔡元

[①] 聂文军:《西方伦理相对主义探析》,北京:中国社会科学出版社 2011 年版,第 130 页、第 198 页、第 216 页。

[②] Zygmunt Bauman. *Postmodern Ethics*. Blackwell Publishers. 1993, P. 21.

培要求教师必须具有谦虚、正直、爱国、爱生、知识渊博等品德,具有自由、平等、博爱之思想才能成为学生的楷模,为人的榜样,组织"进德会"开创我国大学教师有组织提高师德修养之先河,后来被毛泽东同志誉为"学界泰斗、人世楷模"。陶行知在教师职业公约《我们的信条》中指出,"教师应当以身作则""教师必须学而不厌,才能诲人不倦""教师应当做人民的朋友",倡导教师要全心全意地热爱学生,要"爱满天下",优秀教师既应是道德之表率;又应是治学之楷模。徐特立老先生更是讲得很明要,教师是有两种人格的,一种是"经师"①,一种是人师②。人师就是教行为,就是教怎样做人的问题。经师是教学问的,就是说,除了学问外,学生的品质、学生的作风、学生的生活、学生的习惯,他是不管的,人师则是这些东西他都管。③ 所以,德才相悖,言行分离,举止轻浮等都是应当竭力避免的。

改革开放前,我国的社会结构是同质的、封闭的、单质一元的。为适应单一的所有制形式与统一的政治导向,在精神文化领域就需要一种把全体社会成员结合起来的"黏合剂"或"凝聚力",需要一种统一的、意识形态化了的精神力量来协助政治权力实现国家治理与社会整合。于是,传统的一维的"利他伦理"规范便应运而生。这种"利他伦理"也可称之为关系经济伦理,更多的保留了中国传统文化和传统伦理因素,其核心是公利性或利他性原则,对于调节、规范和指导人们的道德行为,曾经发挥过特殊的凝聚功能和积极的引导作用。在这里,公而忘私、舍己救人、不计报酬、无私奉献等集体主义原则成为基本的道德生活内容。改革开放后,中国选择和确立了社会主义市场经济体制,一元同质社会结构代之以多元异质社会结构。这种深刻的社会变革,带给人们多种价值选择的可能性:既可以在市场领域从事商业活动以谋求个人利益,又可以在非市场领域从事公利性的社会实践活动或

---

① 因为中国过去教经书中的知识的称经师,现在是教科学知识,为了容易记,所以仍袭用这个名称。
② 龙献忠、许烨:《教师职业角色发展的嬗变及伦理反思》,载《高教探索》,2012年第3期,第119—123页。
③ 中央教育科学研究所:《徐特立文集》,北京:人民教育出版社1979年版,第204—205页。

公益事业。而市场伦理规范的核心内容是自利性原则,主要包括自由原则、竞争原则、公平原则和效益原则。

(二) 教师职业伦理的现代特征

从 1966 年联合国教科文组织通过的《关于教师地位的建议书》、1975 年联合国教科文组织提出的《关于教师作用的变化及其对教学专业的职前教育、在职教育的影响的建议》等规范的相继出台,教师职业道德规范开始出现,在德、智、体、美等方面有了相应的标准和要求,对教师职业有了进一步的立法约束。特别是新中国成立后,百废俱兴。这一时期的教师也更加体现出为国家服务的基本属性,其表现方式主要是为经济发展培养人才。就此,社会、学校、家长和学生也开始赋予教师越来越多的社会职责和功能,要求教师根据社会不同方面的期望和要求,扮演不同的角色。因此这个时代的教师职业伦理具有以下特点:①

1. 实用主义取向,教师的作用在于传承知识,使得教育脱离生活。

机器大工业和分工的发展逐渐改变了教育的发展方向,使教育越来越实现专业化。教育与生产劳动相结合的教育方式决定了此时期的教师伦理的实用主义取向。工业化社会大机器生产需要成千上万的具有初步知识技能的劳动者,其对人才数量的要求,对人才质量的工具性取向,以及培养人才方式的工厂化要求学校能像工厂那样大规模、高效率、标准化地"生产"人才。于是传统的手工作坊式的个别化教学被班级授课制取代,学校成了人才生产的工厂,教师职业角色从传统的"教书育人"演变为国家建设的"工程师"。因此教师角色人格与其他职业人格一样在社会需求的浪潮中泛市场化了。②

工业社会使人们失去了生活的世界,它以社会的名义冲击、压抑和排挤着人们的生活,使人们的生活畸形化、片面化。近代以来的社会发展,解放的主线自始至终被人们牵在手中,一切都是解放的手段,是服务于解放的要

---

① 龙献忠、许烨:《教师职业角色发展的嬗变及伦理反思》,载《高教探索》,2012 年第 3 期,第 119–123 页。

② 同上。

求的。教师的社会利益最大化、个人利益最小化成为这个时代的特点。工业社会是一个"原子化"的社会，它的构成要素是一个个孤立的原子①。工业化社会大机器生产需要成千上万的具有初步知识技能的劳动者，其对人才数量的要求，对人才质量的工具性取向，以及培养人才方式的工厂化要求学校能像工厂那样大规模、高效率、标准化地"生产"人才。学校成为"人力资本"的增值场所，教育的目标是培养经济进一步发展所需要的劳动力。②这种教育目标，把人当做"生成工具"来培养，如同工厂中生成机器的零部件一样，教育生成具有不同"劳动能力"的人。在这里，人是"经济动物"。然而，不论是政治动物还是经济动物，人在这样的教育目标中都是一种工具性存在，都是由于其功能性而受到重视，是人的部分属性（工具性属性）被放大，另一部分属性被忽视的一种被扭曲和异化的表现，在这种情况下，教育便是加速人异化的流程线。于是传统的手工作坊式的个别化教学被班级授课制取代，学校成了人才生产的工厂，教师职业角色从传统的"教书育人"演变为国家建设的"工程师"。因此教师角色人格与其他职业人格一样在社会需求的浪潮中泛市场化了。

2. 社会服务价值取向，强调教师的奉献。

从不言及"放弃"，永不承认"绝望"是现代工业社会最鲜明的精神选择。教师这一角色长期以来被社会尊奉为崇高事业的代表，"春蚕""蜡炬""园丁"等等比喻都可以体现人们对教师应表现出来的精神境界的期望——牺牲自己，奉献自己，不求回报地全心全意为学生付出。教师应具备健康的体魄，农民的身手，科学的头脑，艺术的兴味，改造社会的精神。教师作为"科学的传教士""人类灵魂的工程师"以进步为导向，不断前进不断地更新自我，只求无私奉献，为"培养社会主义建设的接班人""培养社会经济发展

---

① 张康之：《论伦理精神》，南京：江苏人民出版社2010年版，第75页。
② 龙献忠、许烨：《教师职业角色发展的嬗变及伦理反思》，载《高教探索》，2012年第3期，第119–123页。

所需要的人才",为新中国的繁荣鞠躬尽瘁。① 学生动辄是"明天的希望""祖国的未来""社会主义建设的接班人",所以教师的历史使命是时刻松懈不得的,老师只有清贫了、累病了,那才是高尚了,我国树立的无数榜样莫不如此。在官方颁布的教师职业道德规范中也都随时可见这种精神的提倡,如《中小学教师职业道德规范》中提到要"发扬奉献精神""坚守高尚情操""模范遵守社会公德"等。

3. 职业道德规范日趋成熟,对教师的道德要求逐渐以法规形式出现。

历史上关于师德的思想言论十分丰富,但作为正式的成文的师德规范的面世却是近百年来的事情。教师职业伦理的对塑造学生健康高尚的人格具有暗示性、自我教育性、潜移默化性,它如丝丝春雨,滋润学生的心田。学生在教师角色的唤醒、鼓舞、激励下,能逐步确立基本的道德观念和理想、信念、情操等,能在努力实现求真、善、美的意向的同时,表现出智慧、道德的判断和审美的追求。如同陶行知他有"捧着一颗心来,不带半根草去"的献身精神,也有"富贵不能淫,贫贱不能移,威武不能屈"的高风亮节。杨昌济"自闭桃园称太古,欲栽大木柱长天"、华罗庚"心甘情愿当人梯,鞠躬尽瘁育英才"。② 所以,"一个卓越的科学家不一定是一个伟人,但一个伟大的教师必然是一个伟人"③。教师对社会的责任也被无限放大,认为教师应当完全承担起人类繁衍、文明进化、个人发育之重任,认定"全世界之人类才能德性皆系之。"④

职业道德规范的形成是一个行业走向成熟的标志,它对从业者具有很强的约束作用,可以保证他们最低的普遍的道德限度,对于维护行业的声誉并促进相互之间的合作很有帮助,教师也应该形成自己的职业规范。世界上第一个有关教师的道德规范是1896年美国乔治亚州教师协会颁布的教师职业道

---

① 龙献忠、许烨:《教师职业角色发展的嬗变及伦理反思》,载《高教探索》,2012年第3期,第119—123页。
② 同上。
③ 王荣德:《教师道德教育论》,北京:科学出版社,2004年版,第202—203页。
④ 康有为:《大同书》,上海:上海古籍出版社,2005年版,第209页。

德规范。我国有关教师道德规范的出台相对较晚，虽然在宋代，较发达的书院也制定了自己的学规，但正式的官方颁布，是在 1984 年 10 月 13 日由教育部和全国教育工会联合发布的《中小学教师职业道德要求》（草案），经试行与修订，于 1991 年 8 月 13 日正式颁布。这是我国第一部由国家最高行业部门制定和颁布的行业职业道德规范。之后，在 1997 年再次修订。2000 年中华人民共和国教育部印发《中等职业学校教师职业道德规范》。① 2005 年 1 月教育部发布《关于进一步加强和改进师德建设的意见》。② 2011 年 12 月教育部和中国教科文卫体工会全国委员会首次颁布了《高等学校教师职业道德规范》③，这是教师道德规范发展的又一重要事件，标志着教师的职业道德的进一步专业化和具体化。2014 年，教育部在《关于建立健全高校师德建设长效机制的意见》④ 中正式将师德摆在高校教师培养首位、贯穿教师职业生涯全过程，从创新师德教育，加强师德宣传，健全师德考核，强化师德监督，注重师德激励，严格师德惩处六个方面来建立健全高校师德建设。

4. 教师职业伦理的专业化发展。

专业化是工业社会的基本特征，作为社会分工的进化，它无疑是历史的进步。然而，在具体问题上，就很难在进步的意义上作出必然如此的判断。以教师来说，在现代社会中，出现了各种各样从事专业化教育的教师，有负责语言文字教育的语文教师，有负责逻辑思维的数学教师，有负责幼儿成长的幼师等，这无疑是工业社会专业化分工的结果，在社会层面上可以看做是教育事业的进步。但是，面对一个人复杂性的成长成才，很难从专业化的角度提出更为实质的和更有效的符合单个人的成长成才的具体方案。目前的高校教师教育也强调要通过教育类（师范性）课程来实现这种专业性，也往往

---

① 教育部：《全国教育工会印发〈中等职业学校教师职业道德规范〉》，http://www.moe.edu.cn，2000 年 5 月 16 日。

② 《教育部关于进一步加强和改进师德建设的意见》，教师〔2005〕1 号，2005 年 1 月 13 日。

③ 教育部、中国教科文卫体工会全国委员会：《关于印发〈高等学校教师职业道德规范〉的通知》，教人〔2011〕11 号，2011 年 12 月 30 日。

④ 《教育部关于建立健全高校师德建设长效机制的意见》，教师〔2014〕10 号，2014 年 9 月 29 日。

局限于教育学、心理学等公共课,大多忽视了教师专业伦理在教师专业发展中的重要地位。

三、后现代视阈中的高校教师职业伦理

(一)后现代视阈解读

一般来说,"后现代"是相对于"现代"或"现代性"而言的,不同的学派对"后现代"的理解各不相同,一些人用"后现代"来指称某种新生活、新实践、新现象、新理论、新文化、新政治等。至少从萨特开始,法国就开创了风靡世界的后现代主义思潮。福柯、利奥塔、德勒兹等人作为后现代马克思主义的代表人物,继承和发展了法国存在主义、结构主义和马克思的批判精神,形成一种旨在解构理性、逻辑以及现实中仍然占据统治地位的意识形态和伦理道德的后结构主义。① 继福柯和德勒兹对现代性和旧道德的全面批判后,后现代思潮势如破竹般地向文学、艺术、政治、哲学、意识形态和宗教伦理等领域迅速渗透。不论是古典的自然主义、中庸论、神学伦理观,还是利己主义、拜金主义、情感主义、功利主义、个人主义、存在主义伦理学都只是代表了伦理道德发展演变的一个阶段,即如黑格尔所言,"对于德行的意识来说,规律是本质的东西,个体性是要扬弃的东西,而起既要在德行意识自身里又要在世界进程里予以扬弃。"② 现代性寻求普世性的道德体系,把对"我们为什么应该是道德的"这一德问题的反思和解答奠基于普遍人性即人的理性基础上,以此建构具有普遍必然性的伦理体系。而后现代主义的伦理学首先力图解构现代性道德的主体性观念,试图摧毁现代性对普遍伦理的"乌托邦"构想。在后现代主义伦理学的视野中,不仅上帝已死,而且"人"也死亡了。结构主义者福柯(Michel Foucault)主张没有普遍的、永恒不变的"人","人"只是一定时代、一定知识条件下的产物。在此意义上,

---

① 张之沧等:《西方马克思主义伦理思想研究》,南京:南京师范大学出版社2009年版,第14-15页、第158页。

② [德]黑格尔:《精神现象学》,北京:商务印书馆1983年版,第252页。

我们可以说，如果现代社会是一个失去了生活世界的社会，那么后现代社会，就是要把这个已经失去了的生活世界找回来，完成社会治理由"祛魅"到"返魅"的历史任务。

到后现代社会，全民学习、终生学习理念的推行，使得古希腊雅典时代的"乌托邦学习型社会"成为了现实。20世纪60年代美国学者哈钦斯（Robert Hutchins）首先对"学习型社会"（learning society）进行了界定。到70年代，联合国教科文组织也提出：人类要向着学习化社会前进。所谓学习型社会，"是这样的一个社会，能够为每个人在其成年以后的每个阶段提供业余式的成人教育之外，还成功的实现了社会价值的转换，即学习、自我实现和成为真正意义上的人已经变成社会发展的目标，而且所有的社会制度都以这一社会目标为指向。"[1] 其基本特征是善于不断学习，形成全民学习、终身学习、积极向上的社会风气，其核心内涵是全民学习、终生学习。后现代教育注重开放的知识观，主张平等的师生关系、"对话式"的教学观、建构性的课程观，道德关注的焦点从道德行为者的自我审视转移为制定伦理准则的规定和禁令的哲学[2]，同时"责任的责任"——即决定实际行动是否符合责任要求（超越责任要求）的责任——已经从道德主体转移为超个人的代理机构，它们被授予唯一的道德权威[3]。吉尔兰·罗斯（Gillian Rose）认为后现代的新伦理关注"他者"，既是道德个人的毁灭，又是他新生的契机。[4] 因此，教师不再像过去那样仅仅致力于传授和灌输各种文化知识，其角色扮演将越来越成为一位顾问、一位交换意见、一位帮助发现矛盾论点而不是拿出现成真理的人；教师的职责在于帮助学生创设丰富的教学情境，为学生提供各种便利和服务，如组织讨论、相互评价、共同决策，使每一个学习者的智慧为整个"学习团体"所共享，继而改变心智模式实现学生个体的自我超越和系统思考。因而

---

[1] Hutchins, R. *The Learning Society*, Frederick A. Praeger, Inc, Publishers 1968, 134.
[2] 龙献忠、许烨：《教师职业角色发展的嬗变及伦理反思》，载《高教探索》，2012年第3期，第119-123页。
[3] 龙献忠、许烨：《教师职业伦理及其后现代诠释》，载《大学教育科学》，2012年第1期，第60-65页。
[4] Gillian Rose, *Judaism and Modernity: Philosophical Essays.* Oxford: Blackwell, 1993, P.6.

教师工作也相对更具有专业性,教师人格的独立性更强。这种教师的独立性表现在对新信息、新知识进行过滤、筛选,将之合理化组织后再呈现给学生的能力。不迷信定式,不屈从于权威,具有自己意志和自主行动的倾向,这也是创新型教师的一个鲜明人格特征。①

(二) 教师职业伦理的后现代特征

诚如 19 世纪被称为"俄罗斯教育心理学的奠基人"的教育家乌申斯基所言:"一切教育因素都必须建立在教师的个性的基础上,因为人的个性是教育力量的唯一的活的源泉。"② 在后现代教育观念中,教师职业成为了一件道德的工作,不仅有道德的目的,而且还必须有道德的行为,并在道德的方式中去做,其职业伦理关系演化为人文关怀意义上的道德实践。在个人德性方面,单方面的服从和遵守教师职业道德规范的约定已不能成为评判教师个人德性好坏的标准。此时期教师职业伦理发展的特征有:③

1. 教师职业发展受到双重压力的禁锢。

伴随着高等教育的大众化浪潮,高校不断的扩张与扩招,社会上流动的知识分子日益增多,加之部分职业呈饱和状态,导致了大量高校毕业生争锋涌入教师行列,教育体制由此引进的激烈竞争模式——职称评定、教师聘任、末位淘汰、按绩取酬等,学校片面强调升学率、平均分、就业率等使教师压力感和职业危机感倍增。面对年轻教师的同行竞争,许多部分心理本身比较脆弱的教师更觉得压力剧增。另一方面,工业社会上习惯于把教师奉为"道德圣人""人类灵魂的工程师",从事着"太阳底下最光辉的职业",认为教师成长发展过程应该是至真、至善、至美的和谐统一的过程。教师长期戴着社会预成的"圣人"高帽,容易压抑作为普通人的正常欲求,不得不因此常常掩盖和压抑自己的一些真性情,加之教师职业的特殊性要求,需要高度的

---

① 龙献忠、许烨:《教师职业角色发展的嬗变及伦理反思》,载《高教探索》,2012 年第 3 期,第 119 - 123 页。
② 张承芬:《教师素质学》,济南:济南出版社 1990 年版,第 197 页。
③ 龙献忠、许烨:《教师职业角色发展的嬗变及伦理反思》,载《高教探索》,2012 年第 3 期,第 119 - 123 页。

自觉性和积极性来持续进行紧张的体力与脑力劳动，更容易造成心理状况的失调，从而使教师职业角色的实现受到双重压力的羁绊。普通教师的角色人格被解构。

遭受到"拜金主义"的冲击，教师群体中大生实用主义与功利主义思想。在道德及人格方面，出现了虚伪的、唯利是图、急功近利的人生观，为富不仁、贪污腐败、学术剽窃也时有发生。[①] 此外，我国有一种"闻道在先、学有专攻"的"经师"传统，"学问泰斗"与"智慧圣人"一直在大众心中客观存在，这也是普通教师独立人格丧失的一个哲学基础。[②] 当前的社会舆论和宣传对教师专业及其的劳动价值给予较高的评价，很多教师对此产生认同。不少人误认教师"专业"为精深的专业知识和塑造人的知识，反而淡化了教师个人的德性涵养和精神修炼，放弃了师生伦理的职责和勇气，开始了与医师、律师、工程师比肩的教师专业化追求。"以己昏昏，岂能使人昭昭。"如果没有人性和人格的滋润涵养，很有可能炮制出大量"靠专业化吃饭"的教师，也会越来越缺乏影响学生心灵的思想力量。

2. 道德主体由教师个人转为教师群体，约束方式由外在强制转化为内在自愿。

在我国长期的教育实践中，已经积累了有关这一职业的一些伦理道德要求。但是，由于没有把教师职业看作一门专业，师德的建设主要停留在一般个人道德层面。教师职业伦理着眼于整个教师群体道德素质的建设，首先是因为学习型社会所倡导的是团队学习，因为只有通过团队学习，才能实现"1＋1＞2"的效果。如果一个组织的所有成员，都只埋头于个人学习，那么这个组织是不会有大的发展的。同时团体关系将成为一种新型的、广泛存在的且随时产生影响的必然因素。假如一个人轻视人与人之间的关系，就会面临被社会群体隔离、排斥甚至淘汰的危险。因为无论是要实现公民素质的提高

---

① 龙献忠、许烨：《教师职业角色发展的嬗变及伦理反思》，载《高教探索》，2012年第3期，第119－123页。

② 张儒辉：《独立人格丧失：教师哲学智慧之艰难》，载《湖南师范大学教育科学学报》，2008年第5期，第8－10页。

也好，实现教师的专业伦理也好，都不是一个两个教师达到了就能完成的事。只有一群、一部分、大部分教师提高了素质，实现了专业化，我们的理想才有实现的可能。因此教师职业伦理要实现的是对教师群体的提高，将教师群体而非个人作为教师职业伦理的出发点。如果说，教师的职业道德主要是以外在的他律为主，那么教师职业伦理就要实现由外在的强制性规范转化为自愿的内在意愿。当职业上升到专业的高度时，精神便成为它的一种标志性特征。这时候的学习也已由一项应尽的义务转变为人生的一种需要，并且演变成为人们生活中的一种乐趣，甚至是志趣，只有真正理解了教育中的各种原则、要求，以此形成他们内化了的道德行为，并上升为专业伦理，供整个行业的成员共同信仰时，专业才能成其为专业。

3. 教师职业角色的发展开始回归自我的批判与反思。

齐格蒙特·鲍曼把"伦理世界"与"道德世界"明确区分开来，"伦理"侧重于个人与他人的关系，重视对普遍规则的制定和遵从；"道德"则侧重于个人与其自身的关系，重视个体的自治和自由选择。"伦理世界"是一个由普遍规则宰制的世界，"道德世界"是个人自由、自治、自律、自我完善的世界。人们从外在的强制性的伦理规则中解放出来，使道德成为完全个人的东西，人们所实行的是"没有伦理规范的道德"，道德吁求完全是个人化的，道德是个人化的行为实践。教师在从教的过程中，会遇到许多不确定和不可预知的事物，如他人和社会对教师道德病态的批评、个人知识结构的缺陷与不足。美国心理学家博斯纳把教师的成长归结为"经验+反思"。经验主要通过学习实践而获得，而反思则是对经验和实践的思考发现并提炼，是积极主动地寻求自己的专业发展并评判性地思考过去的过程。它一旦为教师所接受和认可，便会成为教师内在的一种需要，根据现代行为理论，这种需要将进而转变为教师的行为动机，并产生自觉追求教师人格各种要求的行为。因此，具有较完美师德的教师会主动地根据时代和社会发展的需要，对教师德性进行自觉追求，通过反思自己的伦理行为是否恰当，如对师生关系与师师关系等人际关系的反省；反思自己的知识体系是否合理，以及如何拓展自己的知识面、教学技能；反思自己的道德取向是否正确，以调节现实生活中遇到困难和挫折后的不愉快，避免对教育教学、学生、社会产生不良影响等来对自己的从教和个人德性进行回顾与总结，从而获得更好的职业发展与提升。①

教师职业伦理历史演变至后现代社会，也逐渐褪去了其奴隶社会、封建社会、工业社会的一些典型特征，接受了后现代的一些要求并加以发展，形成了后现代特色。在农业经济时代，人只需要 7 至 14 岁接受教育，就能满足日后一生工作的需求；在工业经济时代，求学时间需延长为 5 至 22 岁；而在后现代，人类唯有把学校教育延长为终身学习才能适应社会的要求和发展。我们所关注的教师职业角色，始终无法脱离教育而独立存在。② 事实上，"教育不可能包揽一切，它使人们产生的某些希望也必然会落空。"③

第四节 中西教师职业伦理的简要对比

一、西方教师职业伦理的发展

西方古代教师整体社会地位比较低下，通常缺乏政治权利。④ 在古希腊、罗马时期，柏拉图提出要使儿童绝对服从教师的管教，由教师对儿童进行监督，强调纪律与教师权威，这也是可追溯的较早的师德观。随后的西方教师职业道德便开始走上了追崇"教师美德"之路，如普罗塔哥拉（Protagoras）强调教师在育人过程中要注重理论与实践相结合；德谟克利特（Democritus）认为教师应当依靠自己的才德来教育学生，亚里士多德则要求教师必须为人

---

① 龙献忠、许烨：《教师职业角色发展的嬗变及伦理反思》，载《高教探索》，2012 年第 3 期，第 119–123 页。
② 同上。
③ ［美］约翰·麦金太尔、玛丽·约翰·奥黑尔：《教师角色》，丁怡、马玲等译，北京：中国轻工业出版社 2002 年版。
④ 许苏：《西方早期职业教师发展特征分析》，见《教育的传统与变革——纪念〈教育史研究〉创刊 20 周年论文集（四）》，2009 年版，第 1915–1918 页。

师表,在学习、品德、人格、习惯上为学生树立良好的榜样①。自昆体良(Marcus Fabius Quintilianus)提出"教师必须在道德上是值得学习的榜样"②;教师要了解学生,"注意学生智慧的差别",然后予以施教;教师在教学工作中态度要诚恳、耐心,乐于回答问题等。西方第一个系统反应教师职业道德的著作《演说术原理》③也由此诞生。

欧洲在经历了奴隶社会后期的战乱后,公元391年,罗马帝国颁布命令,禁止非基督教的信仰,基督教慢慢得到世俗国家政权的认可,成为维持社会安定的精神支柱,也是唯一合法的教育主题。基督教教士具有担任文法教师和修辞教师的特权。为了传播宗教,教会办起了僧侣学校,接受平民家庭奉献给教会的子弟。公元680年,在君士坦丁堡举行的第六次基督教会议提出两个宗教法规:(1)任何教士都可以自由地把侄子或其他男亲属送去读书;(2)乡村和城镇的教师要办学校,那些依赖牧师关照的信徒,都可以送孩子入学学习文法。法规要求,除非自愿的酬谢,不许教师强索学费或接受报偿。在这一时期,教会已建立了一套管理学校的制度,规定实行监督总管制、教师许可制、法律任命制和就职宣誓,这些就是现在教师的证明书、任职通知书和约定书的雏形。④在中世纪,基督教成为西方社会人们精神生活的唯一支柱,社会的伦理成为由宗教支配和决定的伦理。宗教教义和信条被当做道德诫命而强加于社会伦理体系,被视作"一切人的行为之当与不当、德与不德、善与不善的普遍准则"。⑤此时期教师的职业道德也与宗教的部分教义相吻合。

大概在中世纪晚期12世纪左右,原本发挥巨大宗教教育作用的修道院对教学工作的兴趣降低了。以托钵僧等神职身份接替了修道院从事教学职业的

---

① 王忠桥:《教师道德教程》,北京:教育科学出版社1999年版,第203页。
② 昆体良:《昆体良教育论著选》,任钟印译,北京:人民教育出版社1989年版,第12页。
③ 昆体良在《演说术原理》一书中,不仅反映了公元前后二百年罗马学校的实际,而且系统地阐述了有关培养演说家的教育思想。此书也是古代西方第一部系统的教学方法论著。
④ [美] E. P. 克伯雷编选:《外国教育史料》,华中、西南、西北、福建师大教育系译,武汉:华中师范大学出版社1991年版,第114页。
⑤ 中国社会科学院世界宗教研究所:《宗教道德文化》,银川:宁夏人民出版社1988年版,第69页。

学者开始通过译介阿拉伯文化、重识和整理由阿拉伯保存的古希腊罗马文化，逐渐组建形成了萌芽状态的大学社团，开启了中世纪学术生活体制化的序幕。许多大学教师的年纪很小，特别在人文专业、教师与学生的年纪相差无几，而且只要取得学士学位，学生毕业后可立即成为教师。中世纪早期，学位还不是一个特定的概念，仅仅是一种教师任教的资格，同时享有这种身份所具有的一切权力和特权。中世纪早期学士学位的获得不需要进行任何考试，候选人只需得到老师的口头赞成或授权、发表自己的就职演讲即可。后来为了防止教师滥权导致不合格学生参与教学，遂规定学士学位的考核需经过考试筛选。如此一来，师生之间的行为差别并不大。当时的知识分子群体聚集在一起成立行会组织，无论是硕士、学士还是教师都是行会的成员，所以彼此间的关系有时十分融洽。大学在引入行会这一制度形式的同时，借鉴了行会的成员准入和接纳制度。正如涂尔干所言，"任何人如果想要授课，都必须先跟从其他某位教师上课，并且必须达到一定的期限要求，大约五到七年不等。"[①] 也就是说，行会作为中世纪大学建立和发展的组织基础，学者行会开始建立并发挥作用。面对外界世俗当局或教会当局的干涉控制，学者行会的这种独特地位和特权也因此遭到了前所未有的考验。当时法国圣维克多修道院的雨果就写了一本相当有用的教学手册，其间包含了很多对师生规范的详细要求，如要求讲课简洁、清晰，要分清主要问题和次要问题等。

14世纪中叶文艺复兴时期，许多教育家开始要求解除教师权威和对学生的体罚，还教育以自由精神。意大利著名人文主义教育家维多利诺（Vittorino da Feltre）认为教育的最终目的是培养精神、身体、道德都充分发展的人，在德育中特别注重教师用优良品质向学生示范，被誉为"第一个新式学校的教师"和"仁爱主义"。法国人文主义教育家拉伯雷（Francois Rabelais）建议教师要尊重学生的个性，以平等的态度对待学生，他非常重视对学生进行德育教育，认为"有知识而无良心，便是灵魂的死亡"。法国人文主义思想家蒙台涅（Michel Eyguemde Montaigne）认为知识乃一切美德之母，认为教师最重

---

① 涂尔干：《教育思想的演进》，李康译，上海：上海人民出版社2003年版，第12页。

要的任务是发展学生的智力,他重视德育,强调对学生的道德培养,认为只有高尚的美德才能使个人得到真正的持久的荣誉、幸福和欢乐。捷克教育家夸美纽斯(Comenius, Johann Amos),作为西方近代教育理论的奠基人,提倡"泛智论",把努力提高知识素养、具有广博知识和系统传授知识的技能作为教师的职业道德的基本要求。

当然,不负责任的教师也是有的,甚至会遭到学生的批评与指责。15世纪的德国学者康拉德·塞尔特丝(Conrad Celfes)就因教学方法的不当在音哥城教授诗学和文法时受到过学生的攻击与嘲讽。"当你指责我们时,你自己却精力不集中……你也不注意语言的通顺和层次……你毁坏了你的名声,也不配作我们的教师。"① 由此可见,当时的大学生对教师的要求是很高的。而且由于在一些大学的人文专业,教师的薪水是从学生那里直接获取,所以也造成了教师不得不降低对学生的要求和考试标准来保证自己的饭碗。欧洲中世纪的大学教师普遍收入较低,这也给当时的教师生活带来较大压力,尤其在当时的书价格极高,无钱买书也造成了学术的停滞不前。忏悔神父的手册中就提及,"作为工作与辛劳的代价,教师可以接受学生的金钱"。教师出售自己的知识与学说,从此获得报酬。这种过分依赖学生也是中世纪教师的一大特点。

到了近代资本主义时期,英国哲学家洛克(John Locke)把教育明确分为德育、智育和体育三大类,其中德行是第一位,是最不可缺少的;强调教师的榜样示范作用。法国启蒙思想家卢梭(Jean-Jacques Rousseau)要求教师是一个道德卓越的人,应该受过良好的教育,是学生的楷模,自始至终以善良的态度对待学生。德国教育家第斯多惠(Diesterweg, Friedrich Adolf Wilhelm)在《德国教师培养指南》中认为学校全部工作的成功均有赖于教师职业伦理的提高;他要求教师要具备崇高的、坚定的职业信念,"把培养学生和教育事业作为自己一生的使命";教师的学识要渊博;教师还要具有勇敢的一

---

① Lynn Thorndike, *University Records and Life in the Middle Ages*, WW Norton & Company Ltd. 1980. 366-367.

往无前的战斗精神等①。19世纪中叶的俄国教育家也对教师职业伦理进行了一些论述和发展。如俄国文学批评与文学理论奠基人别林斯基认为教师的人格和精神是"神圣的",教师应当热爱学生。乌申斯基非常重视教师的职业道德,认为教师的人格对青少年心灵的影响是"任何教科书、任何道德箴言、任何惩罚和奖励制度都不能代替的一种教育力量。"托尔斯泰认为热爱学生和献身教育是教师的两大道德品质。车尔尼雪夫斯基认为教师是一切幸福的根源,教师要以非常谨慎的态度去影响、教育学生。

后在苏联时期,教师的职业道德开始侧重于教师自身的品质培养,强调教师的集体主义。如克鲁普斯卡娅要求教师以社会主义学校为立足点,积极投身于社会主义的建设,做一个关心国家、关心集体的共产主义者。加里宁首次提出"教师是人类灵魂的工程师",认为教师的主要任务就是造就社会主义的新人,使这种人养成各种最优秀的品质。马卡连柯要求教师具有高度的集体主义精神,形成优良的教师集体,要具有严格的自觉的纪律观念和行动。凯洛夫认为教师必须进行一般的教育修养,教育的技巧修养,意志品质修养。赞可夫认为教师要促进学生智力、能力、情感、意志、性格、体力、集体主义思想的发展;教师要进行自我修养,具备很高的文化水平和明确的思想政治方向。苏霍姆林斯基认为教师要热爱教育事业、教育对象,要有为学生献身的精神;校长应做教师的教师,重视德、智、体、美、劳的全面教育。

尔后到20世纪20年代至30年代,西方发达国家兴起了实证主义研究,比较系统的概括了教师职业应当具备的25个品质,如适应能力、仪表得体、广博的兴趣、细心、能体谅别人、合作、热心、健康、诚实、勤勉、创造能力、进取精神、好学、文雅、自制、敏捷等。此后全美教育委员会所属的师范教育委员会1948年发表了《我们时代的教师》报告,1975年对《教育职业伦理规范》的内容进行了重大修改;大约200万从事教育工作的人签署赞同《教育职业伦理守则》,这一版本在美国沿用至今,并成为其他国家建立教

---

① [德]第斯多惠:《德国教师培养指南》,袁一安译,北京:人民出版社2001年版。第斯多惠在书中系统阐述了教育的基本问题,总结出33条教学的规则与原则。

师职业伦理规范的一个范本。英国开始建立现代教师培养制度。日本教职员组织1952年通过《伦理纲领》，对教师的职业道德作出了明确规定。20世纪60年代以后，随着经济和教育事业的高速发展，教师职业伦理的研究日益受到重视，先后出版了较多的专著和教材。20世纪70年代以后，西方发达国家教师专业化运动开始兴起，如何提高教师的"专业素养"成为各国专业化标准建设的重点。

二、中西教师职业伦理的主要差异

回溯高校教师职业伦理的发展历史可以发现，我国传统教师职业道德是"教师德性"，强调仁义、兼爱，教师伦理是以教师为中心，爱有差等，人伦有序，强调教师自身人格的修养，对教师的思想政治教育以儒家文化为中心。而西方教师职业道德是"教学道德"，强调的是美德、理性与信仰，教师伦理以学生为中心，一视同仁，普遍尊重，人人都有伦理意义。从如何培养学生的角度出发制定和规范教师的职业道德，对教师的思想政治教育以自由主义为中心。

西方教师职业伦理是以"交往"为中心，理性精神一以贯之，强调个性自由。古希腊职业教师、智者学派的代表人物普罗塔哥拉（Protagoras）提出"人是万物的尺度"，可以说是个人本位在西方教师职业伦理中的最早论述。从维多利诺、洛克、卢梭到杜威等都一直在强调个人自由和权利，在教育教学中要以"学生为中心"，提倡个性解放，提倡自由民主，反对教师把自己的目的强加给学生，主张学生个性自由发展、师生之间关系友好和睦、平等相处。从西方关于教师的行为准则、职业道德、伦理守则等的制定和具体内容来看，国外对教师的职业道德规范是以有利于"教学交往"的角度出发去制定的，是以尊重学生的自主精神为宗旨的。西方教师职业伦理强调师生关系的交往，重视教师与学生关系的处理，如美国的《优秀教师行为守则》中写道，"对学生以诚相待，以礼相待，力争公道""在处理学生问题时，如有偏差，应敢于承认错误"等；加拿大《安大略省教师职业道德标准》中写道，

"以最有利于学生为前提，建立并保持专业的师生关系""服务于不同学生的不同学习需要"；教育国际的《职业道德宣言》中称，"与学生保持专业关系；采取所有可能的措施保护学生免受性伤害；在影响到学生的福利的所有事情中，做到关爱备至、尽心尽力、严守秘密"等。这些教师职业道德规范的建立无不重视师生关系，强调教师对待学生要以民主平等的方式。

我国传统的教师职业伦理是以"人伦"为中心的，受"情感"所左右，强调等级秩序。特别是中国古代的大学，私塾等都是以"教师为中心"的，十分强调教师"做人"。举个简单的例子，"师道尊严"。我国传统的教师职业伦理把师与道完全等同起来，把教师的道德地位放在了极其崇高的地位，成为真理的化身，世人的标准和范式，成为学生必须服从的至尊和榜样，师生关系表现为崇尚教师的权威等等这些师德规范，学生应百分之百地听从老师的教诲，"师云亦云"，接受教师的知识，并将老师的学问传承下去，不能有丝毫的怀疑、责难与改变。中国传统社会是一种安伦尽分的伦常社会，教师也本着这样一种传统的伦常思维。《学记》中有"凡学之道，严师为难。师严然后道尊，道尊然后民知敬学。"在汉代有"师之所传，弟（子）之所受，一字毋敢出入；背师说即不用。师法之严如此。"[①] 南宋朱熹则认为，"是知圣门之学，别无要妙，彻头彻尾，只是一个敬字而已"，以至后人又有"非朱子之言不尊""言不合朱子，率鸣鼓而攻之"的说法。[②] 不仅如此，连不称赞、不崇扬老师也是不允许的："言而不称师，谓之畔，教而不称师，谓之倍。倍畔（即背叛师说）之人，明君不内（内同纳），朝士大夫遇诸涂（同途）不与言。"[③] 这种道德推崇之下，教师稳定的向学生传达社会伦理的要求，维持了伦理的稳定性。

从中西教师职业伦理的主要差异可以看出，在以社会发展为己任，教育为社会发展服务的基础上，我国教师职业伦理需要走出"社会本位"的误区，

---

① 皮锡瑞：《经学历史》。
② 龙献忠、许烨：《教师职业角色发展的嬗变及伦理反思》，载《高教探索》，2012年第3期，第119-123页。
③ 《荀子·大略》。

借鉴西方"人是万物的尺度"的理念,通过加强自身的人格建设和"现实的人"的实现来解决教育中"无人"的状况。教师在教育教学过程中,不仅充当社会的代言人和教育机器,而应当是一个有生命,有情感的主体,能够实现自身价值,能够以完整的人格投入到教育之中。

第二部分

伦理的导向及实践

★ 骑在道德的围墙之上：高校教师职业伦理的核心原则

★ 形式化标准与标准化规范：高校教师职业伦理规范

★ 对话交往：高校教师职业伦理交往

★ 从差序到平等：高校教师职业伦理秩序

★ 伦理愿景：高校教师职业伦理共同体的建构

第四章　骑在道德的围墙之上：高校教师职业伦理的核心原则

古人说："大学之道，在明明德，在亲民，在止于至善。"① 国无德不兴，人无德不立。教师德性是高校教师职业伦理的永恒主题，是高校教师职业伦理的最核心原则。自文艺复兴后，以人的理性对抗神性，伦理学中的德性"沉寂"下来，规范取而代之。但是20世纪80年代兴起的恢复古希腊德性伦理传统的现代德性伦理学运动，对反思当前全球社会的道德危机困境，开展了新的一轮伦理学探索——"追寻德性"。在对教师德性的思考中，人们逐渐远离了哲学的批判精神，用生活化的伦理态度代替道德哲学的思辨，最终以"无私"和"奉献"为核心内容的善良道德赢得了最后的裁决，成为教师德性的哲学基础和逻辑基点。为教师德性选择伦理的"终结"，即理想的德性或善的标准，一直是道德哲学孜孜求索的重要命题。② 但任何改造或替代规则伦理的道德学说都必须关注行为者的内在心理。行为者对道德规则的正确使用要求"与一个人的生活经验以及他对'如何生活'的普遍看法具有某些本质的联系"③。这意味着，德性伦理要求高校教师能够正确地使用道德规则，如通过法律形式确立的高校教师职业道德规范。与苏格拉底强调知识即美德相比，亚里士多德更为强调德性特别是伦理德性的养成依赖于习惯，单有知识远远不能成就德性。不同类的习惯造成不同的伦理德性，从而造成了伦理德性的多样性。

---

① 《礼记·大学》。
② 薛晓阳：《超越"圣洁"：教师德性的哲学审视》，载《教育研究与实验》，2001年第2期，第19-25页。
③ ［美］罗伯特·纳什：《德性的探寻：关于品德教育的道德对话》，李菲译，北京：教育科学出版社2007年版，第51页。

第一节 德性：教师职业伦理的核心原则及其范畴

从历史上看，德性（virtle）与道德（morality）的产生一样古老。古希腊语境里的德性对应的概念不是罪恶，而是奴性。德性"原指万物的特长、用处和功能，还指人的品性、特长、优点、技术和才能"①。"天地之大德曰生"，德成为与天地本体密不可分的始源性范畴。道德关注人的生活与幸福，它是一种生活方式、一种生活态度，伦理学关注人类以个体或集体的方式如何过上一种值得过的生活。通达幸福之路，对个人是"好的生活"，对群体是"好的社会"②。德性是伦理学的核心词汇之一，德性包括性情、行为、习惯、爱好、憎恶、能力、特性、理想、观念、价值观、情感和直觉。③ 苏格拉底认为，德性就是至善，"德性就是福祉……是与共同体有着共同边界的终极力量。"④ 亚里士多德将幸福视作某种德性，认为"幸福即是合乎德性的现实活动"⑤。"德性是人类为了幸福、为了欣欣向荣、生活美好所需要的特性品质。"⑥ 因此，德性是做人的根基，德性也是教师职业伦理的内核。

一、教师职业伦理核心原则——德性的再认识

在康德看来，自然的历史是由善开始的，因为它是上帝的作品。他认为，道德就是"我们应该据以行动的无条件的命令法则的总体，其本身在客观意义上已经就是一种实践"⑦。"君子以成德为行"⑧ 也是这个含义，即人生的价

---

① 石敏敏：《希腊人文主义》，上海：上海人民出版社2003年版，第11页。
② 高国希：《道德理论形态：视角与会通》，载《哲学动态》，2007年第8期，第10—16页。
③ Angeles, 1992；R. J. Nash, 1996，见［美］罗伯特·纳什：《德性的探寻：关于品德教育的道德对话》，李菲译，北京：教育科学出版社2007年版，第14页。
④ 石敏敏：《希腊人文主义》，上海：上海人民出版社2003年版，第150页。
⑤ ［古希腊］亚里士多德：《尼克马可伦理学》，北京：中国社会科学出版社1990年版，第14页。
⑥ Rosalind Hursthouse. *On Virtue Ethics*. London: Oxford University, 1999, P. 29.
⑦ ［德］康德：《永久和评论》，见《历史理性批判文集》，何兆武译，北京：商务印书馆1990年版，第140页；［德］康德：《历史理性批判》，何兆武译，北京：商务印书馆1991年版，第68页。
⑧ 出自《周易·乾》，"君子以成德为行，日可见之行也。"

值在于成就美德而行事。

（一）从传统人伦观看教师德性

高校教师作为公共行政人员，其人性的完美应该如亚当·斯密所说的"多体会他人的而少只顾自己的感受，束缚我们自私的并发挥我们仁爱的感情"[①]。伦理是人与人之间的关系，体现到高校教师德性当中，便是高校教师德性的运用与高校教师及其他人之间的关系。苏格拉底曾否认自己是教授美德的教师，只劝告人们要关心美德。所以，有德性的教师要让美德的接受者们相信，教师所进行的并不是向他们教授美德，而是告知他们生来就具有充分的公民义务并需要准备为此承担相应的道德责任。劳特伦斯曾说，即使在最好的情况下，贤人美德也只是真正美德的一种"反映"，而真正的美德仅属于哲人[②]。因此，传统人伦观上的教师德性伦理关系，并不是一种教与学关系，而是一种相互影响的关系。高校教师并不是道德专家也不是伦理巨人，而是一个稍微具有社会影响力的普通人。

（二）从哲学观看教师德性

对人来说，善就意味着对自身和他人的保全有功效，这也是至上的道德德性。在哲学和科学观念中，道德德性是真实的智慧。诚如亚里士多德所言，"在适当的时间、适当的场合、对于适当的人、出于适当的原因、以适当的方式去感受这些感情，就既是适度的又是最好的。这也就是美德的品质"[③]。亚里士多德认为道德规范以伦理习俗（ethos）为基础，而对客观事物的知识则以自然规律（logos）为根据。他把德性划分为理智德性和伦理德性。与苏格拉底强调知识即美德相比，亚里士多德更为强调德性特别是伦理德性的养成依赖于习惯，单有知识远远不能成就德性。不同类的习惯造成不同的伦理德性，从而造成了伦理德性的多样性。与伦理德性相比，亚里士多德的理智德

[①] Smith Adam, *the Theory of Moral Sentiments*, Raphael & Macfie ed. Oxford: Oxford University Press, 1976, Ⅰ, ⅰ. 5.

[②] 瓦斯特：《雅法对美国奠基的林肯式维护》，韩锐译，选自刘小枫，陈少明主编：《美德可教吗》，北京：华夏出版社2006年版，第4页。

[③] ［古希腊］亚里士多德：《尼各马可伦理学》，廖申白译，商务印书馆2003年版，第47页。

性具有更多的普遍性和确定性，而且亚里士多德把思辨看作是最高的幸福。亚里士多德在谈到德性的生成或养成与由技术所制造的人工产品的不同时指出，公正或节制等等德性没有独立的存在，它们不仅依赖于人而且只能在人的行为中才能表现出来；德性是作为行为者的人在行动中的一贯表现，它们不能须臾脱离行为者。对行为者的要求突出地体现了德性与技术的不同：作为养成德性的行为者，"第一，他必须有所知；其次，他必须有所选择，并因其自身而选择；第三，在行动中，他必须勉力地坚持到底。拥有人工的东西，除了对它有所知外，就不须这些条件。对德性来说，知的作用是非常微弱的，而其他条件却作用不小，而且比一切都重要。因为公正和节制都是由于行为多次重复才保持下来"①。虽然亚里士多德也承认伦理德性中总是蕴含着理性，但理性不再是德性的全部，也不再是德性中的核心因素，多次重复所形成的习惯构成伦理德性的核心。高校教师的社会活动是多方面的，不同类的活动——教学活动与交往活动——要求不同的习惯，公正、节制、审慎、有爱心、宽容等德性正是由不同类的活动分别塑成的；当然，同类的活动能够形成相同的德性，相同的品质追随着相同的实现活动；但从全社会的宏观角度和个人活动的多方面来看，"品质正是以实现活动而不同"。习惯总是存在于一定种类的活动中和一定的范围内；习惯必然具有多样性；正是由于习惯在伦理德性中所具有的决定性作用，德性也成为具体的、多种多样的。

追问一切存在的本原与目的的哲学，是一种纯粹理论的学说，哲学生活若离开一些道德德性是不可能进行的，但是，道德德性的最终根据和目的却只能在道德之外即在理论中找到，根本上，道德德性的尊严只有根据这一目的才能得到理解，因此，德性本身终究不是目的，或者按施特劳斯在那一场合的说法，"如果这些德性仅仅被理解为服从于哲学且是为了哲学，这便不再是一种对德性的道德理解"②。所以合乎美德，与其说是一种克制甚或是取消

---

① 亚里士多德：《尼各马可伦理学》，苗力田译，北京：中国社会科学出版社1999年版，第33页。

② 施特劳斯、克莱因：《"剖白"》，见刘小枫编：《施特劳斯与古典政治哲学》，上海：上海三联书店2002年版，第732－733页。

情感欲求的状态，毋宁说是一种情感欲求的特殊表现状态。在此状态中，行为者将情欲控制得恰到好处。①

（三）从政治社会的道德权威看教师德性

政治社会中普遍存在某种约定俗成的道德权威，诸如杀人是恶，助人是善这类指导人们如何生活的规则。天然的公共善具有某种权威，因为它是"集体善"。换句话说，集体所公认的道德便可成为一种道德准则，而如果一种人道主义道德没有承认集体善的内在价值，那么它就被冠上个人主义的头衔，一些禁欲者与厉行纪律者的道德规范就是一个明证。而经济学家往往关注的是暂时的"集体善"，而这种善大多只是具有工具性价值，如对某某现象的道德谴责。高校教师的伦理思想在很大程度上仍然受支配于政治社会道德的抽象概念，个体运用自身对善的理解这一绝对标准，不断地在对善和恶的明确认识当中徘徊直至作出决断。德性作为社会化过程的产物，无疑具有普遍的规定，但作为社会规范与个体意识的交融，它又内含个体之维，并与自我的观念相联系。事实上，并不存在某种具体的社会道德来供人们参详，历史上的善和恶也并不以其纯粹的形态而显现出来。这种对政治社会道德的抽象理解，也使得个人德性的千差万别。许多教师一辈子都在追寻"什么是善"与"何谓生命本身"。人类进入文明社会便确认了自己的可完善性，因为，进入文明社会这一事件本身转变成了法律或道德的权威，而只要人固守在自然状态中，法律或道德权威就仅仅形同虚设。②

二、教师德性伦理的生活形式

德性伦理（ethics of virtue）系亚里士多德所创，它是出自个体德性的伦理，追求个体在伦理实践中的反思和判断，从某种意义上它可算是某种实践智慧，因此也符合教师专业的道德属性和情境复杂性的特征。德性伦理学认

---

① 李娜：《当代美德伦理论域下"幸福"概念之诠释》，载《求索》，2011年第1期，第110-112页。

② [英]霍布斯：《利维坦》，黎思复等译，北京：商务印书馆1986年版，第15页、第37页、第121页。

为：道德并非天生，惟有具备相当人格修养的"有德之人"才能审度实际情境，做出适当判断和行为。高校教师德性伦理是植根于教师专业伦理领域的，从"全人"的角度赋予教师职业更深厚的道德内涵，以"是否是有德之人"的价值标准来判断教师的专业伦理实践。高校教师的德性并不是天生的，而是通过学习和经验从日常生活中实践得来。高校教师的日常生活逐渐成为非日常生活（即工作常态）的生活背景。各种在大学生活中和专业实践中遇到的伦理困境和两难选择，反而成为教师养成德性的机会。

教师德性伦理具有如下特征：

（一）高校教师德性的个体性

高校教师德性是指处于教育系统中的教师个体所表现出来的，由其特殊地位决定的，符合社会对教师期望的道德行为模式，决定其教育教学效果，对学生身心发展有直接而显著影响的心理品质的总和，其实质是对教师与学生、社会交往所需的德性要求的概括。每一个教师在伦理交往中都有其独特的德性表现，这也便是教师德性伦理的个体性。

（二）高校教师德性来源的多向性

与普通人一样，高校教师德性的习得也是一个边成长边收获的过程。一方面从儿时教育到职前教育受到父母、长辈、同伴、教师的多方面"人"的影响。另一方面受到天道，如自然之说，万物之理和个体心性的影响。

（三）高校教师德性的内化性

一个具有德性的高校教师，通常其内在是具有某些"被称赞的或可贵的品质"。而这些品质只有通过内化，才能更好地由内而发显示出来，尤其在教师接收到外部优秀品质的时候能够产生呼唤原本内在的德性产生共鸣。由于教师德性不同于规范和制度具有外部约束功能，而是从内在要求教师个体作出选择，具有内部约束性。

（四）高校教师德性的公共性

教师伦理道德的信条里的一致性，是教师职业伦理形成的基础，在有关道德的意见上形成了共同的立场就是"公共性"。教师职业的公共性源于教育的公共性和学校的公共性。教师的公共性也是知识分子的公共性，具有共享、联系与责任的性质，教师德性也不例外。高校教师是某种社会价值标准的维护与传播者，是理性和道德准则的典范。社会对教师德性的要求总是具有统一的道德标准，这也意味着在某些时候，教师德性必须公开接受具有批判意识的公众的监督和评价。

（五）高校教师德性意识的自觉性

教师对自身职业的观念、想法、态度，包括职业认识、职业理想、职业信念和职业意志等意识要求往往比其他职业伦理意识要求具有更强的自觉性。高校教育劳动的空间有很大的自由选择性，教师不必像工人守在车间、营业员守着柜台那样固定在教室里，这种教育劳动的独立性、灵活性要求教师在职业意识上具有高度的自觉性。教师在教育中抱有怎样的劳动态度，表现怎样的德性德行，也完全取决于教师个人的责任感和内心的自我监督。

三、高校教师职业伦理范畴

高校教师职业伦理范畴，是指概括和反映高校教师职业伦理的主要特征，体现一定社会对大学教师的基本要求，成为教师的内心信念，对教师的从教行为、学术规范等发生影响的基本概念。如果高校教师职业伦理是对教师德性品质的说明，它就无法区分这一德性是出于大学教师个体生活所需，还是大学教师专业活动所求。如果任何有利于高校教师工作的品质都列入其职业伦理的范畴，那这就是一个无限广阔的组合。但要成为一名道德专业人员，以及道德影响者，必须具备一些核心原则。

（一）教育责任

责任（kathekon）这一概念是芝诺（Zeno of Elea）最早使用。"从词源上说，它是从'kata tinas kekein'（尽力而为）中派生出来的。对人来说，'尽力而为'就是要让自己的理性本性表现出来，使之获得它应有的位置，逐渐成熟壮大。所以芝诺说，责任'是一种其自身与自然的安排相一致的行为'。

有责任的行为就是理性指导人们去做的行为。"① 作为伦理关系中的存在，自我总是承担着某种道德的责任，就是说，他必须对自己的行为负责。高校教师的道德责任是高校教师职业伦理的核心道德原则之一。道德责任是指高校教师基于一定的伦理认识，在内心信念和伦理责任感的推动下，自觉履行的对学生、同事和他人的应尽的职责、使命和义务，也是社会对教师的伦理要求。高校教师从接受聘约的那一刻开始，就得按照教师职业道德规范中所作的约定履行自己的从教义务，正如西方的教师从教誓词《教育者誓词》②和教育国际的《职业道德宣言》③所说的那样。

在高等教育中，教师的道德责任既不是来源于教育教师法规，行政规章制度的强制性，也不是个别教师的"善良意志"，它的产生和发展根源于现实的教育劳动关系，是由教师职业伦理的普遍规范决定的，是源于教师们对自身职责的深刻认识以及对教育事业的热爱。高校教师的道德责任体制的建立必须具有共同协商的原则来作为基础，允许存在适当的道德差异。当道德的行为者"知道"某些道德知识和德性要求时，并不代表他必定根据这些知识行动。也就是说，从他获知这些道德要求，到他采取相应的道德行为，这中间还需要一定的桥梁和动力。④高校教师的责任伦理便是这种桥梁和动力，并用来重建行为者的心理结构。教师的责任伦理既包括对人类文明的传承、社

---

① 宋希仁：《西方伦理学思想史》，长沙：湖南教育出版社2006年版，第148页。

② "我将时刻注意到我的责任——通过严格的对知识的追求来提高学生的智力。即使非常辛苦，即使受到放弃这一责任的外界的诱惑，即使遇到失败等等障碍而使之更加困难，我也将坚定不移地执行这一许诺。我还将坚持不懈地维护这一信念——鼓励并尊重终身学习和平等对待所有的学生。

为了忠实地完成这一职业义务，我保证做到努力钻研所教内容，不断改善我的教育实践，并使在我教导下的学生能够不断进步。我保证寻求和支持能提高教育和教学质量的政策并提供所有热爱教育的人一切机会去帮助他们达到至善。我决心不断努力以赶上或超过我希望培养的素质，并坚持和永远尊重一个有纪律的、文明的以及自由的民主生活方式。

我认识到有时我的努力可能会冒犯特权和有地位的人，我也认识到我将会受到偏见和等级捍卫者们的反对，我还认识到我将不得不遇到那些有意使我感到灰心、使我丧失希望的争论。但是，我将仍然忠于这一信念———这些努力和对目标的追求使我坚信它与我的职业是相称的，这一职业也是与使人民自由相称的。"

③ 具体涉及对职业，学生，同事，家长，社会的责任。

④ 李义天：《道德心理：美德伦理学的反思与诉求》，载《道德与文明》，2011年第2期，第40-45页。

会进步的推动，如授业、解惑、学术创新，也包括敬畏、保护和塑造生命，如对学生负责，对社会的道义责任。虽然德性实践的"有效性取决于行动者的实际处境和心理状态"①，但无论教师在师生关系、师师关系还是教师与社会关系的处理上均是其个人德性的某种实践。首先，在人类文明的传承方面，教师承担着授业、解惑的传播传统文化知识的责任。那么在道德上，教师只有使学生更好地掌握历史文化的精华并将之内化入个人的价值观才能算完成了其道德责任。其次，教师作为学生成长过程中的"重要他人"，其道德责任强调教师在教育过程中应充分尊重、理解、爱护每一个体，并选择示范、召唤、对话等方式来引导和澄清价值生成，从而实现自己的道德责任。第三，教师作为知识创新的主力军，特别鉴于学术创新对于科技文化进步的重要作用，教师既承担着对传统文化的吸收和传播的责任，也承担着创新文化使之更好地向前发展的责任。大学教师应以人类整体福祉的增进为终极责任，以主动关注产出成果的社会后果和价值为自己的伦理选择，在现实的伦理困惑中，坚持道德责任的优先性。

（二）教育良心

良心是大学教师作为"社会人"和"伦理人"的关键和保证，它要求教师秉承对教育的信仰，不为来自社会生活中的各种诱惑所动，淡泊名利，诚信做人，平等待人，善意执业。

教育是一种良心职业，高校教师伦理反省的处境，实际上是"人际关系"的处境。对善的追问本身应当是人生命的一部分，良心反省是高校教师德育的关键，是教师在不同的人际关系处境中，探求什么是响应世界这一实体的最恰当的负责任的行为，是大学教师不断完善个人德性需求的必要经过。因此，当教师要做出有关原则性的行动时，必须对个人的人际关系处境有全面的了解和评估，这也是对个人德性实践的考量。

---

① ［英］伯纳德·威廉斯：《道德运气》，徐向东译，上海：上海译文出版社2007年版，第31页。

(三) 教育公正

伦理学上的公正与正义、公道同义，英文同为 justice，是人类社会具有永恒价值的基本理念和基本行为准则。德谟克利特曾对古希腊的四种主要美德①进行了系统地论述，他认为"公正有两个方面的含义：第一，公正就是顺从必然规律，按照自然必然性（理性）而生活；第二，公正就是尽自己的义务，服从城邦的利益。"② 柏拉图认为正义是一种德性，他在《理想国》中反复阐释了正义的概念，认为正义分为个人正义和城邦正义，其中城邦正义高于一切③。公正的最终目的是为了实现"善"，教育可以培养理性、养成善德，是保证城邦正义的先决条件。而在亚里士多德看来，正义是一种普遍正义，是一种公德，能够引领整个社会生活积极"向善"。为了保证公平公正，亚里士多德还设定了"殊德"④。罗尔斯在《正义论》提出了公平三原则：平等自由原则，机会的公正平等原则和差别原则。

道德公正不仅是一种很重要的职业伦理要求，而且应该是每个教师必备的个人道德素养。高校教师的道德公正是指在教育教学过程中，公平合理地教育、对待、评价学生的态度和行为。高校教师的公正和正义不仅仅是其德性重要部分，与教师个人的道德生活有关系，而且还与整个高等学校共同生活的秩序有关系，也与学生形成"善"的理念和"善"的生活品质有极为重要的关系。公正或正义这种德性品质并不是天生就有的，而是需要教化来习得的。在高校教师成长为教师的实践过程中，在其专业品质形成过程中，教师本身的德性起一个核心作用。如果教师本身没有"向善"的本性和品质，以及实践"善"的能力，他是无法通过被教化来习得公平或者正义这种美德的。公平或者正义作为一种个体性的美德，只有在良好的社会生活秩序下才能实现。回到大学校园中寻找教师公平和正义，以及这种美德是如何使他人

---

① 智慧、公正、勇敢和节制。
② 北京大学哲学系：《古希腊罗马哲学》，北京：商务印书馆1961年版，第120页。
③ 有些类似我们强调的集体主义。
④ "殊德"它分为两种类型：分配的正义和矫正的正义，分配的正义是基于公平而分配资源的正义，而矫正的正义是恢复被不正义的行动所破坏的正义秩序的正义。

受益的，对教师的职业成长和发展具有重要的启迪价值。

（四）教育荣誉

荣誉是同良心，特别是同责任密切相连的道德范畴。在一定意义上可以说，责任和良心只有表现为某种荣誉，它们的社会价值才能得到肯定性的确认。因此，荣誉是社会对人们履行义务后的赞扬和肯定，以及个人由此而产生的尊严、自豪和满足感。耻辱是与荣誉相对立的概念。马克思曾经把耻辱称之为"内向的愤怒"。对个体来说，耻辱意味着对自身的存在和人格的否定。因此，耻辱和荣誉是不可分割的。正如恩格斯指出的："每个社会集团都有他自己的荣辱观"。[①]

对于高校教师来说，道德荣誉是社会评价教师行为的社会价值的尺度，即对高校教师履行社会义务的道德行为的公证与褒奖。它也是教师个人对行为的社会价值的自我意识，即在良心中所包含的知耻和自尊的意向。高校教师的荣誉观，不仅受集体主义原则的支配，也受教师的劳动特点和社会价值的影响。由于教师担负着国家教育、传承知识的重大责任，社会对教师寄予了许多崇高的期许，这要求教师具有高度的职业荣誉感和责任感，在言行上能为人师表，作出表率；在实际中能教给学生成长成才的知识。[②] 在公众的眼中，教师职业道德水准的高低，往往影响公众对教师和国家教育的评价。

（五）教育关怀

高校教师的道德关怀是德性伦理规约实现的重要手段之一。女性伦理学家诺丁斯曾特别强调关怀的意义，她认为关怀与被关怀是人类的基本需要。关怀是与暴力和专制相对立的，"关怀的伦理学拒绝一个完全自足的道德代理人的概念，接受道德相互依赖性的现实。我们的幸福、我们的成长都免不了与我们遇到的人有密切的关系。作为教师，我们依赖于学生，正如学生依赖

[①] 《马克思恩格斯全集》（第39卷），北京：人民出版社1997年版，第251页。
[②] 龙献忠、许烨：《教师职业伦理及其后现代诠释》，载《大学教育科学》，2012年第1期，第60—65页。

我们一样"①。道德关怀是从道德的角度出发在结识其他人的过程中建立的关系。人们往往认为道德关怀产生于自然关怀,自然关怀是指作为个体在对他人作出反应时建立的关系,这种关怀是发自内心、发自天性的素养。自然关怀的关系被看成是我有意或者无意认为的"有益的"人类生存状况②。

传统教育伦理强调的是教师天然的教育权威地位,师生关系被归结为一种不平等的人伦关系,教师以身份为核心成为权威。在市场经济社会中,人与人的关系不再由身份等级来决定,而是由人们自愿缔结的"契约"来决定。在后现代社会,教师个体的德性使然已经开始弱化外部规则的约束,开始追求一种关于道德的智慧实践,构建一个以关怀为中心的智慧共同体。人类精神的自主性是教师道德的第一要义,没有意志的自主与自由,也就没有道德存在的本体。后现代教育观提倡人文关怀,要求大学教师具有道德关怀的意图,养成道德关怀的习惯,并在实践中践行道德关怀。这种道德关怀不等同于一般意义上的师生情谊,不是居高临下的施舍与恩惠,也不是依靠逻辑推理的方式传达出去,而是通过教师的亲身示范,在师生对话的每一个细节和彼此认可中发挥榜样的力量来阐明什么是关怀,如何进行关怀。这是一种基于生命和人格平等的道德启发,也是对传统意义上"师说"的革新。具有道德关怀品格的教师,才能更加客观地意识到学生是否具有良好的态度与积极向上的自我观念,才能更好地实施理解、认同、尊重、宽容、友情和信任,用友善的行为形成符合学生发展的风格和决策,才能在促进自我德性的塑造的同时帮助学生也走向道德自律的道路。

此外,还有如尊重、诚实、诚信、仁慈、勇气等基本道德原则,书中不一一详述。

---

① [美]内尔·诺丁斯:《教育哲学》,台湾:弘智文化事业有限公司2000年版,第390页。
② N. Noddings, *Caring: A Feminine Approach to Ethics & Moral Education.* Berkeley: University of California Press, 1984, P. 5.

第二节　高校教师的德性生活困境：围墙内外

所谓的道德困境是指人们所遵循的格言的普遍性与具体行动的非普遍化之间的冲突，"对于我们的行动的格言，我们能够主张普遍性（或者一般性），但是对于行动本身，并不能够主张普遍性（或者一般性）。笔者把这称之为道德困境"①。不同时代的高校教师有着不同的德性生活困境。

一、德性生活：传统教师的选择

"民生于三，事之如一：父生之，师教之，君食之。"② 在中国古代，君师并称，奠定了师道尊严的历史传统。教师作为传承经验的重要主体和社会精神的传承者，在中国传统社会中被尊为"圣人"，其道德权威不可替代。"为天地立心、为生民立命、为往圣继绝学、为万世开太平"，立功、立言是传统知识分子的价值追求和历史使命。在很长一段时间内，大部分老一辈的大学教师都自视为哲人王，把教育看的非常神圣，将"天道昭昭，为我洞悉"奉为真言，认为自己和天道是互为一体的圣贤，在人格上具有绝对的优越感。他们把做人的成败归因于内在的修为，通过内炼自己的气质，使自己崇高起来，如在现实中遭遇不公平对待或者其他矛盾，又或者在现实生活中无法彰显自己的优越，便会退而反思，自觉的从内在的德性修为中找原因，"取法乎上""日三省乎己"，从传统的德性中汲取力量内省自己的德性是否和圣贤之道一致，以此为本修炼出最合人性本质的道德人格，不会怨天尤人。这种往内归因的方式很容易使整个社会人人皆成为君子。人们在日常生活中所崇尚的也是德性，德性成为每个人生活中不可或缺的东西。所以具有传统德性的教师几乎是时刻都不能放松要求自己，无论面对众人，还是一人独处，都时刻注意自己的言谈举止是否适宜，衣着仪表是否整洁、大方、得体，都时刻

---

① Agnes Heller, *General Ethics*, Oxford: Basil Blackwell Ltd, 1988, P.90.
② 《国语·晋语》。

通过慎独时刻管理自己的内心世界、内省自己的德行是否合乎美德。任何时间任何地点都没有丝毫的放松和懈怠，德行就像一种习惯而存在于他的一言一举一动之间，向人们传递着自己内在的道德人格。

A校教科院姜教授曾在课堂上谈到传统教师的德性生活，他本人也是一位非常注重传统，践行德行的教师。他说，"道便是无躯壳的圣人，圣人便是有躯壳的道"。教师是圣人的化身，教师天生就知晓天理和良知，就拥有这些道和超凡的智慧品质。

D校岳麓书院文教授也说，教师在人格上理应有一种优越感，这让他的精神世界丰腴。即便物质生活匮乏，好的教师仍然会弦歌不辍，比如旧时很多教师在长期的教书生涯中，家境清平，几乎食不果腹，但仍然表现出孔子当年陈蔡之围所表现出的自信和从容。正是因为"圣人与我同类"的文化智慧在砥砺教师，才使他们能一如既往。

大学教师为了追求精神的独立可以远离功名利禄接受贫窘孤寂，可以不逢迎"显学"而专注自己的心性与价值判断。以陈寅恪为例，他完全有机会过上稳定和相对富裕的生活，但为了自己的精神追求，他却选择了"流浪者"和"边缘人"。虽然这在萨伊德看来，"流亡这种状态把知识分子刻画成处于特权、权力、如归感这种安适自在之外的边缘人物"，他认为真正的知识分子应该是"放逐者与边缘人"[①]。

二、庸常生活：现代教师的无奈

在我国高等教育现代化进程中，这种德性生活状态向庸常生活状态的变化及其产生的代价对高校教师产生的影响是多重的，代价是沉重的。谈到代价时，人们总是援引马克思关于事物本身是正反两个方面的统一的那段话，"在我们这个时代，每一件事物好像都包含有自己的反面。我们看到，机器具有减少人类劳动和使劳动更有成效的神奇力量，然而却引起了饥饿和过度的疲劳。新发现的财富的源泉，由于某种奇怪的、不可思议的魔力而变成贫困

---

① 梅新林、杨天平：《教师教育实践与思考》，重庆：重庆大学出版社2008年版，第228页。

的根源。技术的胜利，似乎是以道德的败坏为代价换来的⋯现代工业、科学与现代贫困、衰颓的这种对抗是显而易见的、不可避免的和毋庸争辩的事实。"① 这是对事物的二元对立性质的一种经典说法，其内在的含义为：事物原本是好与坏的和谐统一。而所谓代价的存在，正是因为个人的主观愿望想打破这种和谐，制造出某种断裂，破坏原有的平衡格局，造成某种失衡。

（一）传统德性被边缘化

麦金泰尔认为，当代社会是一个传统德性被边缘化的社会。秉承"社会良心"的社会期待，传播文化、传承文明的社会重担依然落在知识分子肩上。虽然就算在社会主义社会，市场经济的发展也使每个人不自觉地成为了"经济人"和"市场人"，大学教师职业也成为一种自我谋生的手段，成为自身生存的一个经济元素。但在市场化之前，大学教师的职业追求与预期自我发展的人生目标是一致的。由于任何社会都不可能出现道德真空，取代传统德性的道德便是当代盛行的各种伦理规范；各种伦理规范各有自己的合理性，由此造成它们之间的冲突对立并使得作为社会成员的个人丧失了道德上的统一性，个人也随之成为"道德的碎片"②。这种追求"市场化"和"经济化"的"喻于利"社会使传统的德性逐渐衰弱，取而代之的是能够维系这个社会正常运转的各种伦理道德规范和法律法规。伦理道德规范和法律法规将一切民众都看作"小人"，需要外在的强制规范进行约束，如此一来构筑了一个"小人"社会。借由规范所形成的社会秩序，德性的力量也便慢慢被淡化。大学教师不再能体会到圣人式道德人格带来的自豪和满足，渐渐的把目光投向现实的庸常生活。

高校教师不仅是高等教育的守护者，也是社会的灵魂。但由于现代化的发展，大学教师在专业化的同时，逐渐丢掉了作为一个知识分子的社会良心与道德责任。社会对大学教师角色的认识除了"圣人"与"教育者"以外，随着科学主义的盛行，越来越多的人视之为专家，塑造人类灵魂的专家。这

---

① 《马克思与恩格斯全集》（第12卷），北京：人民出版社1962年版，第4页。
② 聂文军：《西方伦理相对主义探析》，北京：中国社会科学出版社2011年版，导论第5页。

种期待又加剧了对大学教师的权力角色的定势。现实生活中,高校教师表现出来的伦理意志和道德意志①是不一致的。一方面我们赋予教师共同体崇高的道德地位,另一方面教师的道德世界却与生活实际脱节。高校教师的社会地位也并非能挤入精英阶层,其个人生活也并非人们想象的那样惬意和崇高。作为"文化群体"而存在的大学教师,有时也像一个普普通通的大众一样沉沦于日常生活中的交际、饮酒、打牌、网聊等,缺乏对日常生活的反省与觉悟,更别提什么诸如阐释生活的意义,发扬"圣人"般的道德自律,进行日常生活的理性批判,倡导和引领文明生活等这类"高、大、上"的人生目标。更有极少数大学教师在从教期间买卖论文,在婚姻存续期间包养二奶,甚至与学生发生不正当关系等各种失德、失范行为,严重损害了大学教师群体及其所在学校的声誉。现在的大学教师,普遍缺乏像康德一样对着星空的敬畏和内心道德律的检讨。

(二)"崇高感"被消解

对于高校教师来说,"崇高感"既是伦理自律的内部动因,也是大众对其公众形象的期待。不幸的是,这一"崇高感"却被置于现代社会消解的强力聚光灯下。一些"青椒"②们坦言无法体悟这样的"崇高感",因为他们心目中的困惑也"无处可诉"。象征着大学教师职业"崇高感"的隐喻——"蜡烛、园丁"已逐渐演变成一种可能招致嘲笑的措辞。作为大学教师的崇高情怀与为思想而生活的心性越来越薄弱,原本应是文化的制造者、传播者、阐释者,却越来越成为文化的边缘人。我们不能否认大学教师的教育专业品质,但它不是教师人格的全部,不能掩盖教师的生活与生命形式。

高校教师参与市场运行的过程,推动了科学技术向生产力转化的过程,适应了知识经济发展的内在要求。但经济利益导向也催生了一部分高校教师的物欲,提高了对物质利益的期望值,有人甚至不择手段获取经济利益。在高校教师的职业生涯中,我们可以看到种种短视行为和混乱现象:呼吁教师

---

① 在这里,伦理意志是指教师群体共同体意志,道德意志是指教师的个人意志。
② "青椒"是网络上对90余万(教育部截止2013年底的统计)高校青年教师的戏称。

承担传道任务和以身作则,却在消解崇高;要求教师承担责任,却在消解责任主体;呼吁道德自律,却在不断制造规则和制度神话;渴望伦理回归,却失去了教师伦理的归属之维。在现实生活中,器物、制度和精神等层面的现状,很多时候不仅没有推动高校教师伦理的发展,反而成为大学教师成长的异化之源,成为一种"他人"和吞没"此在"意义上的伦理的"存在者"。

浙江工商大学人文学院雷体沛在谈到当前大学功利化问题时,曾明确指出高等学校的最大弊端是用工科的思维方式来管理人文学科。工科与人文科学的不同在于工科可以将思维转化为物,而人文科学则永远存在于人的精神。把人文科学工科化,这也是中国大学的一大独创。将纯精神的东西物化……比如课题,对工科来说是现实性的紧迫需要,对社会科学来说,也是现实性的紧迫需要,而对人文科学,就不那么重要了。现在,大学的功利化排名中,没有区分工科、社会科学与人文科学的区别,将人文科学一股脑地纳入了工科和社会科学的衡量标尺范围。对人文科学来说,课题仅仅是一个想法,或思路,或写作的规划,他还在人的脑子里,就是说,课题还不是成果。但我们的评价标尺和考核分配方式,就已经荒唐到把脑子里的东西当作成果来计算,把纯精神的东西进行物化处理。脑子里的东西还在脑子里,就进行了两次分配(一次是拿到课题时的奖励,一次是绩效时的分配),当课题完成,真正的成果出来后,还有第三次分配。

(三)不同规范伦理带来的德性冲突

在巴尔扎克的时代,资本主义带着巨大的财富收买了包括人的心灵在内的整个社会,人性在金钱的包围中发生变异,彻底物化。实际上,由于现实生活中有太多的"他人"的存在,大学教师本身的"此在"已经遍体鳞伤。在理想和现实之间,高校教师也往往处于矛盾和尴尬的境地,特别是在一些年轻教师当中,一方面面临各种现实困难,如结婚难、买房难、评职称难等;另一方面又受到不良信息的诱导,经常在"传统的知识分子良心"与"面对市场经济的物质诱惑"之间挣扎和彷徨。一方面几乎所有高校都有一套完备的指标体系,有的甚至比后文案例中提到的有些老师所在的学校更为苛刻。

一方面部分教师爱慕虚荣，把自己当成荣誉的奴隶，为了获得教坛新秀、教学能手等称号，不惜抛弃教学的正道去作秀。一些大学教师会从事兼职工作，如去其他职业学院兼职讲学，担任某些公司的技术骨干，或者自己经营一家公司等。而每一个职业有着各种不同的职业道德规范，这些不同的职业道德规范有的是相一致的，有的却是相冲突的。

B校经济与管理学院刘副教授曾在自己的公开课上谈到自己的人生经历：三十多岁的时候，我曾自己开了一家公司，好的时候年收入过千万，那时候整天想的就是如何挣钱。后来投资失误，又加上金融危机，公司最后易主了，我也开始到处"流浪"。此后先后干过律师，分毫必争，当过秘书，起早摸黑，心情也起起伏伏，最后回到了大学拿起了粉笔头，心态才慢慢回归平静，不再那么浮躁。

当大学教师扮演着不同的社会角色，穿梭在不同的职业场上，遵循着不同的职业道德规范，就容易混淆，从而发生人格障碍，严重的将直接影响其对社会伦理道德的遵从。

（四）道德实践向利益化转向

教师的专业化或专业化生活面临着与日常生活的混淆，甚至导致日常生活被逐渐遗忘。在庸常的生活状态下，功利的原则取代了德性的原则，德性渐渐被社会边缘化。许多高校教师追求的是表面的快乐和幸福，所谓的表面的快乐和幸福，不是基于人性深处的领悟和思考形成的体验，而是以获得的利益作为衡量标准，高校也是一样，最大利益成为一切行动的原驱力。

B校土木院一位不愿透露姓名的教师在谈到关于课题申报的时候，曾指出，现在哪个课题经费多的项目总是受到各位教师的追捧，有的教师为了过百万的项目在讨论会上撕破了脸，争得不可开交。平时院里要做什么贡献的时候没见着他们，一有项目就都冒头出来。

B校马克思主义学院副院长说，现在没有博士点就没有了一切，因为会没有经费。每一个项目都是有含金量的，不止一点含金量，原来是几万、几十万，现在是几百万、上千万甚至上亿。教育部有钱，它的钱都花在哪里了呢？就是种种刚性的指标，是用办工厂的方法来来对待科研，对待教学。

一些高校教师甚至认为道德的价值就是实践带来的利益。由此，道德价值的支撑点便指向了实际的利益，整个大学生活开始偏离理性的德性的轨道，教师的道德行动也偏离了德性，走向了利益的漩涡。每个教师都可以在确保学校或者学院利益的同时去合理合法地争取个人利益，或者是以任何方式和途径去获得。在这种学校和学院不干预的情景中，教师的道德实践过程中忽视了道德品质的养成和德性的生成，走向了只关心自己所获得的个人利益和个人行为所需要背负的道德责任的个人主义极端。他们并不关注和关心同事或者学生拥有怎样的道德问题，对他人的行为也绝对不负有任何道德责任，这样，很难在道德上形成一致的价值共契。这种大学教师职业价值的低迷造成的危害是全方位的，必然会从根本上撼动大学教师职业伦理，直接造成社会德性期望与高校教师个性道德的多样化冲突，高校教师群体底线道德与道德高标的脱节。

生活重压之下，一味追求利益至上的教师何谈奉献精神？一个没有职业幸福感的教师何谈培养追求幸福的学生？一个缺少专业自主性的教师何谈拥有高质量的教学？

在这种情况下，我们应该认真反思在安排器物、制度和精神时的意识问题，把大学教师有意义的"存在"作为教育决策的出发点。大学教师的存在，理想的状态自然是"此在"的存在，才不会受到外在存在的异化。所以，不论是从教师职业进行提升，还是从教师德性进行提升，都需要考虑怎么让之恢复"此在"状态。在海德格尔的哲学中，"此在"是摆脱二元对立、先于主客心物之分、没有规定性的、原始状态下人的存在。"烦"是"此在"的基本结构，即无处不在的与"他人"的纠结状态。"烦"本是为"此在"的存在而"烦"，但在日常生活这里，却被误解为与其他存在者类似的存在者，于是"此在"就失去了个性，不再独立地存在，而受到其他存在的制约，甚至被其他存在者所覆盖，成为非本真的存在。一旦这种情况出现，"常人"状态就开始支配人的存在方式，引起人的平均化与平庸化，使人失去独立性，并进一步消解了人的责任,于是就会出现"此在的沉沦"①。

三、可能生活:后现代教师的幸福

英国律师帕特里克·德夫林(Patrick Devlin)曾提出一种"社会崩溃论"观点,即相信社会机构为了"社会团结"而拥有履行"传统道德"的权利和责任,尽管对"同性恋"、堕胎、离婚等行为的宽容属于法律领域。道德衰退表明一个社会"终结的开始",只有回归"传统德性"才能拯救文化②。高等学校社会中弥漫着过于功利化的个人主义道德因子,许多教师的生活渐渐的疏离了"善"和"幸福",追求着一种"立竿见影"的幸福理论和物资丰腴的庸常生活,合德性的生活被他们丢到了脑后。但当一部分人冷静下来,从对物质的疯狂追逐中抽离出来,很快发现还存在着另一种可能的生活。亚里斯多德曾主张"幸福是灵魂合于德性的现实活动",他认为幸福与德性是相一致的"善"。往往最持久的幸福和德性是捆绑在一起的,德性的生活本身就是幸福的。这种合德性的向善的生活能带来教师精神上的愉悦,关照精神内在的幸福,让人重新体会到"善"的生活带来的精神快乐。这种愉悦是人性中最有价值的,是花钱买不到的。

(一)在合德性的向善的生活中,高校教师是知识的认知、评价、决策与实践的创生者,与学生共享生命的资源

孔子一辈子都把学习当成人生的一件乐事,从"学而时习之,不亦说乎"到"学而不厌""诲人不倦",再到"吾少而好学,晚而闻道,以此博矣"。高校教师职业本身就责成一个教师孜孜不倦地提高自己,随时补充自己的知识储备量。世界的知识不是固定在那里等待被发现的,只有通过我们的反思与建构行为,它才能得以不断的扩张和生成。与传统的将教师称之为无所不知的"神",知识是动态的,教师也是一个"学习者"。师生间的关系在很大

---

① 刘放桐:《新编现代西方哲学》,北京:人民出版社2000年版,第32-35页。
② [美] 罗伯特·纳什:《德性的探寻:关于品德教育的道德对话》,李菲译,北京:教育科学出版社2007年版,第37页。

程度上是平等的交往和对话并互相促进，各自不断地成长、完善。

（二）在合德性的向善的生活中，高校教师是道德、审美与信仰的创生者，与学生同构生命的希望

正如恩格斯所说的那样，人的思维和意识是在他们的环境中并且和这个环境一起发展起来的。承认教师不是完人，在很多方面不如学生，这并不是降低教育者对自己的人格要求，而是随时随地意识到自己的不足，才真正有利于教师的不断完善；承认"人之初，性本善"，学生在许多方面，如道德方面优于教师，这并不意味着教师就放弃了对学生的教育责任。高等教育是大学教师与学生、与乡土、与社会共享精神的过程，师生的精神是在社会经验、乡土生活、群体对话中生成的，大学教师的崇高思想境界和高尚道德精神也是在这一生成过程中体现并发展的，并不意味着教师已经达到了很高的人格境界。教育无非是一种自我发现，是个体已存在但沉睡着的精神的唤醒，是一种精神的共鸣和抗争。对美好人生充满向往，对"每一个人都有成为好人的需要"充满信心，无限相信良好教育的力量是一个真正的教师的精神修养。好教育来自教师的好人生，而教师的好人生既取决于好社会，也取决于教师的自我认同，自我求取。

"由于一个真正受过教育的人把那些永恒的标准运用于特定的情境，所以他表现出和谐、自制和文明。由于他具有智慧，所以他能控制情境。由于真理指导着他的生活，所以他是一个高尚的人。教育就是发展；教育就是引申；教育就是自我实现；教育就是由于人逐渐认识真理而使人变得富于人性。"[①]

罗伯特·梅逊，1984

（三）在合德性的向善生活中，高校教师是交往、历史和文化的创生者，与学生、学校和社区共成生命的网络

在长期的礼俗生活中，高校教师身上明显的积淀了千百年来的生活智慧和德性。正是从中国古代流传下来的对"仕"的智慧和德性的推崇，使教师

---

① 罗伯特·梅逊：《当代教育思想精要》，陆有铨译，北京：文化教育出版社1984年版，第42页。

残存的知识分子德性精神开始显露出来,开始形成一种极富有感召力的生活精神,开始向往可能的幸福和自由。从这点意义上讲,大学教师的作用不仅仅是授业、解惑,传道的意义性更大一些。在礼俗社会中,大学教师一旦充当精神领袖的角色,产生的影响是巨大的。要求高校教师在美德实践的过程中坚持个人对善的追求,也是对个人德性的追求。就人的本性而言,由于缺乏善,欲望总是对准自己所缺乏的东西。这种欲望往往导致两种结果,一是阻碍真善,二是获得值得赢取的东西;而真正的思想必须使自己远离现实生活中的那些缺乏思想的意愿和欲求。①"因为道德作为财富,大家可以凭自己的能力尽量地分享,对于渴求它的人而言,它永远是丰盛的。"②那些已经拥有道德的人拥有的道德财富永不枯竭,所以也不会放任自己参与大众所践行的低级生活中去追寻世俗的财富、权力或其它。

虽然长期以来人们基于对教育的期待和对教师职业的理解,赋予了教师多样的角色期待,认为高校教师作为"人类灵魂的工程师",其成长发展的过程就应该是至真、至善、至美,最后到达真善美和谐统一的过程,这实际上是对教师形象,往往在人性假设上的"圣化",把教师看作是"伦理人"或者"道德人"。这种伦理意义上的教师角色不仅涉及教师自身道德的完善,还包括教师对所承担的符合社会期望的外部职责的践行。

大学教师德性具有个体性、多向性、内化性、公共性、自觉性等内涵性特征。当前大学教师德性内涵性特征的缺失,导致教师在各种角色的转换过程中呈现出角色转换混乱无序、线性模式、工具性取向角色转换行动被动滞后等现象。③正如恩格斯所说的那样,人的思维和意识"是在他们的环境中并且和这个环境一起发展起来的"④。"善"是一种生活精神,不同于卢梭强调的"契约精神",使人身处制度之中受到一定的约束,不遵守就要付出代价,

---

① [美] 斯蒂芬·K. 怀特:《政治理论与后现代主义》,孙曙光译,沈阳:辽宁教育出版社2004年版,第39页。
② [希腊] 尼萨的格列高利:《论灵魂与复活》,上海:上海世纪出版集团2006年版,第172页、第197页。
③ 李中国:《教师角色转换中内涵性特征的缺失与补救》,载《教育研究》,2008年第6期。
④ 《马克思恩格斯全集》(第20卷),北京:人民出版社1971年版,第38–39页。

在制度伦理下保证社会的正常秩序。没有人可以仅凭一己之力站立，每个人都在寻找那个可以用尽全身气力去拥抱的对象，并希望这个拥抱对象可以让自己变得安全、强大甚至完满。真正的改变是通过理解、同情、正义、爱心、关怀后的内在变化。只有经历了如此这般的内在变化。才能够学会"不自负、不迟疑、也不骄慢"地与世界媾和。因此，在原本充斥着浮躁的学术氛围和权力争夺的教师职业生涯中，在给予教师"春蚕""灵魂工程师"等社会美誉的颂歌中，教师更应回归理性，坚持个人对善的追求，这也是教师个人在面对教师集体在泛社会化和行政化潮流追逐中应该坚守自我德性的关键所在。教师永远都应该坚持对善的追求，通过自己的努力来实现目标。这种目标的实现所得到的利益归功于他自己的价值，而不是"牺牲"另外一位教师或集体的道德财富。

"如果你想让教师的劳动能够给教师带来乐趣，使天天上课不至于变成一种单调乏味的义务，那你就应当引导每一位教师走上从事研究这条幸福的道路上来。"

苏霍姆林斯基

第三节 教师德性的本体论追寻：围墙之上

人性当中本来就有一些值得认可和值得否认的品质。休谟（David Hume）把前者称为"自然美德"（natural virtues），把后者称为"自然恶行"（natural vices）。休谟之所以把这些东西称为"自然的"，是因为他认为这些东西不依赖于人们明确地制定出来的任何协议或约定。休谟把自然美德分为两类：一类是有利于一个人自己的幸福的美德，另一类是能够使一个人适应社会的美德。因此，总的来说，美德就是这样一些品质———一旦我们具有了这些品质，我们就能够成为既对我们自己有益又对他人有益的人。自我受益的美德包括快乐、宁静、安详、节制等，对社会有益的美德包括宽容、善良、勇敢等，能够使别人感到愉快的品质包括礼貌、风趣、谦逊、整洁等。这些都被称为

"自然美德"。"如果一个人具有了这样一个品格,而这种品格具有服务于社会的倾向,那么我们就可以认为这个人具有美德。一旦我们看到这种品格,我们就会感到快乐。即使有某些偶然的事故妨碍了他的行动,使他不能为他的朋友和国家服务,我们仍然认为他具有美德。即使处境贫困,美德依然是美德。"[1]在卢梭的《爱弥儿》出版之前,亚里士多德就已经区别了理智美德与伦理美德,认为理智美德可以教,而伦理美德不可教,但是可以学。那么怎么样通过学习来获得德性进行教师德育呢?笔者认为可以从以下几个方面来进行探讨。

一、从"片面个性"到"全面个性"

根据马克思主义原理,在人类历史上并没有永恒不变的道德。恩格斯在《反杜林论》指出,"现代社会的三个阶级[2]都各有自己的特殊的道德……人们自觉地或不自觉地,归根到底总是从他们阶级地位所依据的实际关系中——从他们进行生产和交换的经济关系中,获得自己的伦理观念。"[3] 根据马克思在《法兰西内战》中的论述可知,在阶级社会中,任何道德理论都首先是阶级的道德,而不是作为真正人的道德。在马克思和恩格斯的理论中,他们强调的是个人道德和阶级道德的相互联系,并不主张将道德理解为仅仅作为意识形态领域的道德理论,同时也比较重视和关注"实践的道德",因为这一道德维度的核心是现实的、处在一定社会关系中的、与"类"相一致的个人所展开的实践活动。而"理论的道德"是指立足于某一时代物质条件基础之上的一套道德体系。自从人类进入阶级社会以来的道德理论本身具有阶级性,马克思青年时代在《莱茵报》时期,就已经意识到了道德与特定人群的物质利益、与阶级紧密相连。[4] "一个人的发展取决于和他直接或间接进行

---

[1] David Hume, *A Treatise of Human Nature*. Oxford: Clarendon Press, 1978, P.584.
[2] 即封建贵族、资产阶级和无产阶级。
[3] 《马克思恩格斯选集》(第3卷),北京:人民出版社1995年版,第434页。
[4] 王秀敏:《个性道德与理性秩序——赫勒道德理论研究》,哈尔滨:黑龙江大学出版社2011年版,第167页。

交往的其他一切人的发展；彼此发生关系的个人的世世代代是相互联系的，后代的肉体的存在是由他们的前代决定的，后代继承着前代积累起来的生产力和交往形式，这就决定了他们这一代的相互关系。总之，我们可以看到，发展不断地进行着，单个人的历史决不能脱离他以前的或同时代的个人的历史，而是由这种历史决定的。"① 也就是说，马克思和恩格斯强调个人的本质中蕴含着历史继承性和社会性特征。同样，真正的道德也是如此，正是在个人与他人之间形成的社会关系中，各种伦理规则才得以形成，个人与各种伦理规则之间才得以形成实践关系。

在强调量化的考评管理的"GDP主义"的大学校园里，大到学校，小到一个老师，都是用一套指标系统来衡量。人只为了挣工分，创造已经不重要了。摒弃工业文明的主体依托，在于沿着马克思的"世界历史理论"的宏观视域，从"片面的个人"向着"全面的个人"迈进。马克思的自由个性理论的核心，在于尊重每个人的人格、权利、价值的尊严，即在尊重"我"的个人人格、权利、价值和尊严的同时，也承认和尊重任何另一个"他者"的个人的人格、权利、价值和尊严。从"片面个性"向"全面个性"的提升，是人类文明史演进的必然阶段。"片面个性"的实质在于，只顾个人利益而不管他人死活的极端利己主义，这种极端利己主义者的行为方式，是把个人的幸福建立在别人痛苦的基础上，这样一来，不仅表现为损人利己，丧失人际伦理和道德良知。"全面个性"是对"片面个性"的否定，具有"全面个性"的人把每个人的自由发展是一切人的自由发展的条件作为自己的思想准则和行为准则，把自身以外的任何一个人的利益看作是与自身利益同等重要和同样神圣的人的权利，力求在于别人的协作、互利中共生。

在现实层面，"全面个性"的大学教师，首先在能力上是全面的，他的体力、智力、交往能力、综合素质等都是全面发展的。在古希腊，苏格拉底曾明确提出"知识即美德"的著名命题，突出了知识与美德和权力之间的密切关系。就知识的自主性而言，知识分子拥有知识，就拥有相对于非知识群体

---

① 《马克思恩格斯全集》（第3卷），北京：人民出版社1960年版，第515页。

对自然和社会更深刻的认知。其次在需求上也是全面的，不仅追求物质生活需要，而且追求精神生活和审美愉悦的需要，同时在节约资源的前提下能够合理地消费，具有合理的需要结构。第三在伦理道德和价值选择方面，具有"全面个性"的大学教师能够把利己、利他、利环境有机统一起来，在实现个人内在价值的过程中，能够同时关照和尊重他人的内在价值、自然的内在价值和自然生态系统的整体价值。

二、从"绝对权威"到"感召权威"

"权威是一个人在相信他（或她）施加影响的权利的合法性的基础上，要求别人服从的可能性。"① 当下的教育学界对教育权威颇有争议，认为大学教师是平等者中的首席，与学生是平等的关系，因此并不能借用教育权威来奴役学生。事实上，依仗教育权威来进行教育的现象普遍存在于中小学校里，正如涂尔干所说的那样，教师是社会道德与社会文化的代表，代表国家实施教化，能使儿童敬畏，而少量存在于大学校园中。大学教师站在公众讲台之上，不能把之当做宣扬个人价值观的平台。他们可能拥有某些与社会主流价值观相悖的个人观点，但是学校并不是一个用以宣讲个人价值观的地方……教师通常被他的学生认为是专业领域的权威，因而他的个人观点是具有力量的。出于这个角度，教师在教学中应当承担相应的伦理义务，不能使用教学散播与群体价值观背道而驰的个人意图和信仰。这里需要指出的核心观点是，就大学教师的专业角色地位而言，大学教师不仅仅是一个孤立的个体或私人化的公民，可以自由地表达观点，积极合乎自己内在的良心。但从伦理的角度来说，当大学教师发表言论时，会因其话语所承载着的专业权力和专业确定性，被人们视为他们背后的高校、制度或教学专业权威而发言。受访的大部分教师对教师的权威性存在是持肯定意见的。

A校教科院唐教授解释：我认为教师的权威性的存在是必要的。我不会

---

① ［美］D. P. 约翰逊：《社会学理论》，南开大学社会学系译，北京：国际文化出版公司1988年版，第279页。

削弱教师之于学生的权威，或者允许学生在课堂上讨论其他教师的行为是否合乎道德。但如果某个学生对此关切，私底下和我商谈，我会愿意讨论它。

高校教师的道德权威是其进行道德教育意义与关系的连接点。学生愿意服从教师的权威，有时是为了正常的学习和发展需要避免混乱的秩序，于是他们宁愿服从教师，同时学生在获取知识的过程中常常会遇到困难，此时他们需要来自教师的帮助，再者当学生群体在共同活动中产生分歧的时候，也需要教师权威力量的干预。权威服从关系在大学教学交往中帮助维持教学秩序，有利于知识的传授并影响着学生的现实发展，然而这种交往模式也从另一方面对学生产生影响，即客观上形成学生向教师意志整合的结果，即我们通常所说的"随大流效应"。相对于学生，教师无论是专业背景还是个人力量都明显具有优势，因而学生自愿向教师的意愿靠近，同时舍去与教师意愿不同和矛盾的地方。教师权威作用的发挥与学生的服从客观上有利于教师在教学交往中的主导作用，有利于教学效率的提高，但是在这种情况下也容易形成学生对教师的依赖——用教师的意愿代替自身的意愿，从而丧失自身的独特性。教师与学生之间的不平衡性造成了教师对学生的支配——教师采取一定的方式将其意图和要求不同程度地施加于学生。根据教师对学生施加意图的方式和强度，教学交往中的支配行为可以分为强制性支配和非强制性支配。

而根据马克思·韦伯对权威的分类[①]，在大学校园里更需要的是一种感召权威。感召权威是指教师以个人人格魅力所获得的的权威，这种权威同教师的个人素质紧密相关，一个向善能力和智慧越高的教师越有可能具有感召力。总之不管是教育权威还是教师权威，都应该是借由教师自身素质所散发的一种巨大影响力，更多的是一种感召力，通过这种影响力和感召力，让学生对教师、对教育产生亲近感，并且信赖和服从教化。理性的权威产生于健全的能力之中。雅斯贝尔斯认为，陶冶是一种生活型式，"它是以作为思维能力的培养为其支柱并把规则的知识作为培养这种能力的场所。陶冶的材料包括：

---

① 马克思·韦伯将权威分为三类：传统权威，是由传统文化和社会习俗长期积淀和影响所形成的权威；感召权威；合理合法的权威，一方面来源于制度，是一种官方或法定的权威。

对已成形的事物构造的直观、一般有效的知识以及语言——存在的家园（Zuhausesein in Sprachen）"。"作为形成人生态度的陶冶必须为人们提供广阔的空间，使人们在理性中寻求道路，全面地展开精神运动。"① 但是，陶冶并不是天生就存在的，而是与教育、家庭的祖先、传承以及集体的本质有关。

"一个民族的精神层次是由这一民族的陶冶方式所决定的，究竟有多少人受到陶冶，人们又是以什么样的敬畏心来对待陶冶的本质，这些都可作为衡量一个民族精神层次的标准"。②

卡尔·雅斯贝尔斯，1991

在陶冶的过程中，人的内在精神被真正唤醒，由此可以说，唤醒学生的精神世界才是教育的首要任务。真正从精神层面影响学生德性生成的，是源于教师人格深处的感召力，而不仅仅是制度赋予教师的非理性权威带来的影响。

三、从"认知理性"到"反思理性"

世界是一个拥有重要目的和结构的有序宇宙。西方哲学自柏拉图"善的理念"开始，至康德的"绝对律令"，都是以古希腊以来的理性主义为基础的，这种传统试图追求一种理想而完美的道德生存方式，先验地为人性的完美确立普遍的道德法则。实践的道德的理性低于理论的理性，施特劳斯说，这是柏拉图与亚里士多德共同的看法③。在哲学和科学观念中，道德德性是真实的智慧，而理性则是用来说明它们（智慧）的联系外界事物之间的桥梁。理性是教师的美德之师，只有理性能够才能帮助人们建构对外的思考方式和能力，对内自身生存的自我理解。亚里士多德曾从生物进化与人具有的客观潜能来讨论人生价值与人生幸福。理性是人的本质，人是理性的动物。他说：

---

① ［德］卡尔·雅斯贝尔斯：《什么是教育》，邹进译，北京：生活·读书·新知三联书店1991年版，第103页。

② ［德］卡尔·雅斯贝尔斯：《什么是教育》，邹进译，北京：生活·读书·新知三联书店1991年版，第105页。

③ ［美］克莱因：《柏拉图的三部曲——〈泰阿泰德〉、〈智者〉与〈政治家〉》，成官泯译，上海：华东师范大学出版社、上海三联书店2009年版，中译本前言第10页。

"如果一个人不去选择作为人的自己的生活，而去选择其他物种的生活，那是十分奇怪的。我早已说过，不同物种按其本性来说有自己最好和最愉快的东西。因而，对于人，按照理性来生活会是最好的最愉快的。因为是理性而不是别的东西使人成为人，理性的生活因而是最幸福的生活。"[1]

理性是唯一能洞察宇宙结构和意义的途径。"人是社会的动物。"由于人总是容易陷入情感的羁绊，在思维的协助上产生愤怒、妒忌、欺骗、伪善等，就如同动物一般，只有加以理性的统治，使这些情感都转化成美德，如愤怒转化成勇敢，恐惧转化成谨慎，仇恨使人避开邪恶。通过自我控制理性的统治把我们的思想抬高在情感之上，但这种控制也不宜过度。在高校教师的职业生涯中，总是会遇到一些使自己陷入情感羁绊的时刻，如对学生的恨铁不成钢，对同行升职的嫉妒，对自身学术创作的停滞，对生活的忧虑等，都需要依靠理性来进行自我控制和调整。为了生存、繁荣与发展，人们需要其他人的帮助，不过健康、财富、权力、名誉、地位与朋友等，虽然也是有价值的，但不是最高的价值，虽然也是善，但不是最高的善，所以它们必须由理智来进行调节、支配与控制。

我们被要求过一种和谐和道德的生活，为了接近一种特定的终极目的，我们需要一种有道德的生活。德性能使我们实现我们的独特目的。一般传统上的被称作美德的人类之善，原则上是可知的，也是能被人类理性所理解的。在很大程度上，美德伦理学的任务就在于，重新梳理并真实确认道德行为者的品质特征、心理倾向与内在动机。这也说明保持理性和对善的追求对于美德伦理构建的重要性。因此，在亚里士多德所指的多层世界中，人们对自己的理性所做出最全面、最完善的发挥，沉思与探索这个世界，按我们获得的真理去行动，这就是最高的价值，是人类幸福的中心源泉。只有这样所获得的幸福才是持久的、内在的、有目的性的，而其他追求不能作为终极目标，是因为这些追求是暂时性的、外在的和手段性的。如果以财富与享乐为目的，

---

[1] Adler, Martimer et al. (ed.) *Great Books of the Wstern World*. Vol. 9, Chicago: Encyclopedia Britannica, Inc. 1952, P. 432.

为积累财富过的是身不由己的生活，追求的知识手段性的东西，它甚至会带来一些危险、杀身之祸和假朋友。荣誉、地位等是外在的东西，因为荣誉、地位、名声是别人给的，别人也可以收回。当然亚里士多德是一个多层次潜能和多层次需要论者，他也不否认外在的、手段性的善对于幸福生活的意义。他说："有一些东西缺少了它，人们的幸福也就失去光泽，例如好的出生，好的身体，比较满意的子女，以及身体的美，等等。因为外观丑陋，身体遭受残疾，独身而无子女，就总是很难称得上幸福的。"①

同样，他也十分强调友谊与爱是幸福的重要源泉。从理性的角度来看，高校教师的"认知理性"主要通过"教学技能"的训练来养成，而"信仰理性"则通过"规范人格"来习得。然而，"认知理性"和"信仰理性"获得的外在性并未使教师成为内在自由自觉的教育主体，还需要通过"反思理性"将其"转识成智"，通过对理论和知识的理性思考和分析来洞悉"事物的真实本性"，这也是一种理智和精神上的解放。

四、从"德性体验"到"德性幸福"

狄尔泰把体验看作是其全部认识论的一块基石，它是人与外部世界关系的最直接的体现，与"生命的范畴"密不可分。用他的话来说，"体验乃是历史世界的基本细胞"②。高校教师美德伦理的重要任务便是教师对美德的实践体验，如对独立、诚实、正义、诚信、创造力等美德在生活和工作中的实践。目前的大学教育存在一些或多或少的隐性缺陷，虽然注重学生创新思想的培养，但事实上许多大学生并不善于独立思考和承担责任，他们总是乐于接受现状，遵循既定的价值体系。虽然还有一部分大学生渴望大学这个智慧的堡垒能够带领他寻求答案、知识、意义以及志同道合的伙伴，但这种能够让大部分人都不负所望的教师已经日渐减少了。教师们所激发的是模仿力，而不

---

① Adler, Martimer et al. (ed.) Great Books of the Wstern World. Vol. 9, Chicago: Encyclopedia Britannica, Inc. 1952, P. 344.
② Wilhelm Diltheys. *Die Jugendgeschichte Hegels* (Ⅶ). Leipzig & Berlin, B. G. Teubner Verlag, 1921, 161.

是创造力。许多教师为了教而教，为了符合大众的声音和普遍利益的道德准则而变得自相矛盾。这种对现实的妥协，也便是自以为是的善，是对其岌岌可危的伪自尊。教师对美德的诸多实践是相辅相成的，任何一种美德的缺失都可能损害教师道德的本性，影响学术生态的平衡。

卢梭在《爱弥儿》中详细描述了对爱弥儿的德育过程，他认为德育存在关键期，在25岁以前，人的德性是可以通过在一个没有污染的乡村环境中来造就的。如此顺应自然而生的德性能够伴随人的一生，哪怕他回到"恶"的世界，也能够依靠那些德性来抵抗龌龊的环境。卢梭的自然主义教育有其合理性，但他忽视了教育的自然规律，即教育与生活是有本质区别的。生活中有善有恶，并不能打造一个"完美圣地"或者"世外桃源"，基础教育或许能在纯善无恶的一元环境中进行，但高等教育是无法脱离生活而"闭门造车"的。虽然教育本身是一种塑造身心的活动，但在其塑造过程中难免受到"恶"的消极影响。从理论上来说，教育中要多一些"向善"的因子，少一些恶，方能取得理想的效果。从现实层面来说，大学的围墙客观上营造了一个小社会，屏蔽了外界社会环境，大学教师充当了"门卫"负责清理小社会里的一切"恶"和抵挡和甄别外界涌入的社会文化，剔除不健康的文化，引领健康的主流价值观。在这里，教师负责营造一个有别于实际外部生活的意义世界，在这个意义世界里，教师在教化学生的同时也使自己被教化。在这一方面魏书生曾做到了极致，他要求学校的一切文化必须是催人奋进、积极向上的。经过教化，无论是黑格尔说的"人的规律"，还是"神的规律"都会内化为德性深处的人格成分[①]。教化在大学所创造的意义世界中完成，借助这个意义世界来保证德育朝向伦理性方向发展，用纯善的东西积淀学生的心灵，生成德性。尽管意义世界以生活世界作为基础，却始终高于生活世界，一旦在德性生成的关键期造就人的德性，人格结构会具有稳定性，便可以自觉地向善。

关于德性幸福，简而言之就是利他幸福，其一为了他人的行为目的得到实现的心理体验，其二为完善自我品德之心得到实现的幸福。幸福感是由教

---

① 黑格尔说的"神的规律"是指自然伦理，"人的规律"是指社会伦理。

师自身的德性所带来的。德性幸福即与"立言、立功"相并列的"立德",是一个教师做一个好人、有道德的人、品德高尚的人的道德需要得到满足的幸福,是完善自我品德、实现自己的道德潜能的需要、欲望、目的得到满足的幸福。

总之,对高校教师职业伦理核心原则——德性的探讨是对教师道德教育的一次哲学审视。高校教师德性的伦理性质就是从道德哲学的角度审视大学教师行为所必须的德性及其伦理内涵,无论是大学教师个性道德的塑造、感召权威的发挥,道德理性的选择和意义世界德性的实践,均是希望从根本上用对人性的善与恶来激发大学教师的"教育良知",从而实现教师德育。

第五章 形式化标准与标准化规范：高校教师职业伦理规范

古人所谓"不以规矩不能成方圆"，说明规则对人的社会生活具有非常重要的意义。缺少了规则，人们的生活行为将会失去最基本的导向。规范是对人的自由选择和活动的外在约束，表现为社会对个体的外在要求。高校教师职业伦理承担着形塑高校教师个体品质以及维护专业声誉的功能，在此意义上，高校教师职业伦理就是指在社会生活和高校生活中，为了调节教师与教师、教师与学生、教师与社会的各种关系，维护正常的社会秩序而规定或约定俗称的标准和准则，它是指导高校教师的教育活动、社会生活得以存在、发展的必要担保。人性总是向往并追求自由的，但理性告诉我们：绝对的自由是不存在的，人总要受到外在必然性的制约。高校教师也不例外，只有依据某种外在规则系统才能保证个体行为自由的正当性与适当性。高校教师道德规范作为社会道德规范的一种特殊形式，既不是神的意志的体现，也不是人的主观意志的产物，而是人们在长时间的实践过程后总结出来的对高校现实道德关系的普遍规律的反应，这一方面从本体论上说明教师道德有其客观的内容和产生的社会基础，另一方面从认识论上说明教师道德是教师对自身及其关系的理性把握。高校教师作为一种类存在，不能不关注与学生、与他人、与群体的关系以及自身行为产生的社会效应和后果，从而确定"我应该做什么"（what I ought to do）的问题。

第一节 差异性：多样性伦理规则为教师规范伦理提供支柱

规范伦理学主要关心"人们在道德上应该如何行动"这个问题。萨特认为伦理学关注的主要问题不是关于人的行为、意志的"应然"或"应当"的问题，而是要对人的实在、行为和关系进行实存论的描述。萨特认为，每一个体都具有不可逃避的自由，他的生存和行动均由他自己决定。个人的自为存在是绝对自由的，这使得作为个体的自我在行为选择中无所依循，他的一切决定和行为都是合理的、可辩护的。萨特的主体自由是每一个体的人的自由而绝不是康德所说的具有普遍共性并追求普遍规律的理性存在物的自由。这样，每一个体的选择和行为的自由就成为其一切价值的唯一源泉。萨特认为没有一个放之四海而皆准的、我们可以借此最终解决各种道德分歧的基本道德原则。萨特主张，道德原则是人自己选择的结果；由于每一个人都具有平等的自由选择权，这就使得道德原则仅仅成为而且只能成为每个人自己的专属原则，人皆有他自己的道德原则。

一、历史文化中生成的各种教师道德标准

从教师职业伦理的形成和发展过程来看，人们在教育活动中对教师的伦理要求总会与一般伦理发生重合。他们并不完全根据教师的专业性质来对教师提出道德期待，而是根据社会中普遍使用的"好人"标准，甚至是"圣人"标准来评判教师道德的高下。

（一）官德与师德合一

在高等教育相对而言属于一种稀缺资源的前农业、农业社会和封建社会，教师职业伦理境界更多地表现为一种居高临下的"施舍"品质。在这种不对称关系中形成的专业伦理，要么以感人至深的方式发挥最大的教育价值，要么愚昧之极而具有最大的破坏力。同时因为农业经济和专制体制长期占据主导地位，人们对教育价值的认识就只局限在教育传承人类文明、巩固社会政治体制等社会价值上，对个人的尊重和关注被淹没在对社会秩序的关心之中。由于政教一体、官师合一的传统，中国传统的"官德"实际上就是师德。不论是儒家的"君子"还是道家的"圣人""神人"，又或是佛家"佛"与"菩萨"，这类将人格推崇到极致的模式都着眼于个人。国家推崇儒、道，其

目的也是为了"顺"民,是一种消极的社会改良,由此形成的教师职业精神也与儒、道精神融为一体。许多官学或私学在选聘有学识的教师时,总是将"品德高尚"作为一项重要的标准①,如东汉的举荐博士②首先要求其人"生事爱敬,丧没如礼"③。清朝社师的选择标准为"文义通晓、行谊谨厚"④,塾师要"正心术、修孝悌、尚廉节、肃威仪、以为立教之本"⑤。在具体的落实过程中必然造成人的自我贬抑与约束,而抹杀掉人性自我发展,个体不是为了生命的存在和发展而有价值和意义,而是为了封建伦理纲常才有存在的价值和意义。学术思想依附于皇权政治和儒家意识形态,统治者一方面使用政治道德的标准来选择和管理教师,另一方面将社会中通用的儒家伦理作为评价教师的道德标准。

(二) 道德要求遵循宗教教义

而在教育成为其内在需求的工业社会里,作为提升教育水平和实现教学目标的有力武器,职业伦理被赋予了更多的客观制约性。由于教育的独立性不足,社会中也缺乏广泛使用的专门教师伦理。在现代占据主导地位的道德规范,主要有两大历史渊源:一是古希腊哲学;二是来自犹太基督教。古希腊人给现代道德论留下许多宝贵的文化遗产,其中柏拉图的禁欲主义、亚里士多德的中庸德性论以及斯多葛主义的理性说等,迄今仍然在人类的伦理规范中占据统治地位。亚里士多德避开了苏格拉底在德性问题上的反讽性的"无知",他自信地列举了"理智的"和"道德的"两种智慧,并宣称德性是一系列独特的性格,是一种品德的状态,也是一种"知道如何喜欢和不喜欢特定事物"的能力,这种能力可以使一个人变得有德性,并最终引导他走向

---

① 这里的"品德"并不专指具有特殊性的"师德",而是说教师要具备一般的臣民之德,并要达到为民表率的水平。
② 汉代太学的教师称为博士,多为儒家五经学者。
③ 李国钧、王炳照:《中国教育制度通史》,俞启定、施克灿著:《先秦·秦汉》(第一卷),济南:山东教育出版社2000年版,第341页。
④ 王炳照:《简明中国教育史(修订本)》,北京:北京师范大学出版社1994年版,第203页。
⑤ 李国钧、王炳照:《中国教育制度通史》,马镛著:《清代(上)》(第五卷),济南:山东教育出版社2000年版,第284页。

幸福。基督教神学对于人类灵魂和行为的统治，虽然不像古希腊哲学对于人类思维的驾驭那么长久，但是其许多信条中所包含的合理因素对人类心灵作用的强烈程度却是无与伦比的，如教导人们"要像兄弟一样相爱"。这也正是它两千年来盛而不衰的关键所在，也使得西方的高等教育在很长一段时间里都与宗教相结合，大学教师多由僧侣或神职人员担任。学校对教师的要求通常与对僧侣的要求重叠在一起，教师除却遵守公民道德，还要严格遵守宗教教义。

（三）师德与社会伦理规则统一

在高等教育开始迈向大众化和终身化的后工业社会里，随着教育服务功能的上升，职业伦理开始逐渐与证明教师的合法性联系在一起，职业伦理的缺失可能会导致学生的讥讽和批评，从而使教师失去自己的尊严感和幸福感，甚至可能导致大学教师职业的终结。社会伦理多样化和差异化打破了传统道德的整体性，为社会秩序的恢复提供了理性框架。现代道德以消解道德的姿态出现，反对任何形式的话语霸权，尤其是理性主义的话语霸权，并且质疑任何知识合法性本身的可能性真理，试图"开辟走向用美学征服伦理学的智力大厦之路"①。而在后现代主义的理论视野里，大学教师的生活已不再是那么死气沉沉的教书育人，而是一场多姿多彩的游戏，其伦理生活有其游戏规则可循。特别是西方一些大学教师从外在的强制性的伦理规则中解放出来，使道德成为完全个人的东西，人们所实行的是"没有伦理规范的道德"，道德吁求完全是个人化的，道德是个人化的行为时间。受现代西方社会思潮的影响，如新自由主义思潮、人本主义思潮、实用主义思潮、利己主义思潮、拜金主义思潮、享乐主义思潮等慢慢入侵了我国大学教师的生活世界，使教师道德呈现多样化和破碎化。

从历史演绎中，大家很容易形成这样的印象：教师职业伦理是一个客观性不断强化，离教师安身立命日益迫近的要求。职业伦理已经从某种意义上脱离了伦理的范畴而变成了另一种形式的"规范"或"游戏规则"。这种历

---

① ［英］戴维·哈维：《后现代的状况：对文化变迁之缘起的探究》，阎嘉译，北京：商务印书馆 2003 年版，第 358 页。

史发展脉络强化了人们的一种认识——伦理可以通过游戏规则，即制度的完善加以解决，于是，制定"完善"的游戏规则成了提高教师专业伦理的突破口。当大学教师日益被各种伦理规范"包围"起来的时候，伦理开始也变质成一种"异己"力量，一种给教师带来诸多"压迫"的外在规定。这种状况会从两个方面消解伦理建设，一方面是对"游戏规则"功能的夸大与滥用从而削弱了"游戏规则"的价值；另一方面，将教师的自发行为变成了外在约束，使伦理成为鞭笞的结果而失去了提升的内在动力。传统社会中通行的很多伦理规则在今天已经失去了往日的权威，而且很多原有的规则随着时代的变迁也已经失去了效力，这从当前社会中已经出现了"拒绝道德、无视规则"的迹象中可以明显察觉出来。辩证地历史地考察道德现象，我们就能看到：人类的社会生产实践和生活实践才是道德的不竭源泉。道德的普遍性与特殊性、主观性与客观性、多样性与同一性、绝对性与相对性都是从人类社会实践中产生出来的，当人类社会发生质的变化的时候，新的伦理道德就会应运而生。

二、从附魅、赋魅走向祛魅的道德秩序

韦伯曾指出，现代社会之区别传统社会，有两个最为基本的特质，第一是"理性化"，第二是由这种理性化导致的"世界的祛魅"（the disenchantment of the world）。海德格尔说，人是一种"被抛"的存在着。我们是在一个"祛魅"的世界中寻求价值，这一点造成了"事实领域"和"价值领域"分离的客观处境，并由此导致了"价值的多神化"和"诸神之争"，造成了人的生存品性与现代社会和现代人特殊的价值处境。正是工具理性的僭越、技术的加速发展和膨胀、价值理性的失势、德育发展边缘化等一系列问题所造成的对社会或世界的支配或主宰，使得整个世界成为一个"祛魅"的世界，正如韦伯所指出的，"由技术召唤出的世界是一个'祛魅'的世界：一个没有自身意义的世界，因为这个世界没有'目的''意图''目的地'"[①]。由此造

[①] ［英］齐格蒙特·鲍曼：《后现代伦理学》，张成岗译，南京：江苏人民出版社2003年版，第227页。

成了现代社会和现代人特殊的价值处境。随着全球化和市场经济越来越深入地进行，"物化"的逻辑不可避免地侵入人们之间的社会关系，并影响人们的价值选择，自觉地确立起一种"领域分离"意识，在"公共领域"与"私人领域"之间划清界限，确立群己边界，通过制度确保二者相安无事。工具理性的高扬，世界的"祛魅"，很大程度上塑造了现代社会面貌，导致高校处于一个"理性化"和"祛魅"的世界，消除了原有的社会秩序所设定的价值原则，使"唯一的必然的神"这一现代社会人们所信奉的理念失去跟随者，使高校教师的生活世界分裂成为"事实"世界和"价值"世界①，使德育发展边缘化，德育师生关系随之失落。在大学教师的生活世界，已经不再将柏拉图的"至善"或者孔子的"善"奉为圆融一致的统一体，而是将生活领域、教学领域、科研领域、艺术领域、道德领域等编织成一幅"剪贴画"，彼此相对独立。在生活领域，教师可作为一个斤斤计较的购物者；在教学领域，教师可作为一个严谨教学的好教师；在科研领域，教师可信奉"天下文章一大抄"；在艺术领域，教师可中意"无国界"的环球音乐等各领域都有属己原则和标准。从领域合一到领域分离，这是从传统社会到现代社会所发生的最根本的变化。②

科学、民主和平等是现代性思想的核心，这一构建过程同时也是消解权威、迷信和特权的过程。权威、迷信和特权往往需要通过系列化思想机制才能成行。其中，作为"伟大观念"的"崇高感"对于权威与迷信的形成具有建设性作用。在人类历史上，这种观念被包装成不同的形式向大众兜售，从而为各种利益诉求提供了思想依据。这种隶属信念，类似"神启"的思想，在一定程度上会"抵制我们的判断力"，蒙蔽我们的理性，促使人类走向偏执和极端。中国文化较之世界其他文化更早地摆脱了神的权威的控制。孔子"敬鬼神而远之"，柏拉图公开宣称自己是"神话的敌人"，其实就是人类疏

---

① "事实"世界也可理解为教师的公共领域，"价值"世界可理解为教师的私人领域。见齐格蒙特·鲍曼：《后现代伦理学》，张成岗译，南京：江苏人民出版社2003年版，第227页。

② 闫顺利、敦鹏：《价值多元化何以可能——后现代主义的价值困境及其消解策略》，载《伦理学研究》，2010年第3期，第11–16页。

远神灵、迷信与权威的努力。这是一个漫长的、充满抗争的过程，最终科学击败了众神，民主与平等瓦解了权威，但那些还在现代社会苟延残喘的"魅"则不断遭到后现代思想的分解。科学、民主和平等是人类社会的巨大进步，代表着社会发展的方向。但在一些高校教师心中，不该退却的价值已随着"崇高感"的消失而"在公共社区生活中销声匿迹了"。

按说在一个资源相对匮乏而且人人自利的环境里，"正义"几乎必然成为社会制度的首要德性。但事实上，我认为最迫切的不是智慧、勇敢、节制、正义这样的古典德性，而是"公平游戏"的精神。休谟说"如果我独自一人把严厉的约束加于自己，而其他人却在那里为所欲为，那么我就会由于正直而成为呆子了。"成为呆子仍不可怕，更加可畏的是那些自以为得计的"搭便车者"不仅不会反躬自省，反而会进一步揣测呆子们是"大忠似伪，以博直名"。

当大学教师的普遍心理以"想方设法发论文"，以潜规则混日子，以评职称为职业归旨，那么大学这一净土也就无所谓净土了。一旦教师对自身努力的意义，对学生求知的意义，晋职的意义失去了最初的判断，评职称就成为了一场勾心斗角的厮杀。随着国家财政对高等教育的投入，社会各界对高等学校的支持，各大高校对现行制度的整改，部分大学对教师的评分体系也开始丧失原有的功能，比如将教师发表核心或权威论文的多少，在专业领域的国际影响力的高低作为教师是否称职的标准。这种将"以学生为本"置于脑后，将"教育教学质量的提高"视而不见的、轻教学重科研的评分标准将逐步异化成教师可以直接兑换现实利益的工具和手段。在尚不成熟的尚且混乱的职称评价体系的帮助下，在巨大的物质利益的诱惑下，许多高校教师几乎很难在"所得"和"应得"之间建立起正确的认知。

三、科学技术发展下的教师科研伦理冲突与学术规范

科学源于古希腊，在发展初期便与伦理道德有着深刻的渊源和联系。苏格拉底提出"知识即美德，无知即罪恶"的命题。马克思在《哥达纲领批

判》中揭示,"权利永远不能超越出社会的经济结构以及由经济结构所制约的社会的文化发展。"[①] 人始终处在自己的精神产品——"文化关联"之中,人创造了文化,同时也被文化制约[②]。所以,精神科学是对人类自己的精神产品进行反思和研究,它们对人类所发挥最重要、最深刻的作用是"启迪",这样的科学无论如何是不需要科学主义的"度量"的。迅猛发展的现代科学技术,给人类带来巨大繁荣的同时,也产生了异化现象。胡塞尔(E. Edmund Husserl)就认为,"现代人的整个世界观唯一受实证科学的支配,并且唯一被科学所造成的'繁荣'所迷惑,这种唯一性意味着人们以冷漠的态度避开了对真正的人性具有决定意义的问题,单纯注重事实的科学造就单纯注重事实的人"[③]。他试图通过建立重视人的价值和意义的先验现象学来解决这一危机。

在以基础研究为主要目的的科学研究时代和领域,对高校教师的评价一直以真理价值为标准。自有自然科学以来的很长一段时期里,科学研究活动都是以个人单独研究的方式展开的。科学的发现也往往不是单独的个体事件,而是一种集体化行为的结果。有些科研机构会聘请大学一些知名的学者进行科学实验研究,大学的一些教师也以此受雇于一些科研机构以获利谋生。这样趋于利益的导向,一些大学教师可能丧失其"小科学"时代的某种自由。与社会中其他活动一样,在科学研究过程中也会出现"义"与"利"的矛盾或冲突。如果参与研究的懂科学有技术的人是一个思想浅薄、道德败坏的人,那一个技术发达的社会也可能是道德颓废的社会。如果一个大学教师不择手段地追求一些所谓科研成果,而实际上是不择手段地追求个人名利,那么即使他具有很高的专业修养和素质,也可能是一个片面发展的"单向度的人"。[④]

---

① [德] 卡尔·马克思:《哥达纲领批判》,北京:人民出版社1965年版,第14页。
② 谢地坤:《走向精神科学之路——狄尔泰哲学思想研究》,南京:江苏人民出版社2003年版,第7页。
③ [德] 胡塞尔:《欧洲科学的危机与超验论的现象学》,王炳文译,北京:商务印书馆2001年版,第16页。
④ 薛贵波:《科学共同体的伦理精神》,北京:中国社会科学出版社2014年版,第99页。

在过去的几个世纪，"学术自由"一直是西方大学的"习惯法"，而这一习惯法确立的正当性前提是对客观真理的寻求，与其学术传统密不可分。知识论构成西方学术传统的主体，也奠定了西方学术自由的合法性基础。虽然建国之前我国高等教育机构正在遵循美国及其他西方大学的模式而迅速"标准化"，但由于我国古代教育缺失自治与自由，因而不可能产生类似西方的大学制度及其学科分类体系，因而学术自由也不在其列。建国后知识分子响应党的"双百"方针，高等教育领域出现了一股追求学术自由、大学自治的风潮，但处境仍十分艰难。学术自由要想在我国高等教育领域站住脚步，必须扎根于我国的现实土壤。

高校教师作为科学技术开发的重要力量，其社会意义和道德价值的重要性不言而喻。一般来说，大学教师的内在责任，即在进行科学研究时必须遵守科学的道德规范；另外，大学教师的外在责任，是应该对自己的科研活动给社会造成的后果及影响负责，这是一种特殊责任，反映了其对人类命运的深切关怀。大学作为文化传承与科研开发的专业机构，其权利属性与知识和文化的关系十分密切。高校的文化基础更能体现其存在的价值所在。因此，高校教师共同体除了要培育共同的精神，还应拥有共同的科学文化信仰。高校的生活世界接受一所学校独特的地方色彩的科学文化价值观。只有独特才能带来骄傲，如果一所高校没有特色没有发展，那就失去了卓尔不群的优势。正是独特使高校教师与其他人区分开来，独特使高校中每一个人都自尊、自觉、自重，从心里保持对学校的忠诚。

一般来说，对于教师专业水平的强调注意到的都只是教师个人能力方面，如学术水平高低、专业素养高低，它们指出了教师教学工作需要的独特知识和技术，需要遵循一定的职业标准。但是，文化论的推崇者更强调教师教学专业的价值意识水平。专家之所以有权威，也是因为人们信赖他们拥有德行，拥有文化力量。知识活动是人类的创造性劳动，其价值是很难量化的。而学术行政化的管理体制，判断不出学术活动的质量高低，甚至经常把创新当成异端，必然是以数量多少作为评价标准，造成知识的平质化和劣质化。在学术活动中，对学者的学术价值的认识，并不看有多少著述，而应看有多少文化贡献。孔子"述而不作"，是为中国文化继往开来的大宗师。

但由于高校科研工作的发展很不平衡，教师在科研工作与教学工作之间、科研能力、水平与职业要求之间、科研协作中存在诸多矛盾。目前大学存在两种倾向：一是重教学轻科研；二是重科研轻教学。前者集中在一些民办高校和职业院校当中，后者更为常见，普遍存在于"985""211"高校当中。在一些多学科、综合性、交叉性的重大课题研究面前，诸多高校争破了头，这也间接导致了部分高校教师在科研上投入过多。一些重大科学研究必须以集体攻关协作的方式进行，这就客观上要求"同行是冤家"的小农式职业心理和"文人相轻"的恶习无用武之地。从韩国黄禹锡学术造假、到我国某高校教授"汉芯1号"造假丑闻，学术界造假事件层出不穷。在学术界追逐名利、急功近利、心理浮躁等导向下，可能发生违背科学精神和规范的学术不端行为，如弄虚作假、剽窃抄袭，以及在学术资源分配、学术成果享用等方面发生利益矛盾和冲突，如以权谋私等。

四、社会期望要求教师伦理内在规则的变化

近代师范教育的发展开启了教师专业化的历程。世界上许多国家在大力发展教师教育，提高教师专业技能的同时，也纷纷制定和使用了专门用于教师群体的职业道德规范或专业伦理守则。人们逐渐注意到了一般伦理调节教师专业活动的有限性，并认识到了教学质量与教师专业精神的紧密联系，开始有意地发展明确、系统的教师职业伦理，甚至为不同的教师群体制定了更加细化的教师职业伦理。例如，我国除了有普遍适用于教师群体的《中小学教师职业道德规范》，还有专门的《中等职业学校教师职业道德规范》《教师法》和《高等学校教师职业道德规范》等。然而，在教师专业化尚不成熟的今天，各国的教师职业伦理都还处于建设之中。

在国外，以美国为代表的欧美国家较早地开展了教师专业伦理建设工作，制定了相对成熟的专业守则。1896年美国佐治亚州教师协会颁布了第一个教师专业伦理规范，随后美国各州开始效仿。至1926年，美国大部分州都建立了自己的专业伦理规范。这些早期的专业伦理规范更多起到了标志性的作用。1929年，全美教育协会（NEA）通过了《教学专业伦理规范》（*Code of Ethics of the Education Profession*），后经过五次修订完成的《教育专业伦理守则》（1975）一直沿用至今，不仅是美国教育界最具影响的专业伦理规范，也是其他国家建立师德规范的一个范本。而后还颁布了诸如《专业伦理声明》（*Statement on Professional Ethics*）、《美国学校行政管理者协会伦理规范》（*The American Association of School Administrators Code of Ethics*），但考察其具体内容发现，许多规范陈述都提及教师的社会职责，这类规定在某种程度上混合有一般伦理的内容。

在自由和民主主义者看来，每个人的私生活都不应受他人干扰，每个人都有权决定自己的私生活方式，并且每个人都有权在不影响他人的情况下实践自己理解的"善"。但事实上社会给予了教师太高的期望，希望其成为学生和社区的道德楷模。换句话说，公众给教师的美德和罪恶，制定了一个关于舆论和声望的法律。这也是洛克提到过的法律的第三种类型。教师在个人生活中要接受比一般社会成员更严格的道德要求。人们常常用"善"优先于"权利"的逻辑要求教师"向善"或"从善"，如在言论自由方面，有时候教师正当的情绪感受也会被称为负面效应或影响而被加以限制；在政治活动方面，许多国家也都曾强制性地要求教师参与某些政治活动，并将一些政治职责列入教师的专业责任之中，使得教师在事实上一般不想有进行自主思想和行为的自由权利。

"的确……根据允许或拒绝、表扬或指责的标准加以确定的，通过不同社会的隐秘而无声的共识所形成的什么是美德，什么是罪恶……设置了这个世界：根据这些标准，以及从中形成的相应的观点、原理、各种场所的风俗，习惯将推崇或拒绝某些行为举止。"①

---

① ［德］伊丽莎白·诺尔-诺依曼：《沉默的螺旋》，董璐译，北京：北京大学出版社2015年版，第68页。

因此，我们已经可以完整地描绘出，教师是如何担心被具有评判权威作用的公众态度所孤立而被迫迎合的过程。

今天的很多人并不实践一种共同体的道德生活。亦即，他们并不属于任何一个具体的、一致的道德共同体。①正如恩格尔哈特自己所认识到的：

"道德生活是如此混乱，以至于许多人对权利、善和德性持有相互矛盾的理解。那些不和他人共享相同道德观念、也没有关于自己生活的一致道德观念的极端后现代主义者正是这样一些人。这将意味着什么呢？生活对于他们来说是偶然的，包括激情也是偶然的。他们是这样一些在其自传中不存在任何道德章节的人。他们拥有欲望、冲动、动力、需要、需求和利害关系，但却没有能塑造他们的生活并将其统一成一个整体的道德计划。"②

而在罗尔斯（John Bordley Rawls）看来，"社会基本的善是权利和自由，机会和权力，收入和财富，以及自身价值感"③，它们构成了理性主体实现自身生活计划的必备条件。无论理性主体除此之外追求什么，他们都会在这些基本善之上达成一致。亦即，在其他条件相等时，他们宁愿选择比较广泛的自由和机会，而不愿选择比较有限的自由和机会；宁愿选择较大的财富和收入，而不愿选择较小的财富和收入。以这种方式，罗尔斯将这些社会之善设定为工具——它们是每个人实现其生活计划的有用工具。④罗尔斯之所以称自己的善的理论是一种弱化理论，是因为他的善的定义对任何具体的善的生活都是开放的，亦即，是中立的。这些善的概念仅仅作为理性主体构建社会正义原则的基础而起作用；就此而言，作为普遍工具的这些基本的善不需要首先受到任何道德（或正义）概念的限制。同时，他也相信正义原则是独立于任何具体善之生活的概念，这就是所谓的"正当优先于善"（the right prior to the good）的义务论特质。罗尔斯提出正义论的初衷是试图在一个多元化的社

---

① 范瑞平：《当代儒家生命伦理学》，北京：北京大学出版社2011年版，第64页、第404页。
② Engelhard, Jr., H. T. *The Foundations of Christian Bioethics.* Lisse：Swets&Zeitlinger. 2000, P. 137.
③ Rawls, J. *A Theory of Justice.* Cambridge：Harvard University Press. 1971, P. 92.
④ 范瑞平：《当代儒家生命伦理学》，北京：北京大学出版社2011年版，第129页。

会中，找到一种方法去容忍、甚至无差别地对待互不相容的对善的生活的理解。而他所找到的方法就是将社会正义论奠基于与正当无关的（right – independent）的善的弱化理论之上。然而，这个所谓的弱化理论在一个关键点已经预设了实质内容：它假定与正当无关的工具性善（right – irrelevant instrumental goods）的分配方式构成了社会正义原则的焦点。没有这个实质性的预设，罗尔斯不可能成功地将他的社会正义理论导向分配问题。但是，这种预设已经遮蔽了某些重要的道德关怀。

在很多方面，高校教师专业素养的本质是通过其职业伦理原则来界定的。如教师纪律，纪律是对教师作为从业者来说最基本的道德要求，遵守纪律也是教师最基本的伦理规范。这类职业伦理原则不仅控制着专业人员的预期行为，也控制着他们作为个体实践者和集体成员所具备的奉献精神和责任感。如果试图使核心道德原则变得形式化，我们所有人都应该识别这些道德原则，以及某种专业特有的更加特殊化的责任，这些都导致了常规的伦理规范、专业标准以及促进和加强它们进行自我管理的第三方组织的产生。

一般来说，高校教师在公共和私人场合中不能随心所欲的行动，像医生、律师、司机他们都有自己行业坚守道德规范的责任，从事教师的人并不是就不用遵守，反而作为教师更应该用高于免于社会道德谴责的标准来行事。与对他人的期望相比，社会赋予教师的责任和信任，使得教师在专业和个人领域必须具备较高的行为标准。有两个案例来自高校教师个人生活的行为。在教师履行他们公共职责时，民众有权以伦理和行为的高标准期望教师，以及在教师的个人生活中所期望的标准。其中一个案例牵涉到这样一位教授，他在自己微博和讲座中表达了亲日思想，这些话语经过公开引起了许多人关注和谴责。虽然他在自己课堂上并没有强加自己的观点，但群体中的很多人能够完全意识到并受他的言语影响。另一个案例是关于南昌某高校一个教师强行与女学生发生性行为，导致女学生的男友拔刀相向，将这名教师杀死在其回家的途中。这两个案例中，前一个案例的教师被解雇，后一个案例的教师丧命。

微博网友@来自远方的猫评论前一案例称：大学教师居于受人尊敬和信

任的地位，由于他们这样的地位，给学生造成了巨大的影响。教师的行为直接影响着民众对教师能力的认知，如此不负责任的无视历史，发布亲日言论，实在有违大学教师之称。微博网友@游者评论后一案例称：如此教师实在愧对其教师称号，是教师中的败类，让人心寒。

这两个案例的评论证明，大学教师专业团体必须向它的成员传达这一信息：那些不能或不愿达到法律法规和民众所期望的个人或专业伦理的高标准的教师，在教师专业领域中没有立足之地。这对大学教师专业团体角色的诠释，对于教师集体伦理知识的发展具有意义。虽然大部分的高校教师可能并不需要他们团体的提醒，即不接受不道德的（通过民众和社会标准）或不合法的行为，如前文所描述的案例，应该用来强调高校教师必须要敏锐的和有意识的看待自己角色和身份的重要性，他们是被社会信任的道德实践者，在更常规而且较少见的极端场景中，这种伦理责任被视为必须而存在。

从本书的理论视角来看，对意识的强调，用道德的术语衡量高校教师责任感和专业实践的关键点，在于构建教师的伦理知识。大学教师专业建立在其职业伦理规范的基础之上，大学教师的技术能力和其在自己领域的知识不足以确保专业的行为。事实上，高校教师也需要一些具有美德导向的伦理，如审慎、节制、警觉、积极、同情、信任、正义等，这些美德无论在教师生活中，还是教学中都是必须的。"如果德行是知识，那么伦理规条就失去了它们的命令性质。"① 个人的美德或基本道德感固然不能作为普遍伦理规范本身的内容，但普遍伦理规范却能够被社会树立为社会的美德和个人的美德，而且能够内化为个人的美德。规范对人的行为予以约束或导引，德性对人的品质予以培养或提升。

虽然我国通过立法、颁布行政条例等形式规定了高校教师专业的责任，部分高校甚至通过界定专业失范的规定等开发了一套教师职业伦理规范，但这种专业伦理并不能被强加，而只能通过内化使之成为教师集体意识和个人良心的一部分。后现代要求人人认可或尊重彼此的思想和存在，而目前教师

---

① ［德］赖欣巴哈：《科学哲学的兴起》，北京：商务印书馆1983年版，第213-214页。

职业道德规范在特定的国家中有特定的政治规定，如我国教师职业道德规范中与我国整个社会的泛政治化氛围相协调的部分。教师职业道德规范对教师经济活动的规定必须是有条件的且适当的。如果道德规范超出利益冲突的条件限定，对个体经济活动横加干涉的话，其自身就会丧失道德力量的支撑，并损害整个社会的发展。① 目前，高校教师职业道德规范被作为一种道德责任的符号而被教师群体接受，教师们一定不能将其看做立法条文、形式化规定，或是远离他们日常真实生活的指令。相反，它们应该作为专业理想的精神追求而发挥作用，将道德原则植根于个人自身德行的实践之中。

第二节 同质化：专业实践中形成的标准化教师行为规范

高校教师行为规范是指制定的一系列有关个人或机构行为的标准或准则。作为道德行为者的教师应该遵守道德准则。尤其是对于新教师、存在困顿的教师或刚愎自用的教师来说，教师行为规范提供了指导方针。

一、教师规范伦理何以必要

离安大略教育部部长在 1915 年曾明确提出的"缺乏一套伦理规范来指导其成员的行为，任何职业都难以真正的存在。医生、律师、神职人员具有他们的伦理规范，但教师很难说有一套这样的伦理规范。直到他们发展出一种专业精神，其特征是忠诚于所认可的伦理标准，否则，不能够将它与博学的专业相等同。"② 这一观点已经过去整整一个世纪了。有些人支持把伦理规范看做是地位和责任的标志，也有人嘲笑称之为空洞无用的东西。

一个偶然的机会，一位著名学者到 A 高校讲学，他谈到自己曾经面对一些职前教师教育的学生说出一些厌倦和愤世嫉俗的言论，涉及发现当今官僚

---

① 梅新林，杨天平：《教师教育实践与思考》，重庆：重庆大学出版社 2008 年版，第 228 页。
② [加拿大] 伊莉莎白·坎普贝尔：《伦理型教师》，王凯、杜芳芳译，上海：华东师范大学出版社 2011 年版，第 125 页。

化是如何让人厌恶，现行的教师职业伦理标准在指导和帮助教师处理工作的道德复杂性时不起作用。一名学生当即反对这一观点，她发现这些伦理标准能够激励人，给她带来舒适感，知道它们作为伦理意图的灯塔而存在。

另一位王姓研究者也称：现在社会上缺的不是高级职称，而是真正具有专业化的职业水准和职业操守。

也许在这个提出意见的学生看来，职业伦理标准中的某些专业精神以一个共同的道德使命将她与其他教师团结在一起，无论是过去、现在和将来，都使她置身于一种冷静的领悟之中，她所选择的职业因为它的伦理意义而被尊敬和保存。如果教师职业伦理标准和规范的力量能够使教师进入这样的意识状态之中，那么就能够使教师将有意识的伦理知识应用到他们的日常实践之中，那么这种伦理标准和规范就能作为专业素养的一种重要组成部分而进行推广。然而，如果当这种伦理标准和规范仅仅作为假定责任的公众宣传而存在，或者作为一种寻求容纳不同利益和主张的政治宣传而存在，那么就可能放弃把此伦理标准和规范视为具有象征性和专业性的价值。

事实上，高校教师职业伦理规范之必要，首先体现于对高校教师普遍行为的制约。与其他形式的规范、规则一样，高校教师职业伦理道德规范具有普遍性的品格，它规定了高校共同体成员应当履行的义务和责任。在规定义务和责任的同时，高校教师职业伦理规范也提供了对教师行为加以评判的一般准则，当行为合乎规范时，便会因它的正当性而获得肯定，反之则受到谴责。较之高校教师职业道德对教师个体成员的柔性约束，高校教师职业伦理对教师群体具有更为刚性的价值约束和行为纠偏的功能。其次体现于对教师个体行为的约束。高校教师职业伦理规范与秩序是外在于"我"的道德"他律"，是社会群体对于高校教师个体的外部道德控制。因为人无完人，人性存在一些固有的弱点，若缺失外在约束和外在导向，往往有向恶的倾向和越轨、失控的危险存在。如当前社会中形成了狂热追求金钱、财富而漠视道德的现实的情形，而且表现为由此导致的道德规则和内部语言也处于某种的无序状态。（与此相对应，支撑"好人"行动的伦理规则划分不应再与等级、性别项链，而应该采取新的划分方式。）历史事实也表明，人类的进化和文明的演进都与人对自身行为的反思，并整合秩序、形成规范的过程相同步。此外，高校教师职业伦理规范也意味着高校教师在理性上对个体行为规定了某种"度"。只有合乎"度"的道德规范和整个高校社会规范体系，才能实际上构成一种和谐有序的社会结构的制约机制与保障系统。第三，体现于为高校教师进行专业实践提供伦理支撑。高校教师职业伦理规范抓住了一个专业教师素质的核心，成为社会信任的基础。高校教师实践知识的发展不仅受到其职业伦理规范的影响，也需要内化一系列价值观。这些价值观不仅与其专业表现相关，也与正义、自由、平等、真理、尊严等相关。在这里并不是追求教师个人行为与形式化规范的特性一致，而是将高校教师加入一个共同的使命，通过自己的实践来尊重这些伦理原则和美德。不管高校教师职业伦理行为是否另列为不言自明的标准或规范，都应该被明显地栖居在教师意识的显著位置。[1]

从英美等国的经验来看，建立教师职业伦理规范不失为规范教师行为的可选路径。从美国全国教育协会（NEA）制定《教育专业伦理规范》的过程可以看出，《教育专业伦理规范》的首版制订到历次改版都广泛围征询了各州的地方主管、校长、教师和高校人员[2]，各个条款细节均来源于被征询教师对于专业伦理问题的意见和看法。从其最后一版《教育专业伦理规范》内容来看，其对教师职业的约束几乎全部以戒律的形式出现，属于戒律式条款，如在履行对学生对义务时：

（1）不得无故压制学生求学中的独立行动。（2）不得无故阻止学生接触各种不同的观点。（3）不得故意隐瞒或歪曲与学生进步有关的教材。（4）必须作出合理的努力保护学生，使其免受有害于学习或者健康和安全之环境的影响。（5）不得有意为难或者贬低学生。（6）不得以种族、肤色、信条、性

---

[1] 许烨、刘克利：《有德之师：高校教师职业伦理规范的鹄的》，载《大学教育科学》，2014年第3期，第59—63页。

[2] Ravers, P. "Whatever happened to the NEA code of ethics?" Education, 2001, 105, (4): 403–407.

别、原有国籍、婚姻状况、政治或宗教信念、家庭、社会或文化背景或者性别取向的为由，不公正地：①排斥任一学生参与任何课程；②剥夺任一学生的任何利益；③给予任一学生以任何有利条件。（7）不得利用与学生的专业关系谋取私利。（8）如非出于令人信服的专业目的或者出于法律的要求，不得泄漏专业服务过程中获得的关于学生的信息。

在履行对本专业的义务时的八不得：

（1）不得在申请某一专业职位时故意作虚假的陈述或者隐瞒与能力和资格有关的重要事实。（2）不得出具不符事实的专业资格证明。（3）不得帮助明知在品格、教育或其它有关品质上不合格者进入本专业。（4）不得在有关某一专业职位候选人的资格的陈述上故意弄虚作假。（5）不得在未经准许的教学实践中帮助非教育工作者。（6）如非出于令人信服的专业目的或者出于法律的要求，不得泄露专业服务过程中获得的关于同事的信息。（7）不得故意作有关同事的虚假的或恶意的陈述。（8）不得接受任何可能损害或影响专业决定或行动的赠馈、礼品或恩惠。

再如《加拿大安大略省教师职业道德标准》《台湾教师自律公约》《香港教育专业守则》《新西兰注册教师职业道德规范》等的制定都经过了多年的研究讨论，它们一方面对教师的伦理价值观进行了阐明，一方面对教师禁止的行为进行了表述，内容具体而不含糊，在帮助教师在面对或陷入伦理两难情境时点亮一盏明灯，也在指导教师处理类似实践困境时指明了方向。

如《加拿大安大略省教师职业道德标准》提出教师职业道德标准的目的是：

（1）激励教师维护和提升教师职业的荣耀与尊严。（2）识别教师职业中的道德责任和义务。（3）指导教师职业中的道德决定和行为。（4）提升公众对教师职业的信任和信心。

《台湾教师自律公约》中提到教师自律守则：

以下事项，教师应引以为诫，以维护教师专业之形象：

（1）教师对其学校学生有教学辅导及成绩评量之权责，基于教育理念不受不当因素干扰及不当利益回避原则。除以下情形之外，教师不得向其学校学生补习。（本条文自1989年8月1日起实施）①教师应聘担任指导公立机关学校办理之学生课外社团活动。②教师应聘担任指导非营利事业组织向主管教育行政机关报备核准之学生学习活动。（2）教师之言行对学生有重大示范指导及默化作用，基于社会良善价值的建立以及教师的教育目标之达成，除了维护公众利益或自身安全等特殊情形下，教师不应在言语及行为上对学生有暴力之情形发生。（3）为维持教师在社会的形象，教师不得利用职权教导或要求学生支持特定政党（候选人）或信奉特定宗教。（4）为维持校园师生伦理，教师与其学校学生不应发展违反伦理之情感爱恋关系。（5）教师不得利用职务媒介、推销、收取不当利益。（6）教师不应收受学生或家长异常的馈赠；教师对学生或家长金钱礼物之回报，应表达婉谢之意。

《香港教育专业守则》除对教师的专业义务、对学生的义务作出说明外，还对同事的义务进行了说明：

（1）应视同事为专业工作者，不因地位、职能、性别、种族、肤色、国籍、信仰、宗教或政见而加以歧视。（2）应以学生利益为重，与同事衷诚合作。（3）应支持同事执行专业责任，鼓励其发展潜能。（4）应与同事分享种种观点与资料，以利于专业发展。（5）应尊重学校行政当局的合法权力。（6）对于有违良知的行政政策和措施，应首先遵循专业内的途径提出异议。（7）作为行政人员，应尊重同事的专业地位，给同事以充份的机会对校政提出意见。（8）在作出决策时，应使有关同事有充份参与讨论的机会。（9）应致力建立同事间的融洽关系，减少误会；指导工作时，应客观而具建设性。（10）对某一同事作出报告时，应容许该同事知道报告内容。（11）对其他同事作推荐或证明时，应以公正、真实为原则。（12）不应破坏学生对同事的信任及尊敬。（13）不应恶意损害同事的专业信誉与事业前途。（14）不应故意使同事难堪或受到羞辱。在批评同事时，应谨慎地避免伤害其自尊。（15）应以公正原则处理对同事的投诉。匿名投诉应不受处理。（16）除非事前知会对方，不应对同事的专业活动作批评。

《新西兰注册教师职业道德规范》涉及对学生家长/监护人及家长的责任：

教师应该认识到，他们与学生的家长/监护人及家人是合作关系，应鼓励他们积极地参与孩子的教育中。教师应该认识到，他们拥有就孩子的福利和进步情况向教师进行咨询的权利，尊重法律许可下的家长权力，尽管教师的专业决定必须总是以什么对学生最有利为依据。

(1) 让他们参与有关孩子的照看与教育的决策。(2) 与他们建立开诚布公、相互尊重的关系。(3) 尊重他们的隐私权。(4) 尊重他们获得有关孩子信息的权利，除非出现对孩子不利的情况。

美国学者努斯鲍姆（Nussbaum）曾沿袭亚氏的分析，指出职业伦理规范存在的必要性。首先，规范能促成个体在面对复杂伦理问题时迅速作出伦理决定；其次，规范能在一定程度上防止个体在道德判断上出现扭曲或失误；第三，规范能够向那些外界人士无法信任的人提供伦理抉择的基础。但显然光有这些外在戒律是不够的，毕竟这些专业伦理规范只是在宏观上提供了一些条款说明，事实上教育的复杂性给教育伦理问题提供了无限的可能，这其中要求各个教师能够利用自己的专业判断去解决问题。而且，这种外在戒律一般都为专业领域所需遵循的"底线伦理"，如同"法律"一般，只告知教师"不应当"的行为，无法对教师的专业行为规范做出所有说明。这也容易让人产生一种印象：法无禁止即可为。因此当教师中出现一些道德问题或"不应当"的行为时，公众是无法从其专业伦理规范上加以谴责和制约。

二、教师规范伦理的理性共识

事实上，教育主体之间的协商过程是一个力量博弈的过程。这里的博弈并不是指罗尔斯所假想的那样是"无知之幕"下的选择，而是在真实生活中的权利与义务之间的博弈[①]。确实，高校教师、学生、家长、高校管理者以及社会公众在教育过程中所力图实现的都是自身可及利益的最大化。人不完全

---

① 冯婉贞：《教师专业伦理的边界——以权利为基础》，北京：教育科学出版社2012年版，第85页。

是利己的人，而是一个复杂的矛盾体。自身可及的利益不仅包括自己的专属利益，也包括可与他人共享的利益，但人的理性毕竟有限，无法充分了解博弈的条件，因为每个人对自身可及利益的估计总是不精确的①。当然，不同的教师对教育价值的理解不同，对教育利益的赋值也不同。受访教师中一些较年长的教授表示自己最看重学生是否具有创造性，特别是在学术造诣上，而一些年轻教师则表示最喜欢课堂上能给予回应的学生。

D校教科院胡教授表示，在他从教三十余年以来，最看重的是学生是否具有创造性，特别是在学术造诣上。而B校外语院李讲师则表示她最喜欢课堂上听话的学生，能够听懂她的课堂需求并给予反应，而不是那种"上甲课做乙事"的专注于其他的学生。

这种价值差异不仅来自不同的生活背景与生活观念，也来源于他们各自对教育作用的不同界定。不同的主体带着自身不充足的理性计算能力，以及对于他人利益需要的不充分认识，共同参与到教育过程中。他们彼此交往，并不断地计划着自身教育利益的得失。他们一方面期冀借助于他人作用来实现自己的利益，另一方面也紧张地注视着他人的行动，以防止自己的利益受到损害。教育本身的工作之一就是使人成为他自己，特别是现在所提倡的对话式教育正具有这种品性，教学中的对话是一种"商谈"，是在共同探讨未知的新领域。

"各种道德原则是理性选择的目标"②，任何改造或替代规则伦理的道德学说都必须关注行为者的内在心理。比如说若要使教学中的"我你商谈"具有真正的对话精神，就必须首先确定商谈原则，如信息公开，尽可能实现信息对称；承认教育善的多元性等。按照哈贝马斯（Jürgen Habermas）的说法，交往理性是一种隐含在交往语言结构中并由参与者共享或分享的理性，它存在于主体间的互动关系中。当参与商谈的个体通过语言真实地陈述事实、公布自己群体的利益实现情况、真诚地表现自我、正确地理解他人的意见，并

---

① 同上。
② ［美］约翰·罗尔斯：《正义论》，何怀宏等译，北京：中国社会科学出版社1988年版，第250页。

且能够设身处地地考虑他人对自己意见的可接受性时,这种商谈就有了对话理性,就能够就伦理规范的内容达成一定的"重叠共识"或"部分共识",而且他们所达成的共识也同时拥有了合理性。罗尔斯和哈贝马斯都认为,在价值多元的社会里,个体价值追求的最终目的是多元的,不可强制统一的,对他者的独特价值追求无须深入知晓,共识只是底线的共识,是规范或程序的共识。① 各利益相关主体都有自己对于高等教育终极目的的理解,因此也会存在一些分歧,不可能在教师的专业品质与专业理想方面取得绝对一致的意见,但正因为分歧的存在,才显得共识达成的重要。

"相应的实用性交谈的目的,在于推荐合适的方法和可实施的规范。相应的伦理——实存的交谈目的,在于为有关生活的正确方向和个人生活方式之形成提供建议。相应的道德——实践的交谈的目的,在于为在规范所调节的行为领域中发生的冲突的公正的解决方案达成协议。"②

根据哈贝马斯的看法,只有通过自由对话、理性论证达成的价值共识才能构成道德原则的普遍有效性基础。那么在高校教师实践理性的类型和其"应当"做什么也可以作出解释,一是高校教师实践行为是否有效,二是高校教师的专业伦理是否严谨,三是高校教师的职业道德是否正当。我们在判断"什么是正确的教师生活"时,有效的相对应的道德原则和伦理规范应当是合乎道德目的的,是善的,是公正的。

三、教师规范伦理的难题

教育同质化就是指教育方法和教育形式大致一样,学生难以分辨,容易使学生走入误区。而教育同质化现象在大学中也普遍存在,首先是教师的同质化,职业道德的同质化,如大学教师的千人一面。从高校教师资源的聘任和教师来源来看,因为师范招生与学科发展的现实前提,使得许多学科教师

---

① 严从根:《"重叠共识"的"重叠共识":德育改革的合理性诉求》,载《全球教育展望》,2009年第7期,第57页,第72-75页。
② 中国社会科学院哲学研究所:《哈贝马斯在华讲演集》,北京:人民出版社2002年版,第37页。

不仅师出同门，而且是"昔日师生，今日同事"同台表演。学科中的教师学术习惯、学术能力、教学方法、教案等大同小异。几轮循环后，许多学科培养的学生就像一个模子里铸出来的。等到这一批出自同一个模子的学生再当上教师，"三代同堂""四代同堂"的现象，在许多大学里也屡见不鲜了。其次，大学教师资源培训的同质化，大学教师培训内容过分"标准化"。各级教育行政部门举办的各种形式的培训班、研修班等，用整齐划一、"同质化"的内容，对不同发展层次的教师进行培训，这样的培训内容注重教师群体统一性、标准化的共性需要，却忽视了不同发展阶段和发展层次的教师个体化需求；注重了以谋生为特点的教师职业课程培训，忽视了以自我发展为基础的教师成长课程的培训。许多大学教师在走上工作岗位后，接受着一如既往的模式化再培训。最近几年，教育主管部门明显加大了对教师的继续教育等培训，这原本是好事，但这些继续教育采用的教材、形式都是一些复制再复制的产物，如在教材上，不分学科一律那么几大本，在形式上通常采用一些"名家讲座"，被邀请而来的名家一味的重复他们的文字或图片。第三，大学课堂教学模式的同质化。在"精品课程"的推荐过程中，许多教师摒弃了自己多年的教学习惯，开始跟风模仿"精品课程"。虽然专家引领与教学模式推广固然有利于教师的专业发展，但这些专家或名师很容易成为众多教师模仿和学习的标杆，使教师共同走向一个相同或者狭窄的教育目标。近年来，一些教育行政部门或学校强力推行的各种教学模式，也存在"同质化"的倾向，很容易将教师的课堂教学推向模式化的"套子"。时间一长，不仅课堂教学没有了个性，连教师自己也失去了个性。

在一个行政化、等级化、权利至上的生存环境下，政绩思维抹杀了学术思维，所谓的自由和兼容的学术精神被扼杀，"丛林法则"在大学净土中滋生。众所周知，"丛林法则"唯一和最高的道德标准就是生存，在这种学术环境下，许多高校教师将大部分时间和经历都花费在日复一日的"重复"上，追求着所谓的"学术进步"和"行政权力"至上。

D校公共管理学院的刘老师给出了一张"日程表"：早上6点多起床，看书、查资料、写论文和投标书，再抓紧时间完善由老教授或教研室主任"挂帅"的课题报告；中午"随便搞点吃的"后花一个多小时辗转抵达学校，完成下午3个课时的教学任务，下课后还得赶在财务和人事下班前"把提前在家粘贴好的发票送去报销"；晚上回家也是片刻不得闲，上传教学课件、回复学生邮件，真正能坐下来看看书、写写字已是深夜。甚至，没有双休日和假期，因为"不去参加学术会议的话，就抓紧多写点论文发表，还得准备PETS-5考试①。"如此满档的生活已经持续了3年时间，他还是觉得时间不够用，"我真是恨不得每天有48个小时。"

从入校培训的第一天起，D校公共管理学院的"青椒"王老师就不断地从人事处、科研处和学院其他老教师那听到论文、课题的重要性，他说"按学校规定，要想评副教授，至少需要1部专著、3篇中国人文社会科学引文索引或全国中文核心期刊等收录的论文，同时须承担省部级及以上教学科研项目2项，其中主持纵向课题（含国家各部委及省级政府正式委托项目）1项，或主持到校经费20万元（理工科）、10万元（人文社科）的横向项目。"

短短一个学期，王老师就完成了将近300个课时的教学任务、申报课题6项、投稿9篇、还兼职新生班主任。"成果"累累，可他却觉得自己和同行们更像一名"知识民工"。潜心学术成为了大学"名利场"中晋升的必要手段，这也促使了"伪学术"的诞生。湖南某高校竟要求在聘期内的教授必须成功申报主持一项国家级课题，否则将视为科研成果不合格而遭到解聘或不再续聘。现有的利益导向机制，使得每个教师都很忙，忙着结项、写标书、发论文、甚至是找发票报销、和期刊编辑拉关系。为了在大学生存，很多教师往往无法坚持自己"做人""做学问"的原则，真正潜心教书育人的教师可谓凤毛麟角。教学已经沦落为最不重要的"良心活儿"，有的教师甚至形容自己在学校里的某些工作是"不务正业"。

B校新闻学院的马老师直言不讳，"我觉得，教学上只要使三成力就够

---

① PETS-5，专为申请公派出国留学的人员设立的英语水平考试，部分高校评职称时的必要条件。

了，主要精力还是要放到科研上，和评职称挂钩，这才是安身立命的法宝。我的同门师姐还向我传授了'高校生存法则'：很多学校的教学任务都主要由年轻人承担，又要逼着你发论文、拿课题、评职称，还要上够课时量，人的精力都是有限的，上课自然会被最先舍弃。"

B校化工学院的彭老师说，"我周围越大牌的教授，越不愿意去上课，都是神龙见首不见尾，乐意自己做课题出文章。"

但有意思的是国内大学里的"青椒"们抱怨的不是自己挣得少，而是抱怨自己付出的劳动和他人一样多，然而获得的报酬却低很多。这种收入差距一旦加上"急功近利"的心思，就很容易转化为心态失衡，从而埋怨声不断。

另外，在研究者的访谈中有一项内容是关于"如果您发现学生抄袭了自己尚未发表的论文的观点，您会如何处理呢？"受访教师中一般分为三个观点，一类是持不揭发态度，第二类是持坚决揭发态度，第三类则主张视情形而定。

A校教育科学研究院唐教授：我不会揭发他，如果他抄得不漏痕迹。A校土木院吴副教授：那我肯定要揭露，这太不道德了。A校经济管理学院吴副教授：我会视情况而定，如果他主动向我承认错误的话，或者他有什么难言之隐。

在上述情境的设定中，大部分受访教师还是持公开揭发的态度，认为不符合道德的问题需要被加以制止，这既是对其他学生的公正，也是对抄袭者的规劝。同样，研究者也对部分大学生进行了同样问题的询问，"你会抄袭你导师尚未发表论文的观点么？"受访大学生无一例外表示不会抄袭。

A校A某：我不会，因为我根本看不到我导师未发表的论文，他在做什么我都不知道，他很忙的，平时根本见不到他的人。A校B某：我不会，现在发文章都挺难的，我们学生有论文都是请导师发表的，都经过导师那一关。A校C某：我不会，抄了也没什么用处啊。

但当研究者问道，"你的导师会将你研究的成果拿走署上他自己的姓名吗？"则超过九成的受访大学生表示肯定，认为这已是大学的潜规则。

B校A某：有时候会，因为需要借导师的手去发表。B校B某：这已经是大学的一个潜规则吧。B校C某：我会主动把导师的名字写上，虽然他并没有进行指导。我同学都是如此。

上述问题也真实反映在湖南某高校校园内，引起轰然大波。某校土木院一位知名教授被人举报，称之一年内发了上百篇论文，其中多篇抄袭。后经调查该教授发的论文中大部分均为与自己的学生共同发表，该教授称被查的多篇抄袭的论文自己并不知情，而是学生私自署上导师的名字拿出去发表的。对此，外界声音不一，部分人认为该教授是知情的，因为他平时为人处事非常高调和嚣张。另一部分人认为该教授是不知情的，但是之所以这种现象的存在肯定是之前得到过其默许。很显然，在学术道德上，该教授并未意识到自己的错误。在这种场景中，这种对学术负责的伦理责任被漠视。

"千校一面""千师一面"甚至"千生一面"都从侧面显示大学教师没有教育的自主权，因此才无法在伦理规范中找到适应个体差异生存的自我。道德作为高等教育活动的本质属性，必然要求大学教育工作和教师的教学实践合乎道德，但事实上并非所有大学内部的制度惯例都符合道德要求。事实上，由教育行政部门制订教师专业标准，也是值得商榷的事。

首先，许多大学内部制度的制定都是领导决策，越权参与大学办学与教师评价，而非来自广大一线教学教师的共同参与，因此也很难代表他们的道德诉求。被访的教师中大多数人十分反感目前的教师评价体系，更有教授指出：

"论文评价只应该占到一个教师所有素质的十分之一，还有很多重要的东西，比如教育方面的关怀、口头表达能力、发现问题的能力、与学生交流的能力，能不能把知识传给下一代等需要纳入教师评价体系。"

教师自主权的失落，教师个性也就无从谈起。公正的来说，凡是与高等教育利益相关的主体都应该参与到高校教师职业伦理规范的建设中，表达和主张他们的权利。而高等教育利益相关者主要涉及教师、学生、家长、教育管理者和普通社会公众这五类人群。虽然从规范建设的可行性来看，它不可能容纳所有人的意见。但在比例的分配上，应根据高校教师职业伦理规范的精神源头来自于教师自身这一观念，使教师自身成为再建主体参与者，同时积极吸纳各方利益代表的参与。

其次，大学精神的缺失，也是造成大学教师被外部规范所同质化的重要原因。许多高校都在推崇自己独特的大学精神，但在笔者调查访谈的过程中，被访教师中绝大部分说不出来大学的精神是什么。脱离大学的具体定位来谈大学精神，是没有根基的。

第三，目前大学教师评价体系的取向偏差。许多大学都在跟风追求"绩效"，发了多少核心、重点论文，取得了多少个国家级、省部级课题，出了多少创新性成果，具备多少"长江学者"、院士等"品牌"。这种外在的绩效效应，使各个大学中的教师也不得不争创效益。许多教师认为，现在要鞭策、要急功近利地把最好的资源投入到最好的大学，想要有高收入高薪水，就必须竞争、急于求成。一些刚入大学的"青椒"教师在求学期间接受的职业教育是"爱岗敬业、爱生护生"，学术造诣上主张"扎实地做自己的研究"，但在进入大学任教后发现现有的形势完全超越求学期间的各种想象。

C校文学院"青椒"刘老师说，"我在求学期间，我的导师曾教育我说'不要去争取那些课题，不去发表那些东西，就默默地自己搞自己的东西，这样虽然得不到很多的褒奖和奖金，但是你们的生活会非常的充实，将来可能做出重大的成就。'但现在我进入了这个行业，我发现如果遵循我导师所说的那一些行动的话，有时候在我行我素的过程中感到非常的无助，这条路并不轻松。如果我五年内不能从讲师升为副教授，就得离岗走人，不再续聘。连饭碗都保不住了，这就是大问题了。"

学问本就需要"慢工出细活"，但现有的评价体系只能督促教师不断地"早出活儿、快出活儿、多出活儿。"三尺讲台，对这些专门从事知识生产和传承的年轻教师委以千钧重任。当科研经费、职称晋升、学术成果、教学评估、结婚生子、赚钱养家……这些没有太多关系的词语，在现实的高校生活中发生了复杂的因果联系之后，种种欲说还休的困顿让不少"青椒"教师脚步跄跄、心生乏意，也让"夹心饼干""不上不下""境遇尴尬"等成为他们挥之不去的标签。由此，物质利益的现实性与教师传统职业角色的神圣性之间产生了矛盾。在理想和现实之间，高校教师也往往处于矛盾和尴尬的境地，特别是在一些年轻教师当中，一方面面临各种现实困难，另一方面又受到不良信息的诱导，经常在"传统的知识分子良心"与"面对市场经济的物质诱惑"之间挣扎和彷徨。

2014年，教育部印发的《关于建立健全高校师德长效机制意见》首次划出针对高校教师具有警示教育意义的师德禁行行为"红七条""对学生实施性骚扰或与学生发生不正当关系"等内容也迅速引发热议，首都师范大学教学法学首席专家劳凯声教授曾带领团队就高校师德建设在全国60余所高校进行过深入调研，结果显示，高校教师德主要存在的三大问题是"重科研，轻教学"（57.8%），"名利思想严重，缺乏奉献精神"（53.3%），"育人思想淡薄，敷衍教学"（47.6%）。而在对于现有高校教师道德规范作用的看法上，47.2%的教师认为作用很大或较大；52.9%的教师认为作用有限、不大或者几乎没有作用；只有38.8%的教师明确表示所在学校建立了处理师德问题的专门机构。我国高校教师职业道德存在规范不断完善，但规范化程度不高，过于理想化、建设力度不大等短板。

四、教师规范伦理的展望

伦理行为的原则，不管它们是否别列为不言自明的标准或规范，都应该被明显的栖居在教师意识的显著位置之上。实践知识的发展不仅仅受到职业伦理规范的影响，也需要内化一系列价值观，这些价值观不仅与专业表现相关，也与正义、自由、平等、真理、尊严等相关。一位专业的经验丰富的高校教师应当知道，在教育学生这一方面并不存在蓝图或数字形式的道德规范。教育环境的与时俱进，教师必须不断使用自己的专业判断来从教。在这个过程中没有单一的或最好的方式，也没有固定的公式，唯有美德才能促使教师怎样对待学生，比如耐心、细心、公正。

高校教师行为规范包含约束行为的规章与准则。实施是其真正的目的。行为规范可以包含许多方面的内容。重要的是，行为规范解决了教师面对的，而且也许是不知道如何面对的一些棘手问题。此类问题应包括（只简单举例说明）：

（1）教师是否应毫无疑问地尊重同事的权利，尊重他们在课堂上的表现？共同负责与对低效或者不道德的容忍之间存在什么样的界限？

（2）是否存在教师在教学中必须遵守的"以学科为本"的普遍规则，而这些规则往往带有该学科的特点？

（3）学校管理者该采取何种措施以尊重教师在学校内部的公民权？对于管理者来说，在何种程度上限制课堂的政治讨论是削弱了教师的公民权？

（4）在何种情况下，教师（班主任）应当同学生的家长取得联系，告知其子女在校的情况？

（5）教师应采取什么样的方式保护自己的个人隐私权？

（6）在课堂上学生无理取闹该采取怎样的方式进行规劝？

2005年出台的《教育部关于进一步加强和改进师德建设的意见》中第3大类第12条明确指出"加强制度建设。修订《中小学教师职业道德规范》，制定《高等学校教师职业道德规范》。"2011年12月30日教育部、中国教科文卫体工会全国委员会印发的《高等学校教师职业道德规范》这一规范内容显示的是最佳的高校教师职业行为规范所包含的的内容，是智慧与美德的结晶。但显然，在现有的《高等学校教师职业道德规范》所提到的部分，如"爱国守法、敬业爱生、教书育人、严谨治学、服务社会、为人师表"等并不能找到解释前文所提到的问题的具体方法。高等学校教师职业道德作为教师个体主观上的自我道德要求，这也从另一方面赋予教师更大的自主性以及提倡专业主义。但事实上，诸如"淡泊名利""言行雅正"之类对教师私人道德的要求使得职业伦理与私德界限变得混淆，使职业伦理越出自身的范围，介入教师的私人生活领域。从这一方面讲，现有的《高等学校教师职业道德规范》与一般的社会公德规范区分并不明显，部分内容适用于社会中的所有人，如"诚实守信""实事求是，发扬民主，团结合作，协同创新"，缺乏职业的特殊性。其中一些条目只要将主题词替换一下就可以马上变为其他职业的规范，如"热心公益，服务大众""清廉从教"，其他行业可以轻而易举的将这些口号对号入座，这样使得我们的高校教师职业道德规范将继续停滞在一般性行业道德的非专业水平上。从这点上来说，我国的高校教师职业伦理的专业性凸显不够，没有充分反映高校教师职业活动的专业性要求，对教师专业生活的调节力量明显不足，还没有完全触及教师职业本身的伦理要求。在教师专业化尚不成熟的今天，高校教师职业伦理规范的建设依然任重道远。

当然，部分高校可以主动参与教师行为规范的制定，并和相关公众人士协商。从这点来说，教师既不具有自主性，也不是道德行为者，而只是他人意见的代办者而已。无论社会其他规则有什么样的要求，高校教师行为规范必须提供解决问题的指导方针，并且要筹划将职业习惯、具体问题融合进初步设定的行为规范模式当中。随着新问题的出现和解决，职业道德准则也同样需要定期进行更新，但是它将仍旧保留其规则中根本的核心原则。在这里，本书并不是追求教师个人行为与形式化规范的特性的一致，而是将教师加入一个共同的使命，通过自己的实践来尊重这些伦理原则和美德，这些原则和美德抓住了一个专业教师素质的核心，应当成为公众信任的基础。就目前我国教师职业伦理的发展状况来看，因为其起步较晚，所以，首先要建立的职业伦理规范应更多的类似于美国《教育专业伦理规范》那样的戒律性条款，将避免一些空口号，为高校教师在专业实践和职业生涯中的伦理道德判断提供依据和支持；其次在培养和选拔高校教师的过程中，要建设高校教师专业伦理课程，通过案例分析和活动讲座的形式来探讨教师在专业实践中遇到的伦理两难问题，使受教教师能够透过问题进行深刻的伦理反思，从对单纯教学行为的检讨提升为对教学行动背后伦理意义的反省；第三，对于已经在高校任职的教师要进行继续教育，鼓励教师积极向善；第四，待戒律性条款付诸实际一段时间后，可逐情逐实际情况进行内容增加或调整，以此形成更加完善的高校教师职业伦理规范。如在《高等学校教师职业伦理守则》的制定上，可借鉴如下版本：

高等学校教师职业伦理守则（示例）

在高校教师职业角色活动中，如何处理教师与教师之间，教师与学生之间关系，以及教师如何对社会尽职尽责，自觉履行自己的义务，以及如何处理与其他社会活动的关系等，都构成普遍性的教师职业伦理与角色道德所面临的问题。从事高等学校教师职业的界限及条件的规定，形成了各种不同的职业角色道德要求。然而伦理标准并非普遍的、一成不变的，应该通过担负起社会主义时代与"实现中华民族伟大复兴"的历史使命而来确定高等学校教师职业伦理标准。目前高等教育面临巨大的挑战，一方面，教育目标以就业为导向，教育的其它价值被忽略，造成教师角色功利化，教师专业尊严逐渐沦丧，教师专业能力受到质疑，教师形象亟待重建；另一方面教师与学校、学生、家长、社区、社会之间的关系正在演变中，传统上对教师的职业期待已无法完全适应现代社会的要求。

高等学校教师应充分相信和尊重每一个人的价值和尊严，秉承社会主义核心价值观，爱岗敬业、努力追求真理、力争卓越、培养民主精神。高等学校教师应充分保障教与学的自由，并且确保所有的人享有平等的教育机会，以恪守高等学校教师职业伦理标准。高等学校教师应充分加强科研学术创新能力，以此推动科技进步、社会进步，为国家繁荣复兴作出应有贡献，以坚守最为核心的高等学校教师伦理要求。高等学校教师应充分认识教学过程的责任之重大，以此获得学生、同事、家长、社区、社会成员的尊重和信任，竭尽全力，藉以取得并保持最高程度的高等学校教师伦理品行。

一、目标

1. 在教师领域促进"实现中华民族伟大复兴"。

2. 在教师中发扬专业认同感，激励教师维护和提高教师职业的荣耀、尊严与信念。

3. 通过制定全员认可的道德准则，识别教师职业中的道德责任与义务。

4. 通过制定教师行为规范，指导教师职业中的道德决定和行为，并为教师提供自律指引。

5. 强调高等教育对社会的责任，提升公众对教师职业的信任和信心，维护社会稳定。

6. 加强教师专业化水平，以维持高水平的高等教育和科研。

7. 提高高校的自主权及社会地位。

8. 促进教育政策制定的民主化，促进社会民主。

二、原则

对高等学校教师职业核心原则的讨论，将极大地有利于教师职业的发展。提高对职业规范与道德的意识，有助于增强教师和教育职工的职业满意度，提高教师的地位和自尊，并提升教师职业在社会上的声誉。高等学校教师守则必须遵循以下基本原则：

1. 自主：尊重并保护他人的权利

2. 公正：分享权力，防止权力被滥用

3. 求善：善待他人，把对他人的伤害降到最低

4. 求真：诚实对待他人和自己

5. 关怀：关心爱护他人和自己

6. 责任：传到授业解惑，传播传承先进文化

7. 良心：对教育的信仰

8. 荣誉：集体主义的道德荣誉

三、职业伦理守则

1. 履行对学生的义务。

高等学校教师应秉承奉献和关怀精神，尽职尽责，努力让学生认识到，他们是未来社会的栋梁。因此引导学生发掘自己的潜能，激励学生的探究精神、创新精神和公平精神，鼓励学生确立积极的、进步的人生观、价值观和世界观。

在专业工作上，……

在评价与考核上，……

2. 履行对专业的义务。

高等学校教师应秉承对专业的热爱，端正工作态度，认识到内在于教学过程中的责任之重大，以及教师有责任对其自身职业、学生、同事、家长达到并保持最高水准的道德操守，在教育教学和科研中应激发自己的责任心、求知心，积极开拓教育教学能力，改进教育教学方法，探索新的科学教育模

式，提高教育教学和科研水平。

在专职工作上，……

在学术科研上，……

3. 对同事的义务。

高等学校教师应秉承和善之心，与同事和谐相处，以创建团结、宽容、共同进步与成长的工作氛围。……

4. 对学校的义务

高等学校教师应以学校的发展为己任，做好本职工作，自觉维护学校荣誉，构建和谐校园，以促进学校的健康发展作出应有贡献。……

5. 对家长的义务

高等学校教师应主动加强与家长的联系，在更好地促进学生身心健康发展、成长成才等方面取得共识，并以此为之努力。……

6. 对社会的义务

高等学校教师应积极维护社会团结和稳定，致力于推动帮助每个人获得过上完美生活并为社会福利作贡献的能力的教育。……

第三节　自由王国：教师规范伦理的自我建构

"尽管我们必须不断努力改进我们的制度，但我们根本不可能再整体上重新建构他们。""尤其是，我们从来就不能人为地去构建一个道德准则的新体系。"[①] 由于后现代社会道德环境的宽松，道德主体的多元化、价值追求的多极化开始出现。虽然这种宽松、宽容并不是说人们容忍道德性的恶，而是说社会善的范围和领域从理想化的层面拓展开来，社会生活的正当领域都是社会善的领域。过去，在工业社会由于片面强调社会利益而抹杀个人利益，道德对人的约束主要来自社会和他人。而现在，统一的道德标准对人的制约开始减弱，教师道德的约束力主要来自道德主体的内心，而不再是外部。后现

---

① ［英］弗里德里希·奥古斯特·哈耶克：《自由的宪章》，杨玉生等译，北京：中国社会科学出版社1999年版，第98页。

代保留了现代的宝贵成果——教师的"无责任"自主,同时也拿走了现代性所贴上的价格标签和绳索。① 高校教师的自由王国指教师自己成为高等学校的主人,摆脱了盲目性,能够自觉地创造自己历史的社会状态。高等学校教师职业道德作为教师个体主观上的自我道德要求,这也从另一方面赋予教师更大的自主性以及提倡专业主义。随着新问题的出现和解决,职业道德准则也同样需要定期进行更新,但是它将仍旧保留其规则中根本的核心原则。

一、"被动服从"还是道德责任"主动构建"

在"他律"的服从时期,诸如高校教师职业纪律、高校教师职业道德规范、高校教师职业义务等规范都是外在的他律形式,均具有某种强制性与约束性,其道德的核心是义务,往往造成教师将自己应遵守的纪律、规范和应履行的职责当做是外在的、不受自己内心所支配的。随着社会政治领域及其他领域对道德领域的干预弱化,社会约束力下降,道德自由的半径也随之扩大,最直接的结果便是社会道德从他律性强制向自律性转化。② 但教师职业伦理绝不等同于无限拔高的个人道德。在这里,高校教师的个人道德与其职业伦理可能是一致的,也可能不一致,这就需要区分职业伦理范畴内道德的不同层次,如对底线伦理的遵守和崇高道德的践行。

(一) 遵守底线伦理

所谓底线伦理,就是指人人都应当遵守的最起码的社会规范伦理,如社会习俗、惯例、守则、法规等等,它具有最广泛的可行性、可接受性甚至具有某种必须性,是社会良序、人际合作最基本的伦理需要。③ 对于学习者来说,这种对底线伦理的学习的过程所产生的意义往往是外界的,而学习的结果是通过对真实世界的解构而确定的。底线伦理的"底线"特质集中表现为

---

① 戴跃侬:《和谐:教师人格的德育意蕴》,载《教师教育研究》,2008年第4期,第25-28页。
② 龙献忠、许烨:《教师职业伦理及其后现代诠释》,载《大学教育科学》,2012年第1期,第60-65页。
③ 李兰芬、马唯杰:《美德伦理:高校德育的价值取向》,载《光明日报》,2005年4月18日。

人在社会规则面前的受动性和大众性，也体现为人在接受被告知去做的事务时所呈现的服从性与主动性。由此可说，底线伦理在本质上属于一种"规则伦理"。

中国现代伦理尽管有别于传统，但同样应当适应长期所形成的伦理文化。在这里应强调的是，现代政治性的伦理原则已经排除了它的血缘情感性关联，这并不意味着在构建现代道德共同体时就失去了它的作用。相反，排除了传统血缘性关联但保持其情感特色的政治伦理原则，作为政治理性在现代伦理生活中，一直起着它所特有的独特的历史作用，而且至今仍然在起着其他原则不可替代的作用。如道德建设以"为人民服务"为核心体现的就是爱人民的道德情感，而"爱人民"，就是泛爱大众。爱人民的道德情感，从道德传统的继承性来看，就是孔子儒家的核心思想"仁者爱人"在现代的继承。不过，既是继承，又是发展。这是因为孔子的爱是差序格局、施从亲始而像水波纹似的、一圈圈向外扩展的亲疏有别的亲亲之爱。现代提倡的爱人民，则是超越亲亲原则面对人民大众的超功利的爱。因此，爱人民这样一种超越性的道德情感，是中国道德传统，尤其是重情传统在新的历史条件下的继承与发展。它表明了一种情感型道德发展的理想形态，提示了新的价值方向。爱人民、爱祖国是文明社会的一个基本准则。爱国守法也是高校教师职业的基本要求。所谓爱国守法，就是要求高校教师在教育活动、生活交往中要热爱祖国，模范遵守宪法及其他各项法律、法规，坚持德法并重。爱国主义是动员和鼓舞中国人民团结奋斗的一面旗帜，是中华民族最伟大的感召力和凝聚力，是全国人民共同的精神支柱，是推动我国社会历史前进的巨大力量。爱国守法是高校教师应有的道德担当。高校教师是培养德智体美全面发展的社会主义建设者和接班人的主要承担者和依靠者。高校教师作为建设中国特色社会主义理论体系的重要参与者，需要在爱国主义教育中身体力行，了解国情，明确爱国方向，为广大青少年作出榜样。守法是高校教师为了维护平等的基本自由权利及由平等的自由权利所构成的公正社会秩序，在行为与心灵两个层面所应具有的基本伦理精神，这也是对外在法则"法律"的尊重，是在他律形式下的一种自律"精神气质"。一方面，高校教师要学法、知法、懂法、自觉增强法律意识，依法执教，用法律规范自己的行为，教师坚持学术操守，牢记学术责任，使自己在教育实践中自觉地端正行为方向，恪守"学术研究无禁区，课堂教学有纪律"。另一方面，高校教师需要依照法律规定，正确行使教师的权利，懂得运用法律武器维护学校、学生和自己的合法权利。第三，守法还要求高校教师积极培养学生的守法意识、公民意识，引导学生做守法的新一代公民，不在课堂上散播影响社会稳定和校园和谐、损害国家利益和不利于学生健康成长的言行。

随着社会政治领域及其他领域对道德领域的干预弱化，社会约束力下降，道德自由的半径也随之扩大，但遵守底线伦理、坚持规则优先仍然是规则的潜规则。这种对底线伦理的主动服从，也是后现代道德的底线。[①] 高校教学必须从社会道德规范出发，以"人应该怎样行动才合乎规则"为价值旨归，以规范调控、他律约束为机制，要求师生在具体的生活境况中作出正确的道德选择，是一种以规则为本位的知性人才培养模式。教师作为道德教育者，他应具有良心、爱心、正直、诚实、诚信、宽容、公正等基本道德，要时刻注意自己的举止，不断改善并一丝不苟地奉行这种举止习惯。

（二）践行崇高道德

任何时候，适时的反思与批判都应该有所归属，有所用武之地。后现代教育把善定义为主动构建，而不是服从。用卡斯特瑞阿迪斯（Castoriadis）的话说，社会直到现在仍用"自我掩盖"来代替"自我构建"，否认或掩饰自我构建的事实是"自我掩盖"的一部分[②]，因此，作为教师道德的他律需要和外来秩序的结果，社会将会面对自我创造的沉淀物。也许，他律需要较事物自身未经检验的计划更容易被遵守，它带来的影响比较能够被承受。正如尼采（Friedrich Wilhelm Nietzsche）阐述说，任何被视为"善"或"恶"的东

---

① 许烨：《生活在拟像之中：论后现代高校教师的教学伦理》，载《湖南师范大学教育科学学报》，2013年第9期，第85－89页、第108页。

② Cornelius Castoriadis. *Institution of Society and Religion*, trans. David Ames Curtis, in Thesis Eleven, Vol. 31, 1993, P.1－17.

西，都与等级、优越和低下、支配和统治有关①。自律社会对"反掩盖行为"痛苦的根源在于，必须面对无法放弃也没有人能够替代的责任。熊彼特（J. A. Joseph Alois Schum Peter）很早就观察到，人类的选择是不自由的，这不仅是因为公众没有处于理性地比较选择的位置上，而是常常接受被告知去做的事务②。如果对教师及其角色的评价，不仅仅只看到其外在的行为是否严格符合现有的教师职业规则和角色规范，更要考察其行为的动机是否是"善"，而不是简单的服从。因此，后现代教育把教师职业道德要求提升到个体自身的需要，而不仅仅是履行职业及角色的需要，要求教师遵从教师职业规则和规范的实质精神。教师的"必须"道德智慧的内化动力源于自身，不仅执行的成本低廉，而且抵御冲击的能力强劲。因此必须在接受职前培训时就主动将自己应尽的职责内化，将对所应遵守的纪律、师德规范和义务的被动"服从"内化成主动"构建"，将良心、荣誉感等个人德性始终置放在与学生交流和成长世界的首位。当适时的反思和批判有一定结果生成的时候，人应该通过自我重构使习得的结果朝更好、更完善的方向发展下去，如在进行学术研究的过程中，更要发扬学术民主，给予教师学术自由，使之在良好的学术环境下更好地进行学术研究。③

二、从"无意识追寻"走向伦理反省与自明

现代社会高度重视和讴歌教师的"伦理人"和"道德人"身份，忽视了教师的自然人和社会人身份，使得教师普遍无意识地追寻于各种关于"无私"和"奉献"的道德高帽，无视自己的人际和人格实境。虽然《爱弥儿》中谈到将美德成为可能的最佳境况缩小到最小或许也是最隐秘的程度：一个人培养另一个。但教师不可能是道德圣人，于是教育的虚伪就产生了。

---

① Friedrich Nietzsche. *The Genealogy of Morals*, Trans, Francis Golfing. New York: Doubleday, 1956, P. 160 – 162.
② Joseph A. Schumpeter. *Capitalism, Socialism and Democracy*, London: George Allen & Unwin, 1976, P. 129 – 130.
③ 龙献忠、许烨：《教师职业伦理及其后现代诠释》，载《大学教育科学》，2012 年第 1 期，第 60 – 65 页。

后现代教育主张"去中心"和"边界松散"的知识和体验，认为知识是境遇性的自我体验，是动态、开放的自我调节系统的解释。教师在从教的过程中，会遇到许多不确定和不可预知的事物，如他人和社会对教师道德病态的批评。哈贝马斯认为回应批评是必要的，因为"道德的（das Moralische）始终是自明的"（菲舍尔语）。教师伦理反省的处境，实际上是"人际关系"的处境。伦理反省是教师德育的关键，是教师在不同的人际关系处境中，探求什么是响应世界这一实体的最恰当的负责任的行为。因此，当教师要做出有关原则性的行动时，必须对个人的人际关系处境有全面的了解和评估。只有通过沉思和反思才能对自己的从教和个人德性进行回顾和总结，通过这种认识及行为倾向，以内隐的形式影响、调节个人的从教行为和个人德性的缺陷。① 反思之于教师，无论是从初衷还是从归宿来说，都是教师主体和教育本体的一次积极的自我敞亮、自我审视的行为，以达到发展自我、提升自我的最优化。②

"后现代主义"不是一种理性的文化类型，而是一种启示的文化类型，是一种由信息电脑大众媒介大众传播来启示的历史时期。马克思说："意识在任何时候都只能是被意识到了的存在，而人们的存在就是他们的现实生活过程。"③ 这一论述表明了作为高校教师对专业实践的反思和自我反思，不应当只存留于意识层面和停留于各种现有的诸多的道德规则的理念层面，而是应该通过对现实的反思，认识到自我本身，认识到人类社会存在的必然条件和社会的时代精神，上升到实践层面。高校教师应当在这种反思和现实经历中，通过在自我与自然、自我与社会、自我与自身的关系中对自我本身进行思考、反思和行动之后，形成一种新的理论和思想。

---

① 龙献忠、许烨：《教师职业伦理及其后现代诠释》，载《大学教育科学》，2012 年第 1 期，第 60－65 页。

② 柳文：《教育反思理论与高校青年教师发展路径分析》，载《河南社会科学》，2009 年第 4 期，第 191－192 页。

③ 《马克思恩格斯选集》（第 1 卷），北京：人民出版社 1995 年版，第 72 页。

涂尔干把道德分为三个要素：纪律精神、对社会群体的依恋、自主①。美德伦理本质上属于一种"人格伦理"，即是一种指向更真人生经历、更善人生价值和更美人生境界的人格的自我完善。在很多方面，教师既是道德行为者，又是道德传授者。道德不只是外在的遵守，更是内在的实现、内心的诚服和以此为基础的行动。这种潜在的美德伦理事实上也是人们在面对规则所表现的主动性。其实道德一开始就以萌芽的形式存在于每一个主体当中，并成为主体自我实现的内在依据，这也是人天生的一种潜能，就如孟子所说的："潜能之于人，犹如源泉之于水。"② 教育所要做的只是寻找到这种源泉，而不必改变它的轨道，换句话说教育的根本目的在于构筑精神支柱，发掘创造潜能。只有挖掘人潜在的美德伦理，如理性、自由、正义、节制、自省、创造力、职业荣誉感等，才可以规范人生和导向人生，赋予道德以生命，才有利于人高尚道德境界的实现和至善禀赋的弘扬，才能在实现教师的自由与解放中达到伦理的至善境界。③

三、"规则中心"还是"关怀中心"

封建社会教师职业伦理秩序以"德性"为中心，而现代社会以"规则"为中心，后现代认为教师个体的德性使然已经开始弱化外部规则的约束，开始追求一种关于道德的智慧实践，构建一个以关怀为中心的智慧共同体。人类精神的自主性是教师道德的第一要义，没有意志的自主与自由，也就没有道德存在的本体。因此，后现代教师职业伦理秩序需要教师自律性的职业所"必须"的道德、角色道德、职业规则的内化与升华，而这种对"必须"道

---

① [德] 雅斯贝尔斯：《什么是教育》，邹进译，北京：生活·读书·新知三联书店，1991年版第26页。
② 王凤炎：《中国传统德育心理学思想及其现代意义》，上海：上海教育出版社2007年版，第155页。
③ 许烨：《生活在拟像之中：论后现代高校教师的教学伦理》，载《湖南师范大学教育科学学报》，2013年第9期，第85-89页、第108页。

德的内化与升华则需要教师心存关怀,用智慧加以灌溉。①

在教师的自身成长过程中,对自己知识观、学生观、价值观构建的关怀,是教师作为社会道德所趋的精神反映,是教师在个人职业道德、角色道德的升华过程中应持有的态度。在遵循师德规范过程中,对自己的言语、行为、举止、衣着等智慧选择的关怀,是教师在教育学生时应该注意的榜样和行为的示范,是教师在服务学生过程中应该规范的行为。在教育教学的过程中,对学生成长和同行教师德性的关怀,是教师在职业生涯中对学生负责、对社会负责的重要精神要义。亚里士多德告诉我们,好生活或者幸福 eudaimonia(它是对人而言的善)是一个依照德性的活动;每一个德性都是作出(正确)选择的性情倾向,它通过经验而得到训练或发展,而不是天生的②。只有本着以关怀之心实践智慧的教师,才能善于选择通达幸福的手段,才能构建井然有序的伦理秩序。③

总之,大学教师职业伴随着社会分工而产生,高校教师职业伦理始终与教师德性伦理、交往伦理和规范伦理息息相关。反思大学教师的职业伦理及其历史演变,无论是古代社会、工业社会,还是后现代社会,"他律"时期统一的职业规范对大学教师的制约性的减弱,教师个人德性的好坏已不能简单从其是否遵循了教师职业道德规范,处理好了职业伦理关系等要求来评价。由于后现代社会教师职业道德的约束力和职业伦理秩序的构建主要来自道德主体内心的"自律",因此,如何实现道德自我的发展与提升仍旧是大学教师需要一生追寻的人生哲学。

---

① 龙献忠、许烨:《教师职业角色发展的嬗变及伦理反思》,载《高教探索》,2012 年第 3 期,第 119 – 123 页。

② [澳] 约翰·L. 麦凯:《伦理学发明对与错》,丁三东译,上海:上海译文出版社 2007 年版,第 186 页。

③ 龙献忠、许烨:《教师职业角色发展的嬗变及伦理反思》,载《高教探索》,2012 年第 3 期,第 119 – 123 页。

第六章　对话交往：高校教师职业伦理交往

　　社会生活实践发展日新月异，各种社会领域不断涌现的前所未有的道德境遇要求国人具备根据一定的伦理知识积累和伦理方法论分析的能力，并在新的实践境遇中做出正确的道德选择和道德行为。高校教师职业伦理原则、职业伦理范畴、职业伦理规范的贯彻实施有赖于高校教师的道德行为，即伦理实践。只有通过教师的伦理实践——道德行为选择，道德准则才能转化为现实的道德行为，也才能实现教师职业劳动的道德价值。高校教师职业伦理实践作为高校教师行为的一种形式，具有一般行为的某些共性。从社会活动方式的角度看高校教师的行为，其本质包含三个方面，一是其行为是积极能动的自主活动，二是受意识支配的自觉活动，三是受社会条件制约并具有某种社会倾向的社会性活动。早在17世纪，英国哲学家洛克首先提出初始形态的交往理论，后经过休谟的以感情为核心的交往"共感论"，孟德斯鸠对交往与交往关系的产生的唯物主义解释。自笛卡尔伊始，西方哲学完成了自身的主体性转向。在之后的漫长历史当中，康德、费希特、黑格尔、马克思，以至胡塞尔、哈贝马斯无不在主体哲学的视域下开始其对人和世界的思考。高校教师与学生、教师与教师之间的交往、教师与社会关系的交往是高校教师职业伦理关系的存在形式。虽然教育的初衷是要获得知识、形成技能，但无论如何伦理是第一位的，伦理学优先于认识论和存在论。高校师生交往关系首先是一种伦理性的关系，是对存在关系的超越，是"无限"对存在的一种切入，是一种真正的"超越"的关系，在其中，教师是关系中的存在，关系在逻辑上先于个体自我。而教学交往是高校师生交往关系的主要存在形式，教学在本质上是一种道德努力，教师正是在对存在、对认识的超越中形成了一种为他者而交往、为他者而负责的伦理情怀。教师与教师的同事交往关系是高校教师职业伦理关系的第二存在形式，仅次于师生关系，具有较强烈的道德规范性、冲突的隐蔽性与自我调节性等特征。良好的师师关系是教师个人成功的条件，这也是由教育工作的本质所决定的。教师的集体成功是教师个人成功的辅助条件，其产生的成果是集体性的。无论是高校教师还是学生都在对他者的聆听和回应中承担起自身的道德责任，同时也在对他者的责任中成就了自身。

第一节 主体与他者：高校教师职业伦理关系

一、"交往"与"对话交往"

中国传统交往伦理呈现出"人伦本位"的价值取向，而西方交往伦理与"个体本位"息息相关。中国传统社会的人伦交往主要依赖于人的心理机制中的知情意三者中的"情感"。现代西方社会坚持理性价值取向，建构"交往合理性"，将理性事业进行到底。在中国社会，"礼"不但是日常生活的交往规范，而且也是国家治理的制度规范，是高校治理的伦理规范。交往都是社会交往，布尔迪厄（Pierre Bourdieu）① 不仅把人之交往看做社会游戏，还从多个维度表达了一种交往行动的社会游戏道德观。② 而对亚里士多德来说，理想的人际关系建立在理想的友爱之上。在《尼各马可伦理学》中他用整整两章的篇幅讨论了友爱，并主张"友爱是德性，或包含着德性，而且它是生活的最必须的东西之一"。狄尔泰（Wilhelm Dithey）主张，教育学要成为科学，只有从教师与学生的关系去描述才有可能。因为只有将师生关系的现象提出

---

① 主张"社会游戏说"的法国社会学家。
② 张之沧等：《西方马克思主义伦理思想研究》，南京：南京师范大学出版社2009年版，第14－15页、第158页。

来，透过心理学的分析把它弄清楚，使得组成教育过程的每个过程的完整性能够被描述出来，进而将规定过程完整性的要素形成公式，或者推衍出法则。假如这种公式在特定条件下，能够表达每个教育的影响要素，那么这种公式也可以被称为一个原理。因此，经由师生关系的描述可以建立普效性的教育学。这种教育学是描述、分析、法则给与和原理的学说。[①] 师生关系（Lehrer – Schüler – Verhältnis）也就是教育关系，师生关系是教育伦理的问题，它是建立在教育者与被教育者之间的一种关系。教育的施为必须靠这种关系去进行，所以教育关系也是一种结构关系。师生关系紧张、教师与教育管理者关系紧张、教师与自己关系紧张（教师带病上课等以非人道方式对待自己）、教师与家庭关系紧张（如教师为了工作未能对家庭履行应有的责任和义务）等等扭曲教师与"他人"关系，导致教师与"他人"对立现象经常发生。师生之间的交往是教学交往的主要形式，对教学活动结果的影响至关重要。师生关系是类似专业人士与客户的、感情中立的"利益关系"，还是类似家长与子女的"感情关系"，无论是哪种关系都应该指出，高校是由人所组成的，各种关系不是形式上、体系上的联结，而是情感的、亲密的联结。

在形式上，后现代主义认为教师在其职业角色活动中所进行的教育职业活动不是往复循环的工艺，而是哲学，是艺术，是诗篇，是思想与思想的碰撞，是心灵与心灵的交流，是生命与生命的对话。这种关注"主体与主体"间的对话关系，是后现代推崇的"对话交往"方式。[②] 对话交往是一种推崇以彼此关怀为核心的伦理关系。哈贝马斯认为目前人的日常生活交往已经在寻求一种与后形而上学时代相适应的开放的道德共识[③]，他推行一种自我拯救的伦理观，以此走向一种交谈的道德空间。作为高校教师与学生、同事和社会公众之间的契约声明，高校教师职业伦理是各类教育相关者就高校教师在教

---

① Dilthey, W. Pädagogik, *Geschichte und Grundlinen des System*. In ders: Gesammelte Schriften Band 9. Stuttgart: Teubner Verlag. 1986, P. 190.
② 龙献忠、许烨:《教师职业伦理及其后现代诠释》,载《大学教育科学》,2012年第1期,第60–65页。
③ 张之沧等:《西方马克思主义伦理思想研究》,南京:南京师范大学出版社2009年版,第14–15页、第158页。

育情境中行为标准达成的共识。因此在后现代观念中，人们需要通过自由对话、理性论证来达成某种道德共识来形成道德原则。这里包含三个层面的意思：

首先，高校教师职业伦理在分析和解决一系列与教育实践相关的伦理问题的过程中，通过高校教师与学生、同事和社会公众之间的沟通和对话建立起来的。高校教师职业伦理的合法性来自于大学教师、学生和社会公众的参与，其内容的正当性取决于这些参与者的同意与否。也就是说，高校教师职业伦理的制定与内容本身都要体现出高校教师及各利益相关者的意志自由。

其次，高校教师职业伦理的内容不是固定不变的，而是随着教育背景的变迁、教育情境的改变，以及协商人员的变化而不断调整的。尽管高校教师职业伦理是对高校教师教育行动的规范，但它总不免受到社会各种价值偏好的影响。

第三，大学教师的个人角色已从二元对立的主体身份转换为共生关系中的对话者，从社会代表者和真理的掌握者转换为知识的解读者，从理性的塑造者转换为创造性思维的启发者和智慧的生成者，大学教师作为后现代"平等者中的首席"，与学生作为一群个体在共同探索有关知识领域的过程中相互对话与合作，教师是内在情景的领导者，而不是外在的专制者。① 因而高校教师的交往伦理呈现一种交往理性特质，要求高校教师既有生活世界的理性信念，掌握话语伦理原则，具备包容和反思能力。②

二、普遍理性交往主体的确立

"他人"在哲学中一直存在，却始终没有引起重视，后经 20 世纪 80 年代，教学论领域对主体性问题研究的开展，直至胡塞尔为了避免"唯我论"的哲学倾向使得"他者"问题开始被关注，他关于"主体间性"问题研究使"他者"问题在现代哲学主流话语中真正绽放。尽管胡塞尔的先验主体间性仅仅是"我"自己的意向性培育起来的，从这一点上来看，胡塞尔最终也没有

---

① 巩婷：《"平等者中的首席"——多尔的后现代教师观初探》，载《内蒙古师范大学学报（教育科学版）》，2010 年第 9 期，第 1—3 页。

② 范瑞平：《当代儒家生命伦理学》，北京：北京大学出版社 2011 年版，第 64 页、第 404 页。

做太大的实质性修改，但就是这一"主体间性"问题域的转向，成为主体性问题的替代方案，表明了胡塞尔对"唯我论"危机的清醒认识和最后解决的努力，也标志着在"他者"问题上不可忽视的一个诞生阶段。萨特认为近现代哲学之所以无法摆脱"唯我论"而真正对待"他人"问题，根本原因在于他们始终把"他人"问题看作一个认识论问题。萨特在《存在与虚无》中，以"为他"作为主题，从存在论出发主张我与某个对象具有一种存在关系——他人的存在，于是在其存在论哲学中出现了"他人""他人其实就是别人，即不是我自己的那个自我"。在后现代主义者看来，相对于中心的边缘、相对于主流的支流、相对于西方世界的非西方世界、相对于理性的非理性等都被视为他者范畴。其代表人物，如福柯、鲍曼、德里达、利奥塔等通过批判反思现代性，揭示各种非理性、边缘化、非中心化因素作为"他者"在现代性进程中的命运。现代性意味着理性以不同的方式向各个领域渗透，意味着理性力图确立自己对非理性他者的全面控制。

在犹太学者马丁·布伯（Martin Buber）看来，师生间的关系绝不应当是一种冷漠的"我—它"式的主体与客体的关系，而应当是一种感受对方情感"我—你"的关系，也就是说，师生之间恰当的关系是主体与主体之间的关系。师生间分享彼此的知识、情感和追求，双方以人的方式分享对方的生活。尽管师生在知识的积累和储备上是不一样的，但他们在人格上是平等的。马丁·布伯把西方近代主客体二分的世界观归结为"我—它"关系，认为"我—它"不是真正的关系，因为"它"（客体）只是"我"（主体）认识、利用的对象。只有"我—你"之间的关系才是主体与主体之间的一种关系、一种相遇、一种对话、一种人际关系之中的超越。这种"我—你"的关系用马斯洛的观点来说，就是"我关注自己的感受，也关注你的需要"。

同样是犹太人的列维纳斯（Emmanuel Levinas）在前人探索的基础上走得更远，他认为西方哲学是尤利西斯返家①的艰难历程，而"他者"远在天边，

---

① 爱尔兰意识流文学作家詹姆斯·乔伊斯（James Joyce）于1922年出版的长篇小说《尤利西斯》中的故事。

就像亚伯拉罕远离家园。列维纳斯的核心思想就是面对他者,倾听他者,肩负对他者的责任,展示为他者的主体。在众多哲学家中,列维纳斯关于"他者"的形而上伦理思考既坚持了对传统哲学弊端的批判,又坚持了对创新性的伦理价值的追求。列维纳斯是在伦理学的语境下讨论主体性问题。在他看来,人的自在存在没有任何意义,真正有人文意义的存在是伦理性的"存在",伦理性是人之为人的意义所在。人类生存的一个基本事实是与他人的相遇。当我面对他者时,我与他是脸对脸、面对面,这是一种交流,而且是一个双向的交流过程。这种"面对面"打开了对话的空间,主体不再是完整的单子,而是朝向他者,使得一种基于伦理的对话成为可能。由此,对主体的分析不是只分析孤独主体自身,而是包括了面对主体的他者在内的。

处于后现代拟像中的高校教学,正在建构一种崭新的独一无二的语言学意义上的现实。从认识论看,在某种程度"拟像"仍然被我们的主体认作我们的表象[①],一个"先验自我"不可祛除,总有一个"逻辑之眼"在那儿。[②] 要摆脱工业社会的二元对立模式,回归事物本身,认知应让位于伦理,自我的存在应当超越自在和自然的特性,进入伦理的世界。列维纳斯指出:"主体性不是为己的,首先是为他的。"[③] 也就是说,教学中教师的主体性不是事先存在的,而是在师生的伦理关系中体现出来,在对教学负责的责任行为中构建起来的。无论是主体性的教学交往还是主体间性的教学交往,总是自我与他者的交往,都必然要面对自我与他者的关系问题。主体性教学交往使自我通过交往而实现交往的他者向自我的统一,从而使他者表现出与自我的一致性和同一性;主体间性的教学交往则通过交流沟通而达成彼此之间的理解,从而使交往双方达成观念上的融合而实现双方的同一化目的。[④] 主体间性和主

---

① 许烨:《生活在拟像之中:论后现代高校教师的教学伦理》,载《湖南师范大学教育科学学报》,2013年第9期,第85-89页、第108页。

② 金惠敏:《从形象到拟像》,载《文学评论》,2005年第2期,第158-162页。

③ Levinas, E. *Ethics and Infinity*, translated by Cohen, R. A. Dequesne University Press, 1985, P.96.

④ 张天宝:《教育交往:内涵、特征及其基本规定性》,载《教育研究与实验》,2006年第5期,第7页、第13页。

体性一样都最终走向了对"同一性"的向往和对差异的忽视。从古希腊哲学起，到中世纪哲学，再到近代哲学，都没有改变对世界的同一化追求。同一性哲学力求为世界、为认识寻找到唯一的本源，从而实现世界向这一本源的同化。然而他者之为他者恰在于他是不同于自我的差异的存在，对差异的漠视以及对同一性的向往在本质上是对他者的扼杀。① 教育通常被寄望于能为人类的幸福给予一种终极关怀，若是对幸福作形而上的追问，恐怕其中的关键还在于人与人之间的关系。② 当"主—客""主—主"关系无法调和矛盾时，我们只有从"他者"那里重构"主体性"。③ 他者性交往是为了他者并对他者承担责任的交往，它通过重建主体性最终得以完成。

第二节 "控制"与"被控制"：教师生活世界的两难情境

目前高校的教师教学正处在正处于工业时代、后现代价值体系的矛盾对话之中，以及现代性的话语转型与寻求新的德育合法性思潮的拐点之中。与现代机械论世界观相反，后现代主义信奉有机论和整体论的世界观，把人和自然看作一个有机和谐的整体，强调个人与他人、个人与他物的关系是内在的、本质的、构成性的。④ 后现代主义对现代教学道德尺度的批判和超越，崇尚差异性，提倡多元化，强调对话，为我们反思后现代高校课堂教学现实，分析高校教师职业伦理关系，促进师生交往的有效性提供了新的视角。⑤ 大学教学交往中的他者与主体如果永远处于对立的两极，那么主体——大学教师

---

① Ravers, P. "Whatever happened to the NEA code of ethics?" *Education*, 2001, 105, (4): 403 – 407.
② 伍正翔：《幸福的他者性与为了幸福的教育》，载《上海教育科研》，2010 年第 10 期，第 12 页、第 15 页。
③ 许烨：《生活在拟像之中：论后现代高校教师的教学伦理》，载《湖南师范大学教育科学学报》，2013 年第 9 期，第 85 – 89 页、第 108 页。
④ 陈文昆：《后现代德育思维对我国高校德育现代化转型的启示》，载《继续教育研究》，2009 年第 7 期，第 108 – 110 页。
⑤ 许烨：《生活在拟像之中：论后现代高校教师的教学伦理》，载《湖南师范大学教育科学学报》，2013 年第 9 期，第 85 – 89 页、第 108 页。

的强大总是以他者——学生的沉默和消失为代价,他者每一次争取命运的努力都不得不从限制主体的权力开始。然而,无论是主体性教学交往中的主体还是主体间性教学交往中的主体,都在对自我的迷恋中走向了同一化的道路,而他者也就不得不在同一化的主体面前处于被遮蔽的状态。

一、伦理两难:生活交往中理性主体被解构

"生活世界"是交往行为理论中的又一重要概念。首先提出"生活世界"(Life world)概念是胡塞尔,"生活世界"是一个极其富有创新性的概念。哈贝马斯认为,生活世界有三种解释模式:一是文化的;二是社会的;三是个性导向的。因为教育工作本身的复杂性,在教师的生活交往中不得不遭受到来自政府、市场、家长,以及其他社会单位等方面的影响,也经历许多道德困境。

从我国高等教育改革的发展来看,我国政府一直充当着高等教育的"护花使者",在政策上着力推动高校教师职业伦理道德的建设,在社会上主导主流伦理价值观,在文化上强化教学文化和大学文化的形塑。由于大学所培养的人才最终要回归社会、流向市场,市场也必然对需求的人才素质提出具体的不同的要求,这会使得大学教师在专业伦理实践中选择某些价值,而忽略某些价值,如为了适应市场,教师会选择能力、公平等道德价值,但同时有可能忽略关怀、仁慈、正义、平等等价值,将弱势学生推到更为不利的境遇中。[1]一方面教师必须要回应社会和学生的要求,但有时社会和学生却有着矛盾的志趣。一些受访教师表示"自己每天为生计操劳、为职称发愁"。试问教师在课堂上将这样的职业焦虑不自觉地通过传递给学生,又如何能跟学生有思想交流,又如何承担比"授业"更重要的"解惑"使命呢?

其次,道德作为高等教育活动的本质属性,必然要求大学教育工作和教师的教学实践合乎道德,但事实上并非所有大学内部的制度惯例都符合道德

---

[1] Harris, L. C. "Sabotaging market - oriented culture change: An exploration Of resistance justifications and approaches". *Journal of Markering Theory and Practice*, 2002, 10 (3), P. 58 - 73.

要求。许多大学内部制度的制定都是领导决策，而非来自广大一线教学教师的共同参与，因此也很难代表他们的道德诉求。

第三，大学的同事也会在教师进行道德判断中施加影响力。有时候，大学教师难以控制自己的暴躁情绪或因为其他一些原因而在课堂上或公共场合说出了不合道德的言语、做出了不合道德的行为，其他在场的教师看见了那些对学生不利的行为或者听到了不恰当的言语，他们也会因为要维护集体的权威和对集体的忠诚而听之任之，保持沉默。部分高校采用量化评分制进行教师聘任制改革，分数高的教师获得高等级绩效工资，昔日关系融洽的同事为了使自己的量化评分分数增加，教师间互相拆台的事件也屡见不鲜。像被调查中的某高校的新闻传播与影视艺术学院就有4名副教授年终考核时因为未申请到国家社科课题被降级聘用，拥有副教授职称却只享受讲师待遇。同时达到副教授评聘标准的几位讲师为了争取名额而变得关系紧张起来，事关经济利益与前程问题，往日相安无事的同事变成了竞争对手。温情脉脉的同事关系因为种种利益相关问题变得岌岌可危也是常见之事。加之由于大学教师工作本身的特殊性，教师在相对独立的教室空间和教学时间内拥有许可的自主权（1iceribed autonomy），其他人很难干涉其中。再者，伦理价值本身存在不同的取向，教师也不能以"道德的护卫者"或"道德的规劝者"去对同事的不合道德的行为或言语加以批评。甚至有时候，一个集团需要通过某些潜规则来维持集体的团结，而"不去批评同事的不合道德的行为"有可能成为高校教师群体的潜规则。那么，当教师发现自己的同事犯有不合道德的行为时加以谴责，就会承担打破这种集体潜规则的危险。如被访的一位A校教师谈到自己曾经历的一个道德困境：

他的一位同事和朋友向他承认，他泄露了考试题，为了让自己偏爱的学生能够考试拿高分。他说："我知道我的朋友是错的，他违反了教师的职责，这对其他学生不公平。但问题是，我该怎么办？我不能明确指出要报告同事的不道德行为。"

实际上，高校教师职业伦理本身的一个很重要的功能就是通过建立规则来维持大学教师专业团体的内聚力。而不去谴责或揭发同事的不道德行为可能会成为某种专业"忠诚"伦理的衍生品。一旦缺少伦理知识，教师就会丧失辨识这些情境的能力，较多的选择去关注课程和教学方法，或从个人、或集体的角度去决定交往中道德宽容的限度。作为这些在道德上让人感到不适的同事的"旁观者"，许多教师在面临这些情境时，如何或多或少地显露自己的个人观点，受访教师们在这个问题上的看法不一，三分之一的受访教师持不理会态度，认为"如果我从别人那里听到一些关于某位老师有什么问题，我不会主动去传播，我只会考虑自己的教学任务和工作。"超过半数的受访教师愿意保持旁观态度，认为教师的个人作风问题与自己无关，虽然他并不赞同。只有少数受访教师表示会采取一些隐蔽的措施，比如匿名举报，或者在不得已的情况下当面指出。

B校彭教授说，"如果不得已，我不介意与其他教师对抗，只是只会在教师内部，我不会学生面前与其他教师发生争执，这是不明智的。"但持此类观点的受访教师非常少。

A校柳教授说，"我曾被学院五位教授联名举报多篇论文抄袭，虽然实际上那几篇论文是我学生所写，但他们都是我朝夕相处的同事，我对此感觉非常难受。如果他们能及时指出问题，而不是采取这种极端方式，那我的这位学生或许能及时悬崖勒马，改正自己的学术不端行为，我也能早日反思自己平日与同事之间相处的不当行为……"

具有讽刺意味的现实是，教研室内恶意而非正式的流言蜚语，和对于同事教学能力和性格特征的抨击也很猖獗。虽然许多教师在交往中遭遇这些道德困境，但有时他们并不满意自己对此的反应方式，甚至会因此而感到沮丧。笔者的一位朋友就曾因办公室的流言蜚语而不堪重负，最后选择退出教师行业而进入其他行业。

B校肖讲师说到：如果我听到的不好传言内容说的是我的朋友，我会第一时间跟他们沟通，如果不是我的熟人，我可能不会去管闲事。当然有时候我也很气愤，会责怪自己为什么不去管闲事，明明知道是错的却不能说。

然而最令人难以接受但也是经常发生的事实是，有时教师常常会批评那些同情他人的教师，而且这种行为就会被教师集体所允许，似乎应验"木秀于林，风必摧之"这句成语。再如许多教师对学术剽窃现象先是狂怒不已，然后无奈摇头，继则怒极反笑，最后则是"笑而不语"。本该愤怒，却无怒气，反而"笑而不语"，这是否是因为早已洞彻了社会现实的丑陋、有限人生的无聊以及世俗权力的愚蠢。在一个强调忠诚集体的专业教研室内，一位获得学校管理层青睐的新进教师可能会成为"逾矩之人"。在一个强调教师之间步调一致的专业教研室内，一位因为更善待学生而获得道德模范的教师很可能被冠以"爱表现"的负面形象。一方是个人职业发展或学生权益的需求，另一方是集体的潜规则和同事的评判，在这种抉择中，教师不可避免地纠结其中，要么独立独行被逐渐边缘化，要么就随波逐流而消声于集体的潜规则。

二、重要他人：主体在教学交往中的内省

在日常生活中，我们常常对偶然出现的情形耿耿于怀，如一个学生从不逃课，有次因为家中有事缺课而恰巧被教授点名批评，郁闷了好一阵；有时甚至是一个路人无端说了句不吉利的话被我们听见，也能使我们的心情受到影响。那么大学教师之于学生的存在已经超越了这一切，他们已经不是"一般化了的他者"，而是作为重要他人（significant others）而存在。大学教师的言行已经成为了一种榜样和楷模，能够影响到学生的人生态度和动机，影响到其人格深层的东西，成为学生道德生成的重要源泉。而在学生的良心深处，也始终以教师作为裁定自己道德判断和行为的标准，简单地说，就是"我做这件事，是否符合教师的心意，是否会受到老师的责难"。作为学生成长过程中的重要他人而存在的教师，简言之即"我看人看我"，通过对"别人眼里我的形象"的想象进而影响自己的行为选择，就好比家庭中父母作为子女成长的重要他人，能够对学生的成长产生很大的影响。在很多情况下，一个学生也往往会成为另一个学生的重要他人，对其在课堂中的听课情绪、学习效果产生影响。对大学教师而言，也并非每一个学生都会对其教学产生影响，而

总是从一部分学生那里能够获得更多有效的反馈，而另一部分学生则产生较小的影响。重要他人之所以重要，在于他从根本上涉及自我认同的建构，而认同的建构又必须在持续的对话中产生，重要他人便是那个作为自我持久的交往对象存在的那个个体。这种认同的建构不仅是个体对自我的确认，同时也是那个重要他人所希望在自我身上看到的。

正如米德所言，"完整的自我的统一性和结构，反映了作为一个整体的社会过程所具有的统一性和结构；而组成这种完整自我的每一种基本自我（elementary self），也都反映这个把个体包含于其中的过程之诸方面中的一个方面所具有的统一性和结构"①。大学教师的自我是"主我"与"他我"的辩证统一体和混合物，通过对"大学教师"这一角色的扮演和学生、同事眼中被"泛化的他人"而将集体、高校或社会的要求予以内化。在教学交往中，教师是学生的重要他人，反言之，学生则是教师的绝对他者。在教学中，作为绝对他者的学生是不可被认识的，他总是对教师表现出自身的他性，表现出相对教师那个自我的陌生性、外在性、绝对性和超越性。

大学教师在大学生心目中"重要他人"的形象，成为大学生实现弗洛伊德（Sigmund Frend）所谓的"超我"的内在驱动力。从这点意义上看，教师角色的影响成为了道德教育的阿基米德点，它接连着学生良心和外界规范伦理，在其中起到一个调和和缓冲的作用。在理想的情况下，当教师个人面对伦理决策的时候，作为道德实践者而敏锐地意识到自己角色的教师，将广泛运用自身的专业伦理知识去提供决策指导与引领。作为公共知识分子，引领社会文明是教师的公共性质的基本要求。一方面，高校讲台实际上就是一类公共媒体或论坛。

A校某大学生谈到："我曾经听过一次学术讲座，内容讲的是'好人好事'，我非常震撼高校中竟然有这样的教授在做这样一件事情。当天听完讲座后，我就上网查询他说的网页，真的存在。这给我留下了非常深刻的印象。"

---

① ［美］乔治·赫伯特·米德：《心灵、自我与社会》，霍桂恒译，南京：华夏出版社1999年版，第156页。

类似这种具有指向性的教师言行能够对学生产生怎样的影响是谁也无法预估的，但因此可以说明，教师作为"知识的代言人"，他们的言谈和身体力行对社会生活来说，对群体来说，具有极强的引导和暗示作用的。

B校一名教文学的刘老师谈起自己课堂上发生的一件事情：在大一的一堂诗歌课上她分析过一首诗，内容写的是一个自杀的少年。当时班上（小班教学）有一个女生看上去变得有些悲伤，不多久开始嚎啕大哭。她不知道那首诗怎么就影响了女生的情绪。对她而言，课堂上发生的这事让人束手无措，那个情景中的道德紧张关系一度困扰了她许久。她很困惑自己在选择课堂内容的时候，没有想过从伦理的角度讨论那首诗，而只是作为一部文学作品来讨论。虽然后来过了许久，该女生主动找她谈起此事，原来当时受家事困扰产生了轻生念头。

B校另一位年轻讲师则谈起了自己某一次遇到的情形：那是一次大班教学，他按常规顺序按花名册点名，布置课堂作业，宣布期末考试范围和形式。一个男生课间休息时跑来询问，说自己迟到了，能否在点名册上签到，他同意了。尔后该男生又开始诉说自己有多忙，如何如何，最后表示自己平时不能经常来上课，能否平时分给自己满分。他当然未能同意，男生又百般解释，并提出请他吃饭，使他非常反感。他认为一旦他开了先河，将有很多类似的情况发生，许多人都会认为不来上课也能得满分，那来上课的学生又情何以堪？

这一简单示例仅仅分析了教学中潜在的道德情境。这种教学交往中的伦理性既体现为教师自我对绝对他者学生的责任，也体现为大学教师自我对学生的责任是如何成为自我的主观愿望并加以实现。大学教师们每天的教学常规工作会造成很多这样的伦理困境、紧张关系，以及对教师本人形成了挑战。这种道德困惑也会遮蔽老师的能力，使其不能及时正确的应对情境中的问题，即首先将其作为存在道德问题的情境来加以认识和预计，这是无法在备课时能够预计的。由于教师缺乏丰富的道德和伦理基础作为他们专业实践的指导原则，因此在面临实际教学中相互冲突的、对或错的原则如何应用解决这些困境时变得困惑不解。此外，就算他们清楚的知道正确的选择，但他们依然不知道如何去实施。又或者，他们知道正确的选择、正确的处理方式，但出于安全考虑、个人因素等原因而拒绝作为。不可否认，有些教师犯罪，或者存在职业上的违规行为，如玩忽职守、协同作弊、谎报资质、学术造假，以及其他不诚实的行为。这些行为严重地破坏了高校教师应遵循的伦理原则，使得教师经受挑战，反思自己作为学生成长中的重要他人时所作出决定的伦理意义。当然，习惯性造假的老师不会感受到道德焦虑或困惑，他们关注的是避免被外界发现和确认自己有此不当行为。从另一角度来说，这类教师仍然可能造成一些道德焦虑和困惑，因为他们诚实的同事将遭遇困境，思考如何纠正同事的错误行为。如若，教师自我通过对他人、对善的渴望，自我对他者责任的欲望使自我超越自身，有了迎接他者的可能性，那自我在这种欲望中也能得以成就。

　　反思"所有人对所有人的传播"的拟像现实，高校教师必须重新审视自身。在实际教学交往中，将自身栖于自我世界，这是对自身身份的坚守，也是形成尊重他者的教学交往的前提。重要他人通过对自我观念产生影响而形成关于自我的观念，泛化的他者则通过使自我采取他人的态度而强化着个体关于自我的认同，从而为从自我向主体的转换铺平了道路。然而自我采取组织化的他人的态度所决定的还只是那个作为客我的自我，主我究竟会对泛化的他者的态度表现出什么样的反应还是未知的、不确定的。后现代的道德观所愿意承认的只有最少道德的道德（minimoralistic moral）①。现代性知道它走向何方并且下决心要到达那里。现代意识知道它期望到达的地方并且知道为了到达那儿它应该做些什么。② 由于社会不公平现象在学校里随处可见，那么在大学工作的教师以及培养教师的教育者们就要承担众多适当的道德责任。③

　　高校教师主体的世界总是存在着对他者进行驱逐的危险，通过驱逐实现

---

① Bauman, *Postmodern Ethics*. Cambridge, MA: Basil Blackwell. 1993, P. 3.
② 许烨：《生活在拟像之中：论后现代高校教师的教学伦理》，载《湖南师范大学教育科学学报》，2013 年第 9 期，第 85 – 89 页、第 108 页。
③ 同上。

支配、控制和奴役。而在大学教学中，教师自我要想实现真正的交往就必须走出自我的世界去欢迎、迎接他者，而不能一味的沉浸于自我的陶醉和欢愉之中，不能在自我的沉醉中自说自话。自我的反思，是作为主体的我与作为客体的我之间的反思。"我是通过经验来作出明智选择，不是做的经验，而是我们对所做的进行反思的经验。"① 自我的批判，则在于对认识过程本质的独特理解。批判性就是质疑，而且是建设性的质疑，就是以改善为目标，质疑现有知识与实践。在波普尔（Karl Popper）看来，学术研究要求大胆猜测，严格反驳。② 在现代课程教育的思想过程中没有反思、批判、比较的习惯。更为重要的是，高校教师的批判意识及创造力也往往被学术结论的确定性与权威性所忽视。既然科学是在不断地发现错误和纠正错误中发展的，那么也只有通过不断的反思与批判，才能促进科学的发展，这也要求教师必须依靠不断的反思与批判来促进新知识的生成，改造工业时代的课堂教学组织结构，以内隐的形式影响、调节个人的从教行为。但是，值得注意的是，这种反思与批判必须是适时的。③

三、拟像现实：符号化对话语权的解构

"拟像"，顾名思义，对现实"像"之模拟，游移和疏离于原本，是一种人造现实或第二自然，诸如网络、电视、影像等媒介这一主要的模拟机器大量产生出形象、符号、代码，构造了一个虚幻的境界，人们看到的不是现实本身，而是脱离现实的"拟像世界"④。从柏拉图开始，拟像就已经成为视觉艺术理论和实践中的一个重要概念。今天拟像得到新的共鸣，它作为一个重

---

① ［美］小威廉姆·E. 多尔：《后现代课程观》，王红宇等译，北京：教育科学出版社2000年版，第189页。
② 唐松林：《波普尔批判理性主义视域中的学术创新》，载《中国高教研究》，2007年第3期，第27-31页。
③ 许烨：《生活在拟像之中：论后现代高校教师的教学伦理》，载《湖南师范大学教育科学学报》，2013年第9期，第85-89页、第108页。
④ ［法］克里斯托夫·霍洛克斯：《鲍德里亚与千禧年》，王文华译，北京：北京师范大学出版社2005年版，第10-11页。

要的文化角色渗入了高校教育的方方面面。①

根据鲍德里亚——"后现代的大祭司"对拟像时代符号发展的四个阶段论述：一是符号作为某种现实的反映；二是符号遮蔽和颠倒着基本现实；三是符号遮蔽着基本现实的缺失；四是符号不再与任何现实发生关联，是它自身的影像。世界在根本上成为图像凸显出现时代的本质②。工业时代真假的二元对立已被符号的一元生产所取代，超越对原型物体的模拟，拟像时代对形象、符号、代码等"模型"的模仿，其生产的"超真实"已逐渐成为了现实的一个替代符号。在某种程度上，它使当代社会成为由符号与符码组成的社会，虽然其符号本身并无优秀和拙劣之分。在接受消费社会所产生的特有的生产方式——符号与符号的繁殖，高校课堂也不可避免的处于"文化拟像"与"现实拟像"的社会中，其德育客体不再根据传统的社会背景来界定，而是处于可互换的符号网络循环过程中。③ 随便巡视一下大学课堂，人手一机早已见怪不见，到新闻系之类的小班甚至人手一台 iPad。大学中的"拇指族"们时刻都在刷流量、费流量中度过一日又一日。当课堂教学内容成为以符号为载体的信息与图片形式存在，其符号所充当的不仅是传递信息的角色，更为重要的是通过它进行信息再生产、再加工，这一再加工的生产机制就是文化拟像。④ 许多受访教师在谈到自己的课堂教学时表示，原有的黑板已成为摆设，自己的课程内容都保存在电脑笔记本，粉笔、写字笔已被多媒体取代。

B 校从事思政教学李讲师谈到："现在不是我不想用黑板，而是学校不允许，都要求电子备课，不仅课堂内容要上传，课程考试案卷要上传，学生考试成绩要上传，我的所有课程内容基本都在电脑笔记本里了，现在若让我不

---

① 许烨：《生活在拟像之中：论后现代高校教师的教学伦理》，载《湖南师范大学教育科学学报》，2013 年第 9 期，第 85－89 页、第 108 页。

② Martin Heidegger, "Die Zeit des Weltbildes" (1938), in: Holzwege, Frankfurt a·Main: Vittorio Kloster－mann, 1994, P. 90.

③ Ravers, P. "Whatever happened to the NEA code of ethics?" Education, 2001, 105, (4): 403－407.

④ 赵晓龙，刘德明：《商业空间环境创作中的文化拟像解析》，载《城市建筑》，2009 年第 2 期，第 14－16 页。

拿笔记本,不用多媒体,我都不知道该怎么上课了。"

许多高校明文规定要求"电子备课",要及时上传"课堂内容""课程考试案卷""学生成绩",这一方面有利于高校集中管理,推动了资源共享平台的发展,许多不擅长备课的教师可以从中吸取有益的经验。但凡事必有利弊,资源共享也使许多教师将更多的时间放在"轻松敲几下键盘,按几下鼠标",甚至考试题目也从网上寻找案例,使得部分教师对教学内容不再花心思创新,而只是挪用他人的成果。

B校从事思政教学龙副教授谈到:"资源共享还是有好处的,在备课上不需要花那么多时间了,有些内容、课件都是共享的,你下载就行了。像出考试试题的时候,有些题目也可以在网上寻找案例,很方便很快捷。"

当然,也有部分教授,一般是年纪较长的老教授,上课仍采用无 PPT、无板书的纯口述模式,但只属于极少部分。后现代人的普遍审美情感表现出来的多样性、游戏性、颠覆性、差异性、非中心性、零散化、不确定性、仿像与狂欢性等特征[①],使高校课堂呈现碎片化。绕过传统媒体的"议程设置""把关人"等程序,拟像时代舆论传播的更加快捷,高校教师所拥有的信息资源优势也因此被消弱甚至发生逆转。在拟像时代的符号潮流中,作为高校教学中的"他者"也开始朝拟像化方向发展。[②] 哈贝马斯认为,日常生活中的语言作为交往的中介、媒介,它是"主体—主体"间交流式、对话式的日常语言,是为理解服务的语言。只有在行为者的相互交往中,才能最后达到他们之间相互提出的、相互能理解的有效性声明和有效性沟通。而异军突起的大众媒介为拟像化提供了渠道,也为青少年的拟像化提供了源源不断的动力。青少年不再需要通过直接的观察去学会各种社会知识和道德原则,各种通讯技术和信息媒介已经成为他们获得信息的主要渠道。相比之下,高校的教学

---

① 孟利艳:《我国德育走向的现代性与后现代之辨》,见《科学发展观与青少年和青少年工作研究报告——第五届中国青少年发展论坛暨中国青少年研究会优秀论文集》,2009年版,第503–510页。

② Ravers, P. "Whatever happened to the NEA code of ethics?" *Education*, 2001, 105, (4): 403–407.

授课方式虽较以往有所改变,但在师生交往中,由于双方所处地位及信息掌握量的不同,交往往往呈现单向性、被动式和自上而下的特点,特别是作为个体主体的教师或学生与作为主体的班级、小组、小群体之间的点面式交往,在大班教学时表现得最为明显。这种以"单向灌输""我说你听"为主要模式的课堂教学模式,原始形态手段如粉笔、黑板的课堂教学媒介,机械、朴素、权威的课堂教学风格,已经受到以符号为代表的拟像时代的冲击,其对传统教学文本的消解,使教师的创造力和自主意识也逐渐被消解。①

特别是在"预成论"的教学观下,学校对教材内容"定于一尊",教师通过对学生进行现成知识的传授,成了对学生个性发展的宰制,在把教科书当作"圣经"传授给学生的过程中,学生逐渐形成了一种依附权威的思想,以及"听老师的话"的行为模式。面对"90后"学生的思想实际、学习兴趣和学习上的"兴奋点",缺乏时代感和针对性等现象普遍存在,不是设身处地地体察,积极主动的研究,仍然是一成不变的等待精神与指示,然后以会议落实会议,以文件落实文件,致使知行的严重脱节。结果,学校变得死气沉沉,缺乏生活气息和生命活力。② 在四年的研究中,笔者也发现很多高校对教师在校时间并无规定,但不少教师过着"上课到校、下课回家、独自备课、无人交流"的生活——如何加强情感教师与教师之间的情感和学术交流,寻找情感出口和发展平台成为值得思索的问题。

网络、电视、影像等媒介符号在潜移默化中将某种观点、价值观直接导向观众的意识。学生对自己意愿和欲望的不确定性,不是由于信息的缺乏,而是由于信息泛滥所导致的结果。传媒中的符号与信息由于把自身的内容加以去除和消解,导致了意义的丧失,导致了部分教学内容沦为信息和意义"内爆"的"噪音",特别是"两课"的教学。拟像时代对话语权的解构直接体现在在传媒主宰下,接收者对信息的加工与处理大多是被动的"沉默的多

---

① 许烨:《生活在拟像之中:论后现代高校教师的教学伦理》,载《湖南师范大学教育科学学报》,2013年第9期,第85-89页、第108页。
② 同上。

数",所谓的"公众意见"也不过是编辑,剪贴的结果,如唯美主义运动和哥特文化在"90后"人群中的流行都是停留在对西方某些文化现象和成人世界中"被遮蔽的黑暗世界"的表象模仿,甚至是一种病态模仿,是一种没有自主性的任意行为,没有自主性也就没有自由意志的体现,没有自由意志他们就不能生活在自我的真实中。①

如今许多大学生回顾自己的大学生活,表示自己一直处于 nameless(无名)的状态,没有一个老师真正在意过自己的存在。大学校园盛产"无名氏",是因为"如今的大学根本就是一个没有人情味儿的自主性社会。"社会人情味的缺失,比如两家人同住一层楼好几年却彼此间互不认识,直接导致了人与人之间交往关系的淡薄。这是因为启蒙运动以及工业革命后,传统的礼俗社会(community)急剧变革成现代的法理社会(society),冷冰冰的契约关系代替了温情脉脉的亲缘和友爱,社会如此,学校亦如此。在研究者的访谈内容中有一项,"请问您花名册上的名单中,你叫得出几个学生的名字?"绝大多数受访教师表示只叫得出少数几个学生的名字,而受访的从事大班教学的"两课"教师则基本表示离开花名册便叫不出学生的名字。

A校英语系范讲师答:少数几个,比如班长之类的还是叫得出。

A校英语系彭辅导员答:作为一个班的班主任,也只认识少数几位班干部或者才能特别突出的,大部分记不住。

A校从事思政教学的杨副教授答:我基本上都是进行大班教学,学生总共加起来好几百人,基本上没几个叫得出名字的。

韩愈有言,师者,所以传道、授业、解惑者也。如今的高校教师早已把肩上的责任自动缩减为单纯的"授业"。"传道"不符合现代社会科学"价值中立"的基本原则。"解惑"也流于形式。高校扩招以来,原本就处于严重失调的师生比例雪上加霜。许多公共课程只能采取"讲座"(lecture)的方式进行,一堂课下来多则百余学生,师生间的互动自然无法顺畅进行。公允地说,

---

① 许烨:《生活在拟像之中:论后现代高校教师的教学伦理》,载《湖南师范大学教育科学学报》,2013年第9期,第85-89页、第108页。

高校教师没有义务记住每一个学生的名字。但在竞争日趋激烈的今日高校，学生若想脱颖而出，赢得老师的关注与承认，就必须让自己首先变得积极主动且强大，这已成为大学生的基本生存之道。但若是只有足够优秀和卓越、个性突出和吸引眼球才能够得到教师的承认与尊重，那么绝大多数大学生在大学生活中都将注定只是一个微不足道的"无名氏"，因为究其根本，"优秀""卓越""个性"就像一个个的具有贵族性质的标签，它只能属于少数人，而无法均摊给所有人。

这种"无名氏"现象不仅存在于大学生中，在高校教师中也普遍存在。在某种利益的驱动下，"千亩校园，万人学校"的巨型大学似乎已经成了一种时尚，我们在兴办这样的超大规模的院校的时候，谁也不会去考虑作为学校教育与商业活动工业生产的区别所在。在这种全方位恶性竞争的氛围下，只可能造就彻底的输家与彻底的赢家。

四、他者的消失与道德的消弭

如果媒介产品内容无意中契合了当下社会公众的共同心理，就有可能在较短的时间内产生"集合的自发反应"。越受媒介产品的影响，就越容易产生自发反应，这对青少年的价值观和行为产生了巨大的影响，电视中的社会暴力与青少年的某些行为之间也存在着极其密切的联系。"电脑屏幕综合征""网上色情""信息污染""文化的融合与侵略"等新病症都对传统的伦理道德产生了威胁，使社会规范体系呈现"失范"，使道德个体背弃了德性。[①] 面对拟像时代各种各样混乱的道德现实，很难用简单的概念来揭露其中的真相。正如鲍德里亚在分析摄影时指出："一个主体在媒体的存在，是以主体以外的他者消失为代价的，而这消失的他者往往才是真实的世界。"[②] 因此，作为充当公共信息平台的媒体来说，应当更加小心地甄别和慎重地选择所发信息中

---

① 苏振芳：《当代国外思想政治教育比较》，北京：社会科学文献出版社2009年版，第365页。
② ［法］鲍德里亚：《消失的技法》，罗岗等编：《视觉文化读本》，桂林：广西师范大学出版社2003年版，第78页。

的非公共成分和所要展现的主体，比如新闻背后的商业动机。因为媒体所展现的一切，都是以除此以外"消失的他者"为代价的，而这些被展现的主体，正是学生认识世界和感知世界的途径。①

与"他者"在哲学史中的命运相似，高校教师职业伦理中的"他者"也一直处于被忽视、被同化的位置。高校教师的教学工作惯性地把教育目标定位在理想化的虚幻境界中，试图建立一个"世外桃源"式的环境培养学生成长。过于理想化、至善化的道德与人格毕竟不会成为社会生活中普遍的道德现象，媒介在意义构造中的力量已经超过部分课堂教学本身的力量，拟像正在消解传统的道德界限。②虽然福柯认为不存在实在的、一致的和普遍的主体，主体的概念只是西方文化的虚构。但是长期以来，我们高校的教学交往正是基于教师们的主体观念而得以建构的。在传统的大学里，教师被描述成一种孤独的角色，他们总是视自己为教学的中心，与学生保持距离；在同事交往中因害怕其他教师获取自己的专业观念或成果，也习惯性地保持隔离状态，在课间休息或教研室内很少谈及自己的教学科研任务，更不会去指导教授其他新进教师如何更快地进入角色，彼此间是孤立的、互不合作的，从而导致了教师间的恶性竞争和孤立。

拟像世界不仅在人们生活中起到课程外部环境的作用，而且它就是课程本身。媒介这台主要的模拟机器，大量产生出形象、符号、代码，构造了一个虚幻的境界。学生只能肤浅地唯心地理解各种道德要求，直接导致了教育目标指向的负载过重、过空、过高，教育内容的大而不当，宽而无边，如关于德育的课堂教学面对的是公共领域，选取具有普适性的公德教育为重点自然是题中应有之义。但是在课堂之外，学生道德个体对德行教育的选择很难分辨其好坏。只有课堂外的德行选择才能真实地映射学生个体的德性特质。孟子认为，人善的根源在于人心，只是由于外界的影响人才走向恶的。学生

---

① 许烨：《生活在拟像之中：论后现代高校教师的教学伦理》，载《湖南师范大学教育科学学报》，2013年第9期，第85-89页、第108页。

② 同上。

人格的培养正是在"环境"中不断"泡"出来的,正是由于信息过多导致了90后学生的无所适从,不知道该如何采取行动,变成了孤零零的个体,被媒体诱导进入了一个他们分不清现实和拟像的社会,甚至在某种程度上更倾向于拟像,出现了对信仰的迷茫和人格的扭曲,因而也是作为被符号限定的客体对象的牺牲品。

由于传统的封闭的教育体制,使得大学教师对于邀请家长参与学校管理工作一般持消极的态度,其与家长的联系也是隔离的。而教师与大学教育管理者之间更多的是上下级关系而非协商、合作、整合、创新的同行者。大学教育的效果在很大程度上依赖于师生之间新型关系的建立,依赖于教师同他们的同事、同其他可能的合作者之间的新型关系的发展,依赖于教师同学生的家长、同与教育过程有关的社会其他人之间的新型关系的发展。

第三节 主体澄明:教师交往伦理关系的后现代建构

一个人在一生中应该及早知道,自己所处的世界原是一个伪装的世界,这一点是非常重要的。因为,"如果不这样的话,就不会了解和忍受许多事情,甚至对这些事情完全感到迷惑"①。大学教学作为一种道德活动,教师的行为随时随地都是关乎道德的表现,因此后现代的高校教学必须充分利用来自社会善的领域的教育资源,师师交往也必须从高校文化的角度来认识,构建一种澄明的行为文化,创造友善,协同的群体关系。

一、平等者中的首席:对高校教学交往的再认识

封建社会对教师提出了"圣人"般的道德要求,学生和社会对教师职业给予了充分的肯定和盲目的崇拜,认为教师职业无比崇高,教师是教育活动中的主宰。现代社会给予教师"灵魂的工程师"的社会美誉,并提出各种道德规范和职业规范来约束教师,教师把建设国家为己任"照本宣科"传授普

---

① [德]叔本华:《叔本华人生哲学》,李成铭等译,北京:九州出版社2003年版,第93页。

遍主义的"真理",此时在外在约束下的教师依然在教育活动中处于主导地位。① 在研究中世纪的专家和社会主义者的著作里可以观察到他们明显渴望那种能够自动保证人类生存的社会,即人不用为自己的生存承担责任的社会,但事实上世界上不存在任何一份不需要承担责任的工作。

而在后现代观念中,大学教师的个人角色已从二元对立的主体身份转换为共生关系中的对话者,从社会代表者和真理的掌握者转换为知识的解读者,从理性的塑造者转换为创造性思维的启发者和智慧的生成者。巴西教育家保罗·弗雷勒曾一针见血地指出了当代教育面临的陷阱——"博学的无知者"统治着讲台,而实际上"他并不博学,因为他们忽略了所有未进入专业领域的事物;但他也不无知,因为他是'科学家',在那个宇宙中级微小的属于他自己的部分里,他'知道'得非常多"②。大学教师作为后现代"平等者中的首席",教师是内在情景的领导者,而不是外在的专制者。高校教师的伦理意义与他所创造的价值有关,因为教师形象是由别人评判,说到底,教师永远生活在学生之中,这就要求教师的人格比社会人的人格更加健全与完美,他才能在平等的关系上更好地充当好"首席"的身份,以一颗关怀的心去平等地对待他人。希布纳(Huebner)认为目前的学校沦为知识的储藏室,而非追求知识的场所,知识成为求知过程中的残余物,只是脱离生活的一种形式,丧失生命的活力和动力,远离精神之外。知识只有融入个人的求知过程中,才能变成生命的一部份,否则只是死的,如果学生被崁入僵化的知识之中,学生也是死的,脱离他自己和他人的世界的活力之外。③

在拟像时代,高校课堂教学必须对已有的道德规范重新赋义或解读,对秩序和规范进行重建。西方社会的解构主义是建立在高度秩序化、规范化基础上的,而目前中国在社会转型时期面对道德领域的普遍失序或无序状态,

---

① 龙献忠、许烨:《教师职业伦理及其后现代诠释》,载《大学教育科学》,2012 年第 1 期,第 60-65 页。
② [巴西] 保罗·弗雷勒:《十封信——写给胆敢教书的人》,熊婴、刘思云译,南京:江苏人民出版社 2006 年版,序第 15 页。
③ 龙献忠、许烨:《教师职业伦理及其后现代诠释》,载《大学教育科学》,2012 年第 1 期,第 60-65 页。

需要的并不是西方意义上的解构,而是道德秩序的重建。道德作为一种关系性思维,随着拟像时代家庭结构、社会结构的多元化、大众传媒的普及化,理应有新的时代内涵。所以,对高校教学道德规范的重建在很大程度上意味着对已有道德规范的重新赋义或理解。培养学生选择并持有道德观的能力,通过将有关于此的期望强加在学生身上,学校教师确实对学生在踏入社会后行使基本自由的能力产生影响。作为道德的示范者,高校教师自身对道德的实践的关注不应仅仅停留在认知层面,停留在不断说教的层面,停留在"事后反思"的层面,而应通过道德批判,对道德当下性的实践,对已有的教学道德规范进行重新解读。①

传统教师把理论教学过程完全看做是教的过程,对教育方法的关注也集中在"教"的方面,忽略了教育活动方式的多变性,忽视了学生与导师、学生与学术、导师与导师等多边活动的沟通与交流。教师除了选择、复制与粘贴以外,已经很难为教学提供新的血液。② 如在现代学校的理性设计垄断下,传统的道德教育体现的是"大德育"的传统,历来强调政治、思想、道德"三位一体"的整合教育,具有很强的政治伦理化、道德政治化的倾向。③ 而且大班教学(超100名学生的课堂)往往使教师疲于维护基本的课堂教学秩序,无暇组织学生参与对话交流进行深入探讨。所以作为主体的人都无法自觉从心中萌发对"善"的渴望和美好追求,又怎能要求仅靠数量有限、精力有限、能力有限的"专职人员"来进行"专门工作"来维持局面。显然,教师并不是纪律的监控者,也不是道德的执法者。此外,教师权威、学术权威、社会权威的存在,往往只允许学生崇拜和认可,不允许有不同意见。因为它是一种权威,学生不得不服从。利奥塔(Jean-Francois Lyotard)认为后现代知识状况下的"教师危机"使得教师必须以一种新的方式进行教学。因此在

---

① 许烨:《生活在拟像之中:论后现代高校教师的教学伦理》,载《湖南师范大学教育科学学报》,2013年第9期,第85-89页、第108页。

② 巩婷:《"平等者中的首席"——多尔的后现代教师观初探》,载《内蒙古师范大学学报(教育科学版)》,2010年第9期,第1-3页。

③ 许瑞芳:《在"传统"与"后现代"之间:整合现代德育资源》,载《教育科学研究》,2008年第10期,第55-59页。

后现代教育理念下，教学方式必须回归"主体与主体"间的对话关系。①

根据后现代主义对课程本质的理解：课程从本质上讲不是封闭的，而是开放的；不是固定的，而是动态生成的，是由课程参与者交互作用构成的。②对教学课程的理解总是与语言交流息息相关，海德格尔（Martin Heidegger）指出"语言是存在的家。人以语言之家为家。"③语言的交流性，必然会与他者问题相关，如若丧失自己语言的教学内容，势必会引发德育危机，难以持续。美国后现代课程论专家多尔（William E. Doll）从混沌学原理和耗散结构理论出发，吸收了众家之长，如皮亚杰的生物学世界观、自然科学中的不确定原理，怀特海的过程思想等，从"后现代范式"出发，从每个学生个体发展的独特性出发来，勾画出了其后现代主义开放性的课程，而不是"照本宣科"传授普遍主义的"真理"。教师与学生既然共享生命的资源，那么教师和学生均可以成为课程的创造者和开发者。④这种作为过程的课程具有建构性和非线性的特点，文本/读者、教师/学生、体验/意识等构成课程本身。在这种课程中，学习和理解来自于对话和反思。⑤

二、道德的交流与主体的澄明

美国传播学家彼得斯认为"交流"在19世纪中期已经成为一个难题，理想的交流并不是跨越身体的媒介去触摸他人的灵魂，而是跨越灵魂的媒介去触摸他人的身体。⑥教育活动的本质应是人与人之间的交流互动，因此必须还

---

① 许烨：《生活在拟像之中：论后现代高校教师的教学伦理》，载《湖南师范大学教育科学学报》，2013年第9期，第85-89页、第108页。
② 李云鹏：《角色的确证与精神的解放——后现代教师观的思考》，载《湖南师范大学教育科学学报》，2008年第2期，第55-56页、第76页。
③ ［德］海德格尔：《海德格尔选集》，上海：三联书店1996年版，第358页。
④ 许烨：《生活在拟像之中：论后现代高校教师的教学伦理》，载《湖南师范大学教育科学学报》，2013年第9期，第85-89页、第108页。
⑤ 曾水兵：《后现代教师思想：理论图景、批判向度及现实意义》，载《外国教育研究》，2007年版第5期，第23-27页。
⑥ ［美］彼得斯：《交流的无奈：传播思想史》，何道宽译，南京：华夏出版社2003年版，第205页。

时间和空间于师生。① "在传播既有知识方面，教授的能力已不如记忆库中的工作网。"② 在"信息"面前，传统的教师将不再是惟一的，甚至不再是主要的信息源，而仅仅是其中之一，"我"才能在与他者的关系中成为伦理的主体。一个缺乏智力因素或者没有反应的课堂不会有利于信息与知识的获取，只能算是机械学习。自我唯有在与他者的交往关系中获得生存和无限的生命。理查德·罗蒂（Richard Rorty）倡导教师必须懂得"教化哲学"，通过对话交流与学生形成某种共识，最终达到教学效果，如教师若需要学生具有独立的批判思维能力，就必须和学生一起开展批判思维的活动。③ 弗莱雷说"和衷共济需要真正的交流"，而现实中"教育工作者的指导观念却惧怕甚至禁止交流"④。我们惧怕什么，我们惧怕交流影响我们的权威，动摇我们对课堂的统治，我们害怕我们在学生面前显得无知与无力。只有在对话中，才可以发现所思之物的逻辑与存在的意义。

根据后现代伦理的观点，承认师生作为高校教学中的他者具有无限性和超越性的，承认他者的他性，自我的局限只有在与他人的关系中得以打破。⑤ 对"他者"的教育，就品德而言，与其说是被塑造，不如说是相互"影响"更确切。所谓的教育，无非是一种自我发现，是自己本已存在但沉睡着的东西的被唤醒。对心灵所发生的重大影响决不可能是一种灌输，而是一种共鸣和抗争。"他者"人格的养成是无法单从课本、课堂、学校等形式中得到的，必须通过个体"真我"的倾向性选择和体验。在课堂教学中，只有各个来自不同学科和专业的学生共同萌发探索的欲望和反思的兴趣，才可能和授课教

---

① 许烨：《生活在拟像之中：论后现代高校教师的教学伦理》，载《湖南师范大学教育科学学报》，2013年第9期，第85－89页、第108页。
② [法]利奥塔：《后现代状态：关于知识的报告》，北京：生活·读书·新知三联书店1997年版，第111页。
③ 许烨：《生活在拟像之中：论后现代高校教师的教学伦理》，载《湖南师范大学教育科学学报》，2013年第9期，第85－89页、第108页。
④ [巴西]保罗·弗莱雷：《被压迫者的教育学》，上海：华东师范大学出版社2001年版，第28页。
⑤ 旷剑敏：《语言变异中他者的伦理哲学思考》，载《求索》，2009年第8期，第105－106页、第123页。

师产生经验与思想的交叉传递。因此教育的有效性应该教会学生在不同的观念中进行选择的能力，要鼓励学生自由思考、自由发言、自由交流，通过对话中的思想碰撞与思考达到理解的目标，导向某种认同和共鸣。[①] 也正是在应答他者的质询中，自我获得了伦理主体性，保存了自我的特性，显示了自我的存在。因此，后现代的高校教学应该秉承"以大学生全面发展为目标"的"以人为本、科学发展"的价值取向，赋予道德以无穷的生命力，让其在学生个体中不断成长和完善。学生自身道德品质价值体系的不断完善，必须通过自我的"体验"才能完成。这种体验是建立在学生主体性完整的前提下的，只有具有独立人格的学生有了对生活的体验，才会使主体对客体在主体内心中的地位、意义、价值、距离感、亲近感。[②]

拟像时代的"拟像""超真实""符号消费"对学生认识世界和感知世界的影响，需要教师在进行教学中以"关怀"为本。这种"关怀"，应是人与人之间的一种基于相互依存、尊重、相关性、接受能力以及彼此信任的深层次的关系，是一种能产生共鸣的持久关系。由于每个单个主体对事物的关注程度都有所不同，因此首先需要关注自己，关注他人，从而达到相互关照。许多高校教师都掌握了丰富的专业知识，有上好一堂课的能力，具备一定的学术能力，但在对学生的关怀上总是不够的。[③]

当然，这种"关怀"不仅仅指向对学生，对于同事亦是如此。目前在高校中，除教授级别的教师可以单独享有私人空间办公外，其他副教授及以下级别的教师几乎都是共用公共空间办公。可以说，除去上课时间，其余的学校生活均是与同事分享。任何关系都有冲突的一面，共事的教师，特别是共享公共空间的教师亦是如此。工作只是提供就业机会，而个人的性情才是纽带。老教师要关怀新教师，新教师也要关怀老教师，这种传帮带的关怀与交

[①] 许烨：《生活在拟像之中：论后现代高校教师的教学伦理》，载《湖南师范大学教育科学学报》，2013年第9期，第85-89页、第108页。

[②] 同上。

[③] 许烨：《生活在拟像之中：论后现代高校教师的教学伦理》，载《湖南师范大学教育科学学报》，2013年第9期，第85-89页、第108页。

流是师师和谐关系建构的基础。

三、教师主体的涅槃：在交往中诞生

在哈贝马斯看来，自克尔凯郭尔以来，各种现代伦理学已经不再说明什么是模范人生的公众认可模式，而是建议个人参与某种反思形式，以实现一种真实的人生。当代伦理学的本质在于确立自我的意义，通过个人的奋斗来达到对个体性与自由的意识。伦理的生活方式要求每个人都心力专注，使自我摆脱对外界环境的依附。伴随从归咎自己的物化中解放出来，个人也就得以同自己保持距离，从无间隙的破碎的生活的无名散乱状态取回自己，并给自己的生活以连续性和透明性。① 根据乔治·奥威尔（George Orwell）在《动物农场》（Animal Farm）一书所揭示的寓言，任何想要取得平等和独立的动物，都必须首先学会独立思考、判断、分析和决策。只有拥有思考能力和独立的人格，才可能在社会大规则中学会适者生存，才可能在享受个体生命权利的同时去判断和反思，才不会"人云亦云"盲目跟从。

黑格尔说，每个人都追求"在他者中的自我存在"，这是一种独立性与依存性之间的微妙平衡。他者在教学交往中的地位是不言而喻的，自教育诞生以来，教学便是为了经验的代际传递和知识的传播。数千年来，教学交往的形式发生着一次又一次的变革，但知识在教学交往中的首要地位始终不曾动摇。从德里达的解构主义到萨特的存在主义，人类思维形式已经开始由"宗教理性"向"科学理性"继而向"拟像理性"转变。② 在教学交往中，无论是教师自我，还是学生自我都需要通过自我认同来确认自我在师生交往中的角色和身份，都需要感受在自我发展过程中形成的对自身以及周围世界关系的独特感觉，而高校教师的个性与身份认同更多地依赖于教师自身的培育与关怀。这种交互主体德育师生关系的核心，是把教师与学生都看成真正意义

---

① 张之沧等：《西方马克思主义伦理思想研究》，南京：南京师范大学出版社2009年版，第14-15页、第158页。

② 许烨：《生活在拟像之中：论后现代高校教师的教学伦理》，载《湖南师范大学教育科学学报》，2013年第9期，第85-89页、第108页。

上的"人",师生以"完人"投入德育中。"完人"并非指完美的人,而是指教师与学生都是以一个完整的生命体的方式参与和投入,而不是局部的、孤立的投入。很显然,一个大学教师总是扮演着多种角色,如师者角色、下属角色、领导角色、丈夫(或妻子)角色,父亲(或母亲)角色等。大学教师需要对自己的角色和身份进行主动确认,能够探寻"我是谁""我从哪里来""我在做什么"等哲学问题。不同的教师对这些问题有不同的理解,在此过程中通过自我归因将自我与学生、同事以及周围世界区别开来,认识到自我与他人的差异;或者通过教师集体所共有的特征将自己与同事、他人联系在一起,认识社会自我。

作为大学交往的伦理主体——教师,需要把个人的需求、愿望和意志加以实践,需要在自己的主观世界中将各种社会规范和习俗内化(internalization)。高校的教师们通过这种个体内化而不断解构旧的状态,逐渐建构新的个体状态来"生成"大学社会。在这一过程中,教师的自我意识与外部社会客观的伦理意志不断发生冲突,道德自我意识开始燃起并主动在外部伦理中寻找确证性,借助内在的伦理冲动使内在需要与社会伦理相吻合而获得满足,同时在这一碰撞中扬弃自我的个别性和抽象性,使自我的主观意志上升到客观性层面,便能获得共同体性的自由和自我满足的幸福感。这也在一定程度上对高校教师的个人德性有了较高的要求。大学也通过各种规训或培育促使新个体的"重生"。教师个体的主观世界由于这些社会互动过程而不断得到丰富、发展和提升,达到越来越高的精神境界。

由于高校教学工作的开展直接影响教育的质量,因此,处于拟像时代的高校教学,面对"拟像"对高校教学行为模式、话语权、"他者"身份的解构,必须深刻反思后现代现象。只有合乎伦理规则,主动构建道德标准的高校教学,才能赋予教学以生命力,才能让"拟像"教育资源为我所用,使"所有人对所有人的传播"的拟像化现实成为信息和意义"内爆"的"契机"。[①]

---

① 许烨:《生活在拟像之中:论后现代高校教师的教学伦理》,载《湖南师范大学教育科学学报》,2013年第9期,第85-89页、第108页。

第七章 从差序到平等：
高校教师职业伦理秩序

赫尔巴特（Johann Friedrich Herbart）认为，秩序是指人与人之间伦理关系的有序与和谐稳定状态。人能达到的最高境界是个体的人成为秩序化的个人。一般来说，秩序作为事物的常规和次第也就是事物的关系，但作为关系它是事物的某种规则状态的体现，是事物的有规则的存在方式，又可以说是事物的存在秩序。如果把高校教师职业伦理关系比作大厦，那么合理性和正当性就是它的基础和支柱。高校教师职业伦理秩序作为一种社会秩序，在于高校教师人际关系的合理性和正当性，也在于高校教师活动的有效合作，在本质上意味着生活在这种关系和秩序中的教师可以合理地、有效地运用自己的知识和能力，并且能够预见从其他人那里所可能得到的合作，使自己的行动为正确的预期所引导，从而使行动比较主动和自由。高校教师职业伦理秩序和高校教师职业伦理规范的要求应当是一致的，但是无论在历史上还是在现实中，都会存在着现存伦理关系秩序和应有的规范要求彼此错位的现象，有些合理的、适宜的规范往往难以在现实生活中实行，而有些已失去合理性的规范要求也还在外力强制之下发生作用，有些本不正当的、非规范的东西却常以隐藏的潜规则在起作用，成为正常社会中的"隐蔽的秩序"。

第一节 传统学校中特有的差序伦理秩序

高校教师职业伦理秩序是高校教师职业伦理关系的结构性存在。高校教师职业伦理秩序首先是一种伦理关系的内在秩序，这种内在秩序是客观性的关系结构，具有客观交往的规则系统。这种内在秩序通过高校教师的教学交往活动和科研行为活动表现于外，即为现象性的伦理关系的外在交往秩序。对这种教师客观交往关系及其交往规则系统的自觉意识与主观表达，即为规范要求①。由于中国传统文化伦理根本在于"差序"，即"伦"，传统学校是以差序、权威服从、等级伦理等二元对立的"隐蔽的秩序"。

一、差序伦理秩序的文化起源

费孝通先生认为，中国传统文化伦理根本在于"差序"，即"伦"。传统文化"五伦"的核心为"父子"，而"父子"之间的"差序"是十分森严的，即所谓"父要子亡，子不得不亡"。儒家以父子关系规范君臣关系，从而赋予了君臣关系非常森严的伦理差序，即所谓"君要臣死，臣不得不死"。即便在朋友之间，传统文化也设立了严格的"差序"，将不同个体确定为"大哥""二哥"或者"小弟"等具有严格差异的等级身份。"在宗法社会里，各种社会关系都是以'己'为中心构成的同心圆，自里面的'己'出发，自内而外，就形成了似石子丢进水中形成的同心圆波纹那样的层次关系，一圈圈推出去，愈推愈远，愈推愈薄，"② 这就形成了贵贱、亲疏的差等次序即"差序结构"。虽然这种差序结构是按照彼此的亲疏远近来给予不同的道德关照，但极易形成基础稳固、交往密切的伦理共同体。

中国传统文化的伦理"差序"本质上是一种"人格"差序，它起源于家庭，然后扩展至家族，最后为封建君王政体所采纳，从而成为封建王朝的基本政治伦理规范。在封建社会，文武百官被细分为不同等级，并被赋予严格的政治伦理"差序"。古人言，官大一级压死人，就非常形象地表明了这种政治伦理"差序"之森严程度。应该承认，传统"差序"伦理在一定时期内是具有建设作用和历史进步意义的。例如在春秋时期，由于礼崩乐坏、群雄争

---

① 高兆明：《现代性视域中的伦理秩序》，载《南京师大学报（社会科学版）》，2003年第6期，第5-13页。
② 费孝通：《乡土中国》，上海：上海人民出版社2007年版，第25页。

霸而导致生灵涂炭，那时孔子提出"尊卑有序"的伦理"差序"主张则有助于社会秩序的建立。中国传统伦理以"伦"遮蔽了"理"，不利于社会公义的培育与发展，最终导致一种非常僵化的社会管理模式。这种模式从表面上看似乎有利于社会"稳定"，其实却非常不利于社会发展，从而在根本上不利于社会稳定。正因为如此，中国传统社会从未走出"治世"与"乱世"交互更替的极端运转模式——一个王朝在创立之初，居上位者一般为有德有才之人；经过几代人的更替之后，上位被众多无德无才之人把持，并最终诱发社会变革。也正因为如此，中国传统社会发展异常缓慢，在近现代更是被西方各国（乃至日本）远远地抛在后面，成为他人鱼肉、耻笑的对象。

二、权威——服从伦理秩序

由于传统文化价值体系是在大我中迷失小我，许多学者认为中国文化中的"我"实际上与西方人那样靠争取自己的权利以实现自我价值不同，而是在承担责任与义务的奉献中实现自我的价值。在这种价值体系下，学校也是以道德自我为价值中心，教师依据学生与自己的关系远近而承担强度不同的道德义务，类似于"波纹效应"而不断向外扩展形成的教育关系的"差序格局"。这种差序格局是借由不同的伦理关系给予不同的道德关照（moral consideration），从而形成基础稳定、交往密切的道德共同体。教师与学生的关系不讲究理性、自主和权利，而主要是靠情感吸引、责任义务来进行交往。因而，这种教师伦理秩序可能没有形成普遍的"主体"的规定，也没有一个广阔的社会领域。加之，由于传统的学校主要采用的教学方式是"一言堂"，传统教育伦理强调的是教师天然的教育权威地位、使得教师以身份为核心成为权威。在这种秩序中教师权威和学生之间的关系只能是命令——服从关系。

在传统的教师绝对权威的主导之下，在权利和义务上，教师与学生之间是相对平等的。如果说这是一种"伦理秩序"，那么就需要教师通过自己的权威性保持教学中的全知全能和公正无私，以劝导的方式对学生施教，防恶劝善，并且能够在一定程度上承认学生的自主性，以及保障彼此之间的平等。

但是，不无遗憾的是在"权威——服从"体制存在的大多数时间内，不仅很难获得学生的自觉认同，而且容易丧失其道德合理性，把"平等的伦理"转化为非人的伦理。比如，

20世纪60年代在耶鲁大学任教的心理学家斯坦利·米尔格拉姆进行的一系列著名的实验——"对权威的服从：一次逼近人性真相的心理学实验"[①]，揭示了在等级社会中服从权威现象的社会及心理原因，证实了证实了社会权威对行为的控制力。实验的秘诀在于这样一句话："没事儿，你们不用负担任何责任，你们就继续做。"服从权威还是坚守道德，被试者的反应证实了道德准则在权威的面前不堪一击。这意味着学生们的头脑里建立了这样一个概念：我们只是在服从，而不是在作恶。通常情况下，人们不敢作恶的原因之一，是不愿意承担责任。现在，既然有"领导同志"的发话，作恶者就有理由认为他们可以把责任都推卸到领导的身上。这一实验的设计与结果震惊了全球心理学界，德国、意大利、澳大利亚等国的心理学家在不同时期重复了这一实验，得到的结果基本相同。

阿伦特说："把人异化成为没有思想，没有判断的作恶工具。就是他麻痹了我们的思想能力，他让我们觉得，我们不需要自己去为自己的行为负责，不需要考虑自己的动机，不需要思考太多的事情，只需要好好的听话就行了。"[②]

在服从实验中，数百名普通群众臣服于权威，汉娜的"平庸的恶"如此

---

① 实验者招聘了40名来自不同职业的市民，告诉他们参加一项名为"惩罚对学生学习影响"的研究。他们充当"教师"，在实验者的指令下，当"学生"在学习中出现错误时，对"学生"施加强度和痛苦程度不断增加的电击（控制板上装有30个由15瓦450伏特、以15伏特为增减单位的电源开关，控制板上也清楚地标示出不同程度的电击强度）。尽管学生以各种形式反抗，有26名受试者在实验者的命令下，"实验要求你继续""不管学生如何，你都要继续"。受试者坚持到最后，对"学生"施加了最强程度的电击。米尔格拉姆改变实验的要素，做了19个独立实验，实验对象多达1000人。实验者并没有采取任何特殊方法要求受试者强行执行其指令，受试者也不会因拒绝服从实验者而遭受任何惩罚。但即使这样，大部分受试者对于权威的强制力量，仍然表现出无法抗拒的态度，他们看到学习者显然是在痛苦反抗的情形下接受电击，却仍然执行实验者的指令。由此可见，"绝不伤害他人"这个道德规范在权威面前遭到了重创。

② 梁文道：《完全服从权威，你就失去了思考》，http://www.soowen.com/weisoo/weisoo-2655692.html. 2014年5月16日。

接近真实，远远超过我们的想象。阿伦特所说的这种绝对的权威——服从虽然鲜少出现在高校交往中，但并不意味着权威——服从伦理秩序在高校教师中不受推崇。那些普通人之所以电击受害者，只是在履行他们的义务，作为被试的义务，而不是出自任何特别的攻击性倾向。事实上，所有人身上都潜藏着盲目的服从，都会成为可怕的破坏性行为的媒介。在高校组织中，在一个集体行为中，权威服从和从众效应很容易自然产生。为什么经常会出现集体的错误决策，从众是一个重要原因，因为人有时候不可能有足够的自信，需要来自他人的支持。那么假如当权威的教师命令学生要作出不道德的事情，学生是否会背弃良知服从命令呢？假如当权威的领导要求教师作出有损学生利益的事情，教师是否会背弃原则服从安排呢？谁也无法作出回答。而事实上，绝大多数领导中意听话的下属，部分高校教师在与学生的交往中非常享受学生对自己权威的服从。

三、等级伦理秩序

不过，以"差序"伦理为基础的学校教育本质上也来源于社会等级伦理秩序。传统"差序"伦理将人们划分为三六九等，任何"上位"对"下位"而言都是"尊"，反之则为"卑"，而"卑"者必须绝对服从"尊"者。比如子女必须绝对服从父母，否则就是"不孝"；臣子必须绝对服从君王，否则就是"忤逆"；下级必须绝对服从上级，否则就是"犯上"。值得注意的是，传统社会对这些伦理"犯罪"的惩罚是非常严厉的。"差序"伦理根本上是以"人"、而不是以"理"为标杆的，这是中国几千年"人治"制度的根源所在。等级伦理秩序事实上是权威——服从伦理秩序的变异。层次越高，权利越大，义务越少；层次越低，权利越少，义务越多，通过按照不同的道德标准把人划分为不同的等级，并赋予不同的权利和义务。

而事实上，高等教育领域的等级秩序也相当明显。首先是对各大高校实施等级排名，"A+、A、B+、B、C+、C""第一等级、第二等级、第三等级""985、211、公办大学、民办院校""副部级高校、正厅级高校、副厅级高校"等。其中副部级高校的政治待遇、经济待遇、社会地位均高于其他高校。在毕业生就业方面，国内不少用人单位在招聘人才时规定只招聘"985""211"高校的毕业生，这是高校等级制又一体现。

国内某大学的简介：中华人民共和国教育部直属的一所拥有全部12大学科门类的综合性全国重点大学，是国家"211工程""985工程"重点建设院校，入选"111计划""珠峰计划""卓越工程师教育培养计划""卓越医生教育培养计划""卓越法律人才教育培养计划"，中管副部级建制。目前拥有教授1107人，博士生导师907人。拥有中国科学院和工程院院士8人，双聘院士43人，终身教授11人，"千人计划"国家特聘教授22人；有国家重点实验室、国家工程技术研究中心、国家工程实验室、国家工程技术推广中心等国家级科研平台8个，国家"111创新引智计划项目"5项，教育部人文社会科学重点研究基地4个；拥有一级学科博士学位授权点40个，一级学科硕士学位授权点55个，专业学位博士点3个。①

这基本上是中国各大学简介的模式，它亮出了各大学引为骄傲的"亮点"，也是各大学一拼高低的本钱，而比这一组组"数字化"的"亮点"——更值得介绍的各大学的学术成果，尤其是原创性成果，反倒不得而知。这种等级学科、等级学术一旦过度发展，则可能阻碍科学进步，妨碍社会协调发展，比如会破坏科学进步所依赖的学科之间的相互协调，切断学科之间的"生态链"；导致人们忽视某些学科对社会发展的独有价值，导致某些知识门类发展受阻。诸如此类划分，实际上也将各大高校的教师分为三六九等。不仅仅各大高校的教师分为上中下三级，许多"211"或"985"高校在招聘新进教师时规定其本科就读学校也必须是"211"或者"985"学校，这种学历歧视现象相当普遍。有时在同一所高校内部也有教师等级划分，比如"一等教师当领导，二等教师管后勤，三等教师忙上课，四等教师辅导员""教授团队、讲师团队"。个别高校教师自身的等级观念也相当明显，上、下级区分对待。这种等级学校、等级学科、等级学术一旦过度发展，则可能阻

---

① 山东大学官网数据：http://www.sdu.edu.cn/2010/xxjj.html.

碍科学进步，妨碍社会协调发展，比如会破坏科学进步所依赖的学科之间的相互协调、切断学科之间的"生态链"。

第二个层面是教育知识的等级性，从功能主义的视角来看，教育在甄选人才、分配知识对所有社会阶层都是机会均等的。但实际上，某些知识传授的过程也是教师操控权力，实施社会控制的过程，因为这些知识在传授给学生之前已被谨慎地选择过了。这一选择的过程便带有鲜明的等级性特征。如在课堂教学中，教师有时会不自觉地将知识学习和参与的机会有所偏向地分给某些学生，如学生干部，总是难免有失公正。事实上，教师通常会对他们认为有较高成就的学生另眼相待、高看一眼。此时，学生在其心理上被分割成不同的群体并接受不同的对待。教师喜爱的学生被分配给与更多的机会、评价、书面成绩等，不被喜爱的被孤立的则受到由等级观念影响而成的"隐性歧视"。学生的差异很大程度上是由教育方式的改变来加剧的，却只有极少数教师意识到了这一点。

第二节　现代性契约平等伦理秩序

在现代社会，每个新生命一旦产生，就被社会赋予了某些任何人都不可剥夺的基本权利。换言之，现代社会的学生不再是教师的附属物，而是和教师具有平等人格的社会个体。教师具有教的义务，也因此享有受到学生的尊敬；与此同时，教师也必须充分尊重学生的现代权利。为避免传统文化"差序"伦理的弊端，现代文化确立了"以人格平等"为核心的现化伦理秩序。

一、现代性契约平等伦理秩序的内涵

任何社会结构都必然具有"金字塔"的特征，现代社会也是如此。所不同的是，现代社会将个人的人格和个人的社会分工区分开来，尽管不同人所履行的社会分工不同，不过每个人的人格是平等的。既然人格平等，一个人就不必再忠于另外一个人；而又因为一个人要忠实地履行自己的社会分工，

所以必须"忠于职守"。任何职位都具有社会属性，忠于职守从根本上来看就是忠于社会。而良好的社会秩序本身就是为了为每个个体提供良好的服务，因此，忠于职守归根到底也就是忠于自己的利益。通过这些逻辑链条，现代文化通过"人格平等"与"职守伦理"很好地将个人利益和社会利益统一了起来。

现代性契约伦理秩序高扬道德主体精神，对人性有了一种前所未有的深度的理解和高度的信心，注重人摆脱来自自然、社会和自身的障碍和缺陷，自主追求人的自我完善和自我实现。在这种"从平等"的伦理秩序下，人的主体精神被弘扬，自律精神被激起，能够被注重人的道德自律，能够承担社会赋予的责任，能够充分欣赏人之为人的崇高和尊严。另一方面，政府负责制定平等的游戏规则，维系公民之间的平等关系认可，能够充分欣赏人之为人的崇高和尊严，能够承担社会赋予的责任。在社会交往活动中，通过广泛的社会核心价值体系所约定的游戏规则，以契约式的平等精神，承认并尊重对方同等的人格、自由等权利建构同等地相互对待的理想生活状态。人们作为社会合作体系中的一员自愿组合各种社会联合体。一切社会结构和设置（institutions）都以保障和实现人的同等权利为最高目的。

市场体制的平等规则意味着平等伦理秩序构建的开始。经济权利的平等只有靠政府和社会来实现，抵制和淡化自由市场按资分配带来的合法不平等，要求政府提供公共开支、社会福利等价格补贴救助措施实现完全意义上的平等。马克思和恩格斯指出社会平等要从形式（权利）平等进入实质（待遇）平等，从政治权利领域延伸到经济社会领域，最终实现"自由人联合体"的平等社会。平等的价值在于普遍地承认和尊重所有人的权利和尊严。这就要求各种社会制度的建构与运作只是具有工具性的价值。人们对制度的遵从，接受制度的引导和约束也就在于它能够平等地对待一切人的自由权利。马克思设想的"联合体"一词能够比较恰当地说明每一个人在其中的地位，也内在地规定了基本的交往规则——自由而自主。

教育要发挥促进社会平等的功能，必须以自身的公平为前提和基础，如今把学校分成等级,意味着把学生分成等级,本身就是不公平、不公正的,何以促进社会公平和"人类平等"。平等伦理秩序是现代性方案的一种价值承诺。现实的发展为理论思考提供了经验基础,理论辨析为现实发展提供价值范导。迄今为止,社会平等方案也一直是一个"尚未完成的方案"① (an unfinished project)。现代性契约平等伦理秩序是现代性方案的一种价值承借,是人类公正地共处于同一社会的基本伦理。社会平等作为一种价值理念,涉及的是人类社会关系中同等地相互对待的理想生活状态。它所反对的是权威服从、等级伦理秩序中的不自由和不平等。社会伦理秩序,如高校教师职业伦理秩序与平等理念内在的价值同构是在历史演进的过程中逐步展现的。平等理念是伦理关系价值的基础,是整个伦理秩序变迁的主线。

二、现代性契约平等伦理秩序的价值取向

平等的信仰要是想避免乌托邦的命运,也就必须致力于以良心与正义、人格与自我、民主与自由为价值取向的教师制度伦理变革。

(一) 良心与正义

正如马克思所说:"良心是由人的知识和全部生活方式决定的。"② 良心是高校教师道德存在系统的核心内容,是人的一切本质规定中最为本质的存在形式。高校教师的道德良心生成义务感、责任心以及全部道德观念、道德情感、道德意志和道德信念。如果说高校教师的道德修养是一个把社会理性、群体理性和职业理性内化为自己的道德存在的过程的话,那么他也可以在道德修养中形成良心。虽然"任何深刻的心灵都需要一副面具。"③但这副面具不应该是伪装或欺骗他人,而应该是面对已成事实的不恰当的处境时所有的豁达态度。面具使人通过遮蔽自我的真实来更好地进行人际交往,而反省则是通过揭露自我的面具来更好地认识自我和改进自我,两者之间从来都是辩

---

① 哈贝马斯语。
② 《马克思恩格斯全集》(第6卷),北京:人民出版社1961年版,第152页。
③ 尼采语。

证存在的。唯有在忍受中，自我的不足才会被克服，即忍受人际关系中最后的、使人害羞的行为，自我的良知才会发现人同自身不和的标志。良心在很多时候只对某些特定的行为作出反应，如人面对不和的处境时便会产生摆脱这种不和处境的行为，此时良知会扮演正义的使者成为一种"如何做才是正确的"的标准。在良知的导向下，人自身通过呼唤善或者恶来返回他原本的、较好的自身。只有自身怀有善恶之知的人，才能成为个人德性的审判者。而为了追求知善恶而同自身本体产生不和的人，才会反思自我的行为是否合宜。"自我认识是生命的尺度和目标"①。狄更斯（Charles Dickens）也告诉我们，苦难和不公正"只须被注意到和被矫正"②。

古人把正义设想为是一种宇宙秩序。柏拉图说正义是人的一种普遍美德，包含有三类国家的美德：工匠的节欲、战士的坚韧以及管理者的智慧。③ 亚里士多德在《尼各马可伦理学》中把正义分为自然正义和政治的正义，一般的正义和特别的正义。伟大的罗马法理学家厄奥丕把正义定义为"按个人份儿分配的稳定而持久的意愿。"④ 罗尔斯把正义称为"社会制度的首要德性"，其功能是为了在社会的基本结构层面指导对权利和义务的分配，以及对社会经济利益的分配。之所以把正义的活动领域限定在社会的基本结构，就是因为社会的基本结构的影响是如此深刻、广泛以及自始至终。正义原则在社会基本结构层面上只负责分配"基本善"，包括权利、自由、机会、收入、财富以及自尊的社会基础。值得注意的是，基本善既不等于尊严也不等于幸福，它们只是实现尊严和幸福的社会基础以及必要条件，用罗尔斯的原话来说，它们是"每一个理性的人都被推定想要的东西，无论一个人的理性生活计划是什么。"而正义是教育公正和教师公正的一条重要的职业道德，是高校教师在教育活动中对待不同利益关系所表现出来的公平和公正。高校教师行为的

---

① [德] 朋霍费尔：《伦理学》，上海：上海世纪出版集团2007年版，第45页。
② [美] 斯蒂芬·K. 怀特：《政治理论与后现代主义》，孙曙光译，沈阳：辽宁教育出版社2004年版，第111页。
③ 参阅《国家篇》。
④ [意] 丹瑞欧·康博斯塔：《道德哲学与社会伦理》，李磊、刘玮译，哈尔滨：黑龙江人民出版社2005年版，第48页。

公正既有利于社会公正的实现也有利于学生的道德成长成才，因此高校教师要自觉养成道德正义，尊重每个学生的人格和受教育的权利，公正合理地给予学生评价，不以个人私利和好恶作标准处理交往关系。

平等伦理秩序的维系离不开教师的道德良心与正义，在教师面对两难的伦理困境和不利的处境时，唯有良知会扮演正义的使者成为一种"如何做才是正确的"的标准，才会做出公正的判断。

（二）人格与自我

高校教师职业的发展有赖于一定理性自觉的人来完成，这就要求作为主体的教师应当具有自由的意志，并进而内化为自身的内在要求。作为道德事业的高等教育就是要让每一位教师和大学生认识到彼此承认和人格的重要，而不只是一味的忘我、服从，这种"彼此承认和人格"强调的是无论是受教育者还是教育者，我们首先需要的是对他者的尊重和了解，尊重他者的人格尊严，而不只是简单地承认他者存在，重要的是要努力发现他者的优点，发现他者的特长，从他者身上汲取自己所缺乏的种种。

大学教师作为拥有独立人格的个体，除了其社会人身份外，其属性范畴已扩展到社会价值标准的维护者、理性和道德准则的典范、文化学识的权威，这也就要求教师的责任良知必须控制个人的权力欲望，用理性的自我监督与制约来主动服从良知的掌控。大学教师拥有独立的人格，是学术生态环境中的研究主体，可以独立思考，独立行事，不需要顾及政治权威、舆论高调和商业价值。作为一个独立的生命个体，高校教师完全不必去攀龙附凤，他们应该意识到自己在群体中的作用。勒庞（Gustave Lebon）认为即便是最博学的学者，他们能做的也只是支配某种规律，但绝不可能创造规律。许多传世的伟大的思想尽管是由他们的独立头脑创造出来的，但群体的禀赋"提供了千百颗沙粒，形成了它们生长的土壤"。知识是根据认知者的模式存在于认知者中的，而认知者的模式就是可理解的形式（本质、概念、观念）。这些可理解的形式或概念形成了心灵的"认知中介"。认知过程是从感官获得的感觉形象中抽象出可理解的形式的过程。当心灵认识某事物时，它所认识的就是这个形式。当认知对象是某种在本体论的意义上低于心灵的东西时（比如一个物理对象），阿奎那就将这个抽象过程看作是对认知对象的提升，因为心灵在本体论的意义上将这个对象从某种物理事物转化成某种精神或概念化的事物。但是在这种认知中，心灵并没有与对象的现实性直接结合，而只是通过认识对象可理解的形式或某种属性间接地与对象相关。在这个普遍联系的社会主义社会里，高校教师公民意识的不断提升，开始逐渐跳出"自我中心"的思维范式和心理局限，承认和肯定他人，从而有助于理解自身的社会责任感。只有每个高校教师都对自身的行为负责，都用自己的劳动去创造价值，整个高等教育界乃至整个社会才能产生积极向善的合力。

（三）民主与自由

由于"大学的宗旨就是在理性王国的领地之内，装备一切必要的工具，提供一切可能的条件，引导每个人开辟全新的知识疆土，引导学生无论在作什么决定的时候都能够反躬自省，引导他们注意培养自身的责任"[①]，因此，在大学的教学实践之中，教师和学生拥有同等的追求真理的权利，并拥有同样的接近真理和发现真理的机会。正如费希特所理解的，大学教学就是师生之间所开展的思想与知识的暴露与展示，师生在交流中增进了解、深化理解并相互尊重。大学教师与教师之间，教师与学生之间都是平等的切磋与交往的关系。对于大学教师的自由来说，如果社会、高校环境对他本身发生了约束力，那么教师必须诚心、自愿地接受这种外界约束。如大学中推崇学术自由，但也推崇相应的学术道德，大学教师在潜心创作研究的过程中，也会因为知道自己需要遵守学术道德而自觉地这样去做。所以说道德就是自由，是自由体现在人的主体里。狄尔泰强调，对其他人心灵的理解过程，也就是说解说这些表现的过程并不是一个推论的过程。我们从对表现的察觉直接地就过渡到了对它所表现的事物的察觉；或者不如说，虽然我们并没有得到原来的经验本身，但是我们本身之中也有正好像它一样的经验。因此，"当我看到

---

① ［德］卡尔·雅思贝尔斯：《大学之理念》，邱立波译，上海：世纪出版集团上海人民出版社2007年版，第84页。

某个人表现出一切苦痛的征象时，我自己也会立即痛苦起来。我知道当事的那个人会是什么样子，因为我的心灵状态恰好与他的相符合"①。在此，大学教师需要意识到自己和他人形式各异的个人意志，能够透过这些意志本身体验到"不能为"和"有所为"。

民主与自由是人类追求的众多美好的价值之一，但并不是唯一的价值。相比之下，幸福不仅是人类追求的众多美好价值，而且还是人类追求的那唯一一个终极价值。但问题的关键在于，幸福这个字眼总是和每个人的主观感受相关，而主观的幸福感受并不能完全反映人的福利状况。诺贝尔经济学奖得主阿玛蒂亚·森指出，假如有一个人所处环境很差，他贫穷、受剥削、过度劳累并且还生着病，但却因为宗教、政治宣传或者文化之类的强大影响，让他一直对社会给予自己的命运感到满意，这个时候我们显然不能简单地因为他"感到"幸福和快乐就断定他的生活水准很高。在特定的处境下，一个坐稳了奴隶的人同样会感到无与伦比的幸福感。或许正是基于这样的考虑，以赛亚·柏林（Isaiah Berlin）才会特别强调指出自由具有内在的价值，而不仅仅是实现某种其他价值的手段。进一步地，柏林认为自由是实现个人幸福的必要条件。也就是说，拥有自由，不一定能够获得幸福，但是没有自由，就一定不能获得幸福。一种未经反思的人生是不值得过的人生，一个无从选择的幸福生活不是真正的幸福生活，而只是"被幸福。"

第三节 和谐的高校教师职业伦理秩序

本着坚持和实践马克思主义指导思想、中国特色社会主义共同理想、以爱国主义为核心的民族精神、社会主义核心价值观，本书认为高校教师职业伦理秩序应当是以公正、自由、德行、公益、宽容、信任等为内容的理想秩序。

---

① ［英］W. H. 沃尔什：《历史哲学导论》，何兆武、张文杰译，北京：北京大学出版社2008年版，第44页。

一、公正自由的和谐宪政秩序

宪政秩序是现代社会政治文明的重要标志，是民主存在的一种基本形式，是现代政治法律社会的基础。布鲁姆（Benjamin Bloom）教授有这样一个判定：大学是自由民主制度的核心、基础和源泉。[①] 高校教师职业伦理秩序不同于既往的公平、正义关系及其秩序，而是宪政秩序，在宪政中以平等的基本自由权利为基本内容的教师正义会得到基本实现。宪政秩序所直接追求的是作为平等基本自由权利的公平，而不是效率。在历史的视阈中观察，效率的奥秘就是公平。

在社会生活中，效率或财富并非万能，它们确实可以解决某些由于物质匮乏所带来的社会问题，但并不能解决全部社会生活中的问题。相反，它还会带来一系列新的社会问题。效率或财富有可能在市场活动中造成的垄断，会反过来伤及效率自身。特别是社会精神领域中的问题，更不是效率或财富能够简单解决的。人们需要宽敞的住房、便捷的交通、舒适的环境、新鲜的空气，但是人民也需要个人的自由、社会的祥和、文化的繁荣、环境的优化、精神的充实。简而言之，人民最终关注的并不是经济与物质的增长和享用，而是自身的自由、解放、幸福。

与黑格尔早年在论述新兴资产阶级兴起时以理性作为不证自明的前提一样，生活在当代中国的每一个具有正常思维能力的人，会从日常生活出发对平等的自由权利有一个基本的判断：市场法则不能支配社会政治生活，金钱不应成为社会政治生活的基本主宰，社会不能成为富裕者的天下，贫穷者不能因为贫穷而丧失自由和尊严，每一个人都拥有平等的基本自由权利等。这一切所指向的正是宪政。宪政中的自由是一种自由的责任与自由的秩序，它建立在每一个公民的自由能力基础之上。它包含公民的平等基本自由权利以及公民自身的公民能力以及社会基本结构或制度的正义性。

如何在追求自由的过程中实现社会良序，这是摆在当代中国的一个很严

[①] 林杰：《西方知识论传统与学术自由》，北京：北京师范大学出版社2010年版，第197页。

肃的课题。现代性社会需要具备现代性社会精神与人格类型的人。当尼采宣称"上帝死了",这个既有价值精神以及作为既有价值精神终极依据的"上帝"失却了存在的理由,但这并不意味着新的生活世界就无需任何价值精神与终极依据。"无休无止的抱怨和牢骚只会不断地掏空甚至撕裂自我,应该将对体制的不满转化成追求真学术的动力"。这是前不久英年早逝的中国社科院"青椒"张晖生前写下的思考。而他所批判的情绪在现实中很多高校都存在。在一个尚未建立起现代性社会的社会里,每一个人都先在地秉承着传统社会的某种基因,每一个人都是传统社会的塑造物,我们只有依靠我们这些从传统社会中生长起来的人来建设自己的现代性社会新家园。

和谐的高校应当是以公正为支撑的合理的伦理集体,也就是民主、法治、公平、正义的社会。以平等的基本自由权利为内容的公平,是人们的终极价值追求。高校教师职业伦理秩序不同于以往的公平、正义关系及其秩序,而是以平等的自由权利为基本内容的秩序。这种具有伦理规约性质的"规范""秩序"是现代性高校需要具备现代性社会精神与人格的教师。在这里,高校教师最终关注的并不是经济与物质的增长与享用,而是自身的自由、解放和幸福。

二、德行公益的教师行为秩序

一个共同体需要一定的"愿景"水平才能为未来的卓越成就提供准备。在走向后现代社会的过程中,需要率先把握引领社会进步、传承文化的高校教师群体中伦理关系的成长和变动,需要按照伦理关系的客观状况去建立基本的职业道德制度,并在这一道德制度的框架下去展开职业活动。拥有领导观念的高校领导人相信,改善学校、提高效能的关键是要建立融合组织和成员个人利益的"共同愿景"。这种共同愿景依赖于社会核心价值观的构建。道不可坐论,德不能空谈。于实处用力,从知行合一上下功夫,核心价值观才能内化为人们的精神追求,外化为人们的自觉行动。《礼记》中说:"博学之,审问之,慎思之,明辨之,笃行之。"有人说:"圣人是肯做工夫的庸人,庸人是不肯做工夫的圣人。"构建高校教师职业伦理共同体必须规范高校教师行为制度安排，充分尊重教师的个人正当权益，督促教师有德行，踏踏实实做人，并要向他们揭示互利才是实现自利的最有效方式。高校领导者不是操控教师们去追求个人收益，而应力图保证共同体成员有必要的知识和责任心，去实现组织的愿景。

市场经济建设的最大功绩之一，就是造就了无数个现实利益主体，使人们发现了自我，承认自我的个人私利。日本管理学家涩泽荣一则将这两者很好的融合了起来，他将中国的论语与当代的企业发展相结合起来，开创了《论语与算盘》，使之成为日本当时乃至后来几十年风行的商业哲学思想"公益即私利，私利能生公益"，再一次指出了个人理想与社会公益之间的关系，人生存着就必然有着社会属性，我们不能独立看待自己的人生价值，而必须依托于这个社会。那么在这其中，如何在作为现实利益主体的高校教师中建立规范的制度安排？我们首先要以一种客观利益安排的方式来表明德行是社会的通行证，是有用的。

德行的选择有两种情景，一是基于对存在意义与价值真切把握基础上的自觉德行选择，类似于康德所说的本乎律令；二是缺失德性的在特定环境中经过权衡利弊而做出的行为选择，类似康德所说的合乎律令。社会控制应当追求本乎律令，但其现实立足点则只能是合乎律令的。一个良好的社会的基本任务之一就是首先为民众提供一个明智的活动环境，在那里选择德行是有益的。事实上，就大众层面而言，人们往往并不是因为无法分辨好坏善恶而去为非作歹，恰恰相反，许多人作奸犯科是故意为之，明知故犯。许多高校教师明知抄袭违反学术道德，却依然为之，这种有利可图，而对被惩罚的可能性心存侥幸。要克服这种流弊与丑恶现象，社会就必须努力创造好的条件，提供明晰的善的价值目标，使这些不道德的行为成为不明智的行为，同时又推行强有力的保证手段促使人们去恶向善。如此，民众可以通过理智认识与生活体悟，感受到践行社会伦理规范要求、职业道德要求、实践道德义务，不仅是应当的，而且也是有用的。民众的德性状况很大程度上取决于社会为其所提供的社会结构方式，换句话说，高校教师的德性状况和德行实践在很大程度上取决于高校环境为其所提供的结构方式，如薪酬与发表论文挂钩，项目分配与发表论文多少匹配等。一个人只知道"德性"不等于他有道德；同样，一个人也不是先成为道德的人然后才去做有"德行"的活动。

善和利益事实上是不可分的。在本质上、根源上、在现实生活层面，善和利益有直接相通性。为善，能够获得崇高的精神价值，受众人仰慕，这是美的。道德的实践品性主要不在于它内心的修养，而在于渗透、贯穿、存在于一切自由意志活动的价值灵魂。为善是美的还不够，要为善来获得幸福，通过为善来选择一种获得幸福的智慧生活方式。真正的善是福德一致的，只有当社会能为民众提供如黑格尔所说的活的善的社会伦理，才能使其社会成员表现出普遍的德行状态。只有从大众层面上引导社会成员普遍向善，让普遍德行发展成普遍德性，由此建立在民众高尚情操基础上的社会控制及其秩序，才可能是真正健康、稳固、文明的社会。严格地说来，在德行有用的社会规约下直接形成的道德主体行为主要是外部他律的，但一旦在这种他律作用下逐渐形成了合乎善的行为的习惯，在长期的他律和习惯性行为之中，形成一种行为的动力定型，使人们养成在自觉考虑社会行为准则和道德要求的背景中来考虑个人的正当利益。这也是高校教师作为自然人，社会人存在时，需要与普通民众做出共同努力的。当这种努力成为习惯本身，人们也不再考虑纯粹的自我，而是在增进共同利益、群体利益，有利于社会共同体、职业共同体和对善的追求中来考虑自身利益。在此意义上，社会结构中善和德行有用便有存在的必要性。

三、宽容信任的教师生活秩序

什么样的高校才有兴盛的生活世界？根据萨乔万尼（Thomas J. Sergiovanni）的观点，学校应当有更高层次、更细致的对教师、学生加以关注，培育亲切有礼的人际关系。生活世界的核心是建设学校学习共同体，这其中，有特色的价值观是重要的，例如，一方面是"注重学术研究等事物"的价值观，另一方面是"注重对人的关心"的价值观，它们共同的反映在学校规范中。在学校，社会契约把家长、教师、学生带入一种共同的承诺，从而取得令人惊喜的效果。[①] 培育高校的"生活世界"，使其摆脱被侵蚀的困境，就应当使高校反映生活中有意义的价值观和信念。宽容和信任的原则应当作为高校生活世界的行动指南。

（一）社会宽容与个体宽容

宽容（tolerance）源于拉丁文 tolerare，是"容许别人有行动和判断的自由，耐心、不带任何偏见地容忍那些有别于被普遍接受的观点、行为的人"[②]。贾汉贝格鲁在《伯林谈话录》中曾说道："在实际生活的某些领域，有些价值可能变得互补相容，这样，如果要避免破坏性的冲突的话，就应该妥协，而最低限度的宽容，不管你情不情愿，都是必不可少的。"[③] 在多元化的自由社会里，不可避免要作出各种妥协和折中，经过权衡利弊而避免最坏的情况。[④] 宽容是一种以价值多元化为基础的理性化观察和分析问题的方法，它不仅意味着一种实践理性，也代表一种新的策略。在思辨的意义上看，唯有宽容才能使多元化的价值观共存共荣，才能获得共存的空间。社会主义文化的发展需要多元价值的统一，只有承认差异融合差异才能实现这种统一。具体的说，社会宽容只是一个相对性概念，因为通常不能依靠宽容来解决这种文化价值差异和冲突的问题。随着社会群体的扩大，个体之间异质性的增强，任何一种社会合作都伴有差异和冲突的存在，但事物都是有两面性的，社会差异和冲突也有利于群体保持必要的独立性，有利于社会的整合，是社会的安全阀。落实这种社会宽容远比理论设计的要复杂的多，社会上的不宽容现象也比比皆是。但具体的说，社会宽容意味着对价值多元化的尊重，对多元价值标准的理解，对拥有多元化价值观主体的承认和平等对待，对他人价值观念的执

---

① Sergiovanni T J. *the Lifeworld of Leadership：Creating Culture, Community and Personal Meaning in Our Schools*. San Francisco: Jossey-Bass, 2000, P. 17-34.
② 李建华：《道德的社会心理维度》，长沙：湖南教育出版社2011年版，第137页。
③ ［伊朗］贾汉贝格鲁：《伯林谈话录》，南京：译林出版社2002年版，第40页。
④ ［伊朗］贾汉贝格鲁：《伯林谈话录》，南京：译林出版社2002年版，第132页。

着。社会宽容是建立在多样性、差异性基础上，以理解、原谅、宽恕、尊重的心态与和平友好的方式来对待异己行为、观念及价值。对社会而言，宽容表现为社会成员、集团间的相互宽容，相互平等接纳。

而宽容对个人而言，则表现为平等精神。高校教师对个体的宽容是对不同于自身的他人的生存方式、行为模式、思想观念予以承认、理解和尊重，而不试图采取压制、排斥、打击等手段来强迫他人与自己绝对统一，要充分给予他人广泛的生存空间和自由。这种空间和自由不仅仅限于对于同事和学生，更要将心比心，怀着博大的心胸容纳他人；在科研创作中，要严于律己；在教育教学的过程中，要给予学生"说话"的权利，犯错误的权利，人格尊严的权利，价值差异的权利等。个体宽容的态度和行为并不是行为主体非理性、被迫作出的，而是行为主体自觉自愿作出的，所以要求高校教师有深刻而自觉的道德认识和道德觉悟，自愿地选取道德价值观念，自主的选取道德行为。个体宽容在某种程度上也意味着妥协，甚至包括一定程度上对权利或权力的放弃。高校教师对异己观念、判断和行为的宽容，既包含对异己正当权利的尊重，同时也必须放弃某种继续申言和自我辩护的要求，放弃某种应当得的"利益"或权利。当然，这种妥协、放弃或让步只有在教师道德自由的前提下，才有可能把握妥协的合理限度。也只有在合理限度内的妥协，才属于道德宽容，否则就是道德容忍。在社会主义和谐社会伦理基础的构筑过程中，高校教师群体更应该明确自身的道德责任，以身示范，以宽容之心对自由价值作出肯定和维护。

社会宽容不仅包括政治宽容、道德宽容、文化宽容，还包括宗教宽容。在通常意义上，"秩序"即规范或规范系统、社会法制、宗教信条、政治策略以及道德规范等都具有价值规导的制度、原则和规范系统，乃是构成人类社会秩序的基本要素。在这些要素当中，道德秩序显然是一种较弱意义上的秩序要素。个体宽容是基于个人平等而提出来的，社会宽容则是以追求个人平等、尊重文化多样和世界的丰富性而提出来的。要实现公正、合理、正义的社会宽容，就必须要求各行为主体能遵循道德宽容，能容下并尊重异己行为、观念。在社会宽容的背景下，由多元价值观凝聚起来的精神和谐在建设和谐社会主义社会中起着核心作用。只有在共同的价值观和共同的道德追求的引领下，人们才能在面对社会诸多矛盾和利益冲突的时候达成谅解，相互宽容和厚待，才能化解冲突、解决矛盾，形成和谐的伦理秩序。在大学这个小社会中，教师群体更应该用宽容的心去包容彼此，接纳不足。

针对教学、科研"两座大山"消磨大学青年教师创新能力的问题，B校张校长于2012年3月推出了以人事制度改革为龙头的一揽子计划，他认为，"没有做过科研的人，只可能在讲台上去重复别人已有的东西，不可能教会学生创新的能力和方法"。因此应将大学改革的第一步放在理顺科研与教学的关系、打破职称评定的"枷锁"之上，为青年教师提供宽松环境。因此，该校"新上岗青年教师8年内无需承担教学任务，专心科研，中途只考核一次，8年后验收成果，如果届时不能晋升教授或副教授的则要么转岗、要么离职"。讲师不上讲台之后，教授、副教授就必须上课。该校对青年教师给予理工科20万元、文科15万元的科研启动资金等等"最出格"规定成效显著，除艺术、体育等少数专业外，本科生课程已全部由教授、副教授担任。

B校一位刚入职一年多的年轻教师说："张校长开此举后，把我们从科研和教学的双重压力下解放出来了，多了沉淀积累的过程，对我们从教生涯来说是一种必要的保护。"

（二）社会信任与个体信任

信任作为一种现代观念，是一种由来已久的文化特质或称为地方性知识的集体习惯。社会信任不是公共品，而是任何开放社会都能自发形成的一种秩序，国家只是一个次要的参与者。早在现代汉学兴起之前，孟德斯鸠、康德、黑格尔、韦伯、罗素等人都把中国的儒家社会认为是缺乏社会信任和信用体系的社会，是一个"非现代的社会"的标本。传统中国和改革前的中国社会也存在社会信任问题，但尚未被"问题化"和"社会化"，而在社会转型的今天，这种社会信任危机却越演越烈。社会转型期间信任模式的变迁造成了高等教育社会信任支点松弛，高等教育资源短缺、供给不足、分配不均也加剧了教育不公平现象。一般高校教师之间的信任问题涉及面也非常之广，对教师组织的不信任，对评价体系的不信任，对薪酬发放的不信任，对内部同事的不信任等。

在礼俗社会向法治社会转型的中国当代，已开始建立一种社会信任的新机制。对于高校教师来说，建立在亲缘和地缘基础上的传统信任方式已经在很多方面开始式微。一个教师感受到在工作中不仅仅是一个"走卒"，而是希望凭借愿望、热情和奉献去把握工作的主动性，并体会到强烈的参与感和负责任的快乐。这种主动性和快乐与教师对集体的信任度息息相关。虽然"货币本位"的社会秩序动摇了部分教师的道德底线，扭曲了正常的价值体系，破坏了教师与教师、与社会、市场利益各方之间信任的基础。但凡事都是相辅相成的，只有民众之间相互信任，才能实现社会信任。同样，只有实现了社会信任，让货币和权力服从社会要求，社会自身才能摆脱信任危机。

四、从"世俗"走向"神圣"的教师道德秩序

马克思认为，人类社会是一个自然历史过程，是人的活动构成了人的历史，人自身的活动所构成的历史有其规律性。教师的历史也是一个自然历史的过程，能给未来提供发展的大致趋向，在这种趋向中存在多种可能，或者说社会在现实中孕育着未来发展的多种可能，人的选择实现社会发展中的可能与现实、偶然与必然的统一，这样的历史发展总是充满选择和不确定性的。一方面，作为人的教师总是有其"理性不及"，现代社会的种种利益诱惑往往会遮蔽洞见、迷惑心智、冷落理性，教师的理性往往并不十分可靠；另一方面，任何一个时代的教师总是在解决自身所面临的一系列问题中进步，如农业时代的教师以儒家思想为本，工业时代的教师以生产进步为目的，既有问题的解决又有为新的、甚至是前所未有问题的出现、敞现开辟了道路，教师总是面临自我发展中所提出的诸多问题。选择进步就是选择自我挑战，害怕新问题或者以新问题为遁词而安于现状，既是没有生命力的表现，又不可能杜绝新问题的出现。

通常人们总是认为过去决定现在，过去与现在决定将来，这是典型的单向度的机械决定论。在既定的社会历史条件中，由于人的价值旨趣、目标选择不同，历史发展的方向与进程就可能大不相同。在认识论看来存在就是价值，它的任务就是对存在本身的解释。而在价值论看来，存在属于价值，人的自主活动才使存在获得价值。教师的实践状态不同，存在的价值就不同，现存的事物对教师社会存在的意义就不同。当教师的生活世界处于转型、社会结构处于变革之时，教师价值目标的选择对文明演进的作用就格外明显。我们应当充分把握当代中国处于社会转型时期的这一历史机遇，充分发挥主体的价值选择对未来的积极作用。

从人类的教育经验来看，只有高尚的情感与健康的价值观才能造就高尚的心灵。高等教育体系要由"培养工具人"的教育理念转型为"培养文明人"的教育理念，全面倡导高雅文化的价值观。我国大学精神的培育除了依靠对古今中外经典文化的价值观的传承，还应依靠社会主义先进文化的陶冶。从古流传下来的中外文学、艺术和哲学名著，透露着真理与正义、美善和崇高，是人类价值体系承上启下的坚实纽带。家庭和社群是德性和伦理系统的基础产生者和保存者。如果共同的价值观没有一个合理的基础，那么任何社会都无法保持活力，甚至不能存在下来……它们主要是在家庭、学校、教堂和其他人们能面对面相处的亲密环境中产生的。所谓神圣道德，是指一种近乎完美至善至圣的道德高要求，并不是指宗教道德，而世俗道德则是一种并不那么完满至善至圣的基本道德要求。两者并不能简单理解为道德的两种不同境界，而是相互依存的两种道德范型，这是基于道德价值立足于此岸还是彼岸的问题。世俗道德是立足于现实此岸生活的道德范型，其虽具有"俗世性"，但并不内在地拒斥高尚与神圣，也不否定社会倡导的高尚、神圣的道德精神；而神圣道德是立足于彼岸至善理想的道德范型，召唤人们走向神圣。

中国传统文化实际是尊奉的是一种神圣道德范型，在教师领域尤其如此。它也确实造就了一批具备高尚道德人格，并能够在极其艰难的社会条件下引领社会世俗道德的圣人贤哲，如孔子、老庄等。神圣道德代表了社会的理想与完美,给人战胜现实卑劣黑暗的力量和勇气。在当代这样一个迷茫而物欲横流的社会,神圣道德确实有其存在的现实理由。然而无可厚非,由于神圣道德是立足于彼岸理想世界的,所以它就有一种先天不足——容易让人产生某种错觉,以为自己不食人间烟火。一方面,人总是首先立足于现实世俗,立足于感性的经验生活,总是他所在的生活世界的产物,不可能完全逃脱世俗生活;另一方面,最后能真正成为神圣、至善,到达神圣彼岸的,无论古今中外,总是极少数的具有代表性的。

马克斯·舍勒(Max Scheler)曾将社会成员分为"雅、俗"两类,他认为"雅人在比较之前体验价值;俗人则只在比较中或通过比较体验价值",① 这大致相当于中国古人所说的贤者与俗民。高校教师群体中的绝大多数也是作为所谓俗民存在着,并通过经验生活走向神圣。从众性道德有好的一面,也有坏的一面。就其优点而言,从众性道德恰当地提醒我们,德性总是与群体密切相连——在社群中形成、传播、得到强化、受到民间协会的维护和培育。如果没有公众联系,道德将缺乏情境、历史、共同目标和群体确认或监控。就其缺点而言,从众性道德制造依靠、抑制自治,其最坏的形式还会被鼓励一种坚定的"集体审议"。它成为一种伪联系的道德,一种蜂群的道德。最终损失的有时可能是一种个人自由,也可能是一种对超越局部集体的权利和社会正义的首要关注。因而,从众性道德经常会为意识形态上的一致和偏见进行辩护。②

一个制度正义的现代性社会主义社会,并不是注重以规约和法律的形式从外界强加给公民一系列神圣完美的道德要求,而是通过提供最基本的公民道德伦理规范和公正的社会主义制度供给,来使自己的民众提高自己的精神境界,是公民在日常的经验生活中生长出神圣的品质,向善的精神。在大学这个小社会中,作为道德共同体的教师们需要在世俗生活中自我学习和提高,

---

① 马克斯·舍勒:《道德构建中的怨恨》《参见价值的颠覆》,北京:生活·读书·新知三联书店1997年版,第18-19页。
② [美]罗伯特·纳什:《德性的探寻:关于品德教育的道德对话》,李菲译,北京:教育科学出版社2007年版,第85页。

将世俗道德加以完善，对公正的社会制度加以巩固，这几者之间并无不可逾越之鸿沟。现代性社会中的大学教师是能够变为神圣的，只不过需要在世俗生活现实出发，在经验世界中反思、提升自己。我们不能奢望每一位高校教师都能获得最高限度的道德品行，而只能希望他们在获得最基本日常生活的道德品行基础上去进一步发展完善自己。

第八章 伦理愿景：
高校教师职业伦理共同体的建构

"共同体"概念发端于古希腊哲学，近代发展为一个社会学的概念而受到关注，后被伦理学、政治哲学、宗教学等人文社会科学所广泛借用。其从一开始就潜藏着某种共同的伦理思想。目前的教师伦理理论和道德界说主要指向个体，而不是将之作为一个道德共同体来看待的，事实上教师在高校德育中的作用是以群体或集体为单位来发挥作用的，一个学生成才也绝不是靠单一教师的作用，而是靠教师集体的共同作用。正是缺乏这种对高校教师共同体主体性的整体认识，高校德育在很多时候都停滞在纯粹理性的王国，因此高校教师的共同体主体性应该放进高校教师职业伦理研究中，应该将纯粹道德的思维形式深入到实践理性层面。为了改变高校德育疲软的现状，作为个体的高校教师需要建构一种"共同体"的全局观念，而不是将自己个体化，因为单个道德的个体无法确证道德的合理性，"良心也可以处于作恶的边缘"[①]。如果高校教师个体无法摆脱自己的抽象性，也就不能具有共同体的"同僚性"精神。虽然一般意义上理解的高等教育主体都只指向其中的教师个体，使得在德育过程中教师集体精神的缺位。在此情境下，高校教师"共同体"的集体无意识消解了个体德性的影响，教师集体的道德意识和责任也被弱化了。教师"伦理共同体"是理想的高校组织形式，高校发展愿景要在建立"伦理共同体"的努力中得以实现。所以，在研究高校教师职业伦理的同时，还必须研究高校教师共同体的伦理道德精神，把大学教师群体视作德育的主体和共同体。

---

① 黑格尔语。

第一节　高校教师职业伦理共同体

面对中国社会的转型带来的道德转型,从教育学、社会学、伦理学角度探伦理共同体,对重建高校教师的精神家园和高等教育秩序有重要意义。

一、高校教师职业伦理共同体的内涵

"共同体"(koinonia),源自形容词"koinos",意为"共同的(common)"。从词源上看,共同体表现为一种具有共同利益诉求和伦理取向的群体生活方式。①

从伦理学的角度追溯其词义,"共同体"可以被认为是一种基于某种共同性而组成的群体。它不同于简单的数字累积而成的集合,或停留在共同生活的联合体,表示一种具有共同利益诉求和伦理取向的群体生活方式。人类学家认为,人们基于一定的目的和需要,通过一定的形式结合在一起的共同活动,形成一定的共通性和稳定性的关系,在此基础上建立起来的人的共在共处的组织化形式才称为"共同体"。在过去,人们是以群的状态整体地存在的,从家庭到城邦再到国家,人们常常因某种关系而被归纳到某一个群体中。基于共同的血统、诸神体系和生活习惯等影响下而来的共同信仰与价值的伦理指引,城邦的成员在精神上的共同性就如同发酵剂一般,催生着城邦成员的相互认同感,比狭义的联合体多了一项塑造心灵的功能。

正如亚里士多德在《政治学》开篇中指出:"由于所有的共同体旨在追求某种善,因而,所有共同体中最崇高、最有权威、并且包容了一切其他共同体的共同体,所追求的一定是至善。这种共同体就是所谓的城邦或政治共同体。"② 在他看来,城邦所有公民有共同的生活方式和目的,因为城邦是一个

---

① 王露璐:《共同体:从传统到现代的转变及其伦理意蕴》,载《伦理学研究》,2014 年第 6 期,第 77—80 页。
② 亚里士多德:《政治学》,颜一,秦典华译,北京:中国人民大学出版社 2003 年版,第 1 页。

共同体；但城邦又有别于其他共同体，是平等、自由的"不同的人"的合作与共享关系，因而是共同体的完满形式。但19世纪以来社会转型理论为我们理解共同体提供了另一个方向。马克思把资本主义以前的社会阶段描述为共同体阶段，其内部关系是"人的依赖关系"，随后提出共产主义社会的"真正共同体"是"各个人在自己的联合中并通过这种联合获得自己的自由"[①]，与前者相区别。如果说亚氏等人是对城邦社会生活的反思，那随着现代社会变迁，真正的共同体应该转向于个人从中获得真实自由和全面发展的伦理价值目标是否得以实现。

  作为一种伦理实体，作为"自在自为地存在着的精神本质。"黑格尔认为，"因为伦理性的规定古城自由的概念，所以这些伦理性的规定就是个人的实体性或普遍本质。"[②] 黑格尔的这种唯心论观点虽然有失偏颇，但他所强调的维系伦理生活的力量之所在——共同体的伦理精神在现实伦理生活中所起的动源性作用，广泛存在并体现于现实的伦理关系与伦理实体中。共同体是由伦理规范（体现共同体成员之间的伦理关系）和伦理秩序（共同体成员遵守这些规范所形成的）这两者构成，是一个具体而真实的伦理实体。也就是说，只有具有社会普遍性的善和真正体现社会伦理精神，同时也能够给实体中的个人带来善的伦理实体，才是真实的"道德共同体"，真实的伦理实体。

  从对"共同体"所描述的"和谐有序的生活状态"和某种共同的自由发展的伦理思想的挖掘，能够为我国和谐社会的建设提供思想资源，从整个社会的角度出发，有助于精神共同体的构建。这种精神共同体具有以下四个方面的条件："（1）具有共同的目标、志趣或利益，及由此而产生的成员之间的相互依存性；（2）具有共同的规范和价值准则；（3）具有区别于其他群体的共同体意识，成员能从精神共同体中获得精神情感的满足，产生与精神共同体同一的生存体验；（4）成员与群体之间是否存在道德上强烈的情感凝聚力

[①] 罗苹：《马克思的个体自主性思想》，载《光明日报》，2015年8月26日。
[②] [德] 黑格尔：《法哲学原理》，北京：商务印书馆1961年版，第165页。

量和群体团结精神。"① 其中，共同体间交往达成的前提在于多元主体间的共识和维系该实体所需要的"共同的善"，即共同的道德价值判断、道德意识、价值信念、价值认同或相关德性等。也就是说，如是这种道德不具有共同体的品格，就意味着共同体丧失了其普遍性、必然性的品格；能够将伦理实体的善与（利益）社会普遍善（利益）相统一，将物质利益和精神利益的有机结合是创建共同体的指导思想；最大多数人的根本利益是创建共同体的核心利益基础；达到共同体内部持续的稳定是其目标。

而这里我们要提及的高校教师职业伦理共同体更是强调了其对伦理价值的导向性，即教师作为"类"或群体共享的物质和精神层面的积极意义。因此，这里有必要对高校教师伦理共同体的含义做一个定义，即高校教师职业伦理共同体是有共同道德信念和价值取向的高校教师以合体的形式组成的有着共生共存关系的职业组织形式。高校教师职业伦理共同体是一个学习的、关怀的、同辈的、全纳的、探究的道德共同体。它强调教师之间"经过协商的共识"，强调教师之间共享的价值观、共同的伦理精神是通过艰难的谈判和妥协才取得的。根据共享的社会主义核心价值观、共同的伦理精神和对"作为一个高校教师意味着什么"的思考，高校教师伦理共同体将带领共同体成员为"做正确的事而奋斗"。在高校中，情感、共同体成员身份、道义以及责任感是更为有利的激励因素。

二、高校教师伦理共同体的特征

（一）包容性

包容性主要体现在高校教师对人本身的宽容与接纳和对特殊道德信仰的包容。一方面，高校教师伦理共同体的建构对转型时期进行教师道德探索具有重要意义，能为重新确立道德价值，更新旧有的道德观念意识，培养塑造理想的道德人格提供了一个宽松的环境，使彼此能够宽忍与包容其不同的生

---

① 刘善仕：《精神共同体的建构及其伦理意义》，载《广东社会科学》，1998年第2期，第50－56页。

活态度、方式、理想、信仰等，有利于处于不同道德体系的高校教师和谐相处。另一方面，由于道德主体跟随社会多元化、全球一体化的发展而视野逐渐扩大，道德规范的标准在不同时期也呈现出一定的差异特点，高校教师伦理共同体的构建能够创造适度的道德宽容环境，为教师克服自身的道德缺陷走向道德完善拓展了可能性空间，有利于维护道德的价值和基本的道德秩序。

（二）道德性

高校教师与教师、学生、社区之间存在复杂的交往关系，具有社会性的一面。道德是维持高校良好秩序的重要因素，而教师的道德性则是高校教师伦理共同体的内在需求，被视为维系共同体和谐的核心原则。现实社会经济结构和经济关系变化同时也是当代伦理的变革和发展过程，是对传统伦理观念的扬弃过程。高校教师伦理共同体也经历这种新陈代谢的过程，通过共同体精神（严格遵守基本的道德规范，自觉地服从他律的约束等）对教师行为的约束和关系的调整，来缓解由于利益冲突产生的矛盾，把道德要求等同于伦理主体自身的道德要求上来，并不断提升教师内部的整体素质，使高校在整体上呈现出一种内稳定。

（三）发展性

虽然道德价值判断是指向整个社会和全人类的共同利益，高校教师伦理共同体的道德价值判断是指向整个高等教育的共同利益的，高校教师伦理共同体也随着高校教师录求自身发展的同时而不断变化更新，并以社会历史发展的现实为依据形成自己变化发展的轨迹。这种随着社会道德认识的变化而变化的"伦理共同体"，正是源于教师主体所认同的道德价值评价标准的差异性，所认同的立场、观点和持有的价值观不同，于是产生的伦理价值观也就具有差异。

（四）责任性

回归天职是高校教师职业伦理共同体责任的唤醒。对高校教师来说，群体的共同性责任意味着专业决策精神的培育和对学生的爱。教师是群体中的个人，是作为共同体而存在的，专业决策表现了教师作为一种专业共同体，在变化的情境中突遇某些两难事件时的行动承担及表现出的基本价值担当。

三、有德之师：高校教师职业伦理共同体建构的鹄的

育人先育德，育德先育魂，教师德性是高校教师职业伦理的永恒主题，高校教师职业伦理共同体建构的目标是培养"有德之师"。高校教师职业伦理共同体是根植于教师专业伦理领域的，体现师德这种教师内在的精神价值追求，是从"全人"的角度赋予教师职业更为深刻的道德内涵，以"是否是有德之人"的价值标准来判断教师的专业伦理实践。具体来源以下三个方面。

（一）道德理想的回归

高校教师职业伦理共同体中所蕴含的道德特征本身就是一种道德伦理的需要。随着社会的不断发展，人们的物质生活得到了极度的繁荣，但繁荣的背后却是人被"物化"的逻辑所控制的生存困境，个性的缺失、道德衰退和精神贫乏等问题由此产生。工具理性取代价值理性大行其道，具有公共、普世意义的终极价值从公共领域逐渐消失。长期以来，以科学、民主和平等为核心的现代意识对高校教师职业伦理崇高维度的冲击，以壁垒森严为特征的社会分工对高校教师职业伦理责任维度的消解，以优胜劣汰为导向的现代竞争对高校教师职业伦理归属维度的碰撞，以制度建设为取向的问题解决方案对高校教师职业伦理自律维度的影响等，使"职业成就第一、收入第一"的功利主义思想在高校教师群体中大受追捧。高校教师道德问题的出现，主要在于其运用"社会人"身份进行实践活动时精神文化的缺失，特别是高校教师职业道德规范和相应法规的严重缺位。在恶性膨胀的物欲需求驱动下，主体品格、道德情操和文化素养的全面失落，是导致高校教师道德问题的深层主体原因。少数高校教师在追逐名利的过程中，忽略了个人品格的完善，只注重生活行为的正当性。这种现象一方面导致社会对教师道德失范和滑坡的强烈反感，使得部分教师深受坏的影响而被同化；另一方面也引发了社会对教师个人美德和价值理想的深度关切。因而迫切要求我们对传统美德的关注和培养，以致达成共同的道德共识，实现道德理想的回归。

（二）道德情感的复位

情感是人们对事物能否满足自身物质和精神需要而产生的一种心理体验。高校教师的道德情感，是其道德需要的内心体验。道德情感可以强化某种道德行为以刺激同一性质的道德需要的发展。在现实生活中，一个人如果缺乏对道德规范的情感体验，就不能将社会倡导的价值准则内化于心。高校教师职业伦理规范作为一种精神价值科学，是对教师职业伦理精神和学生精神成长的文化反思和启迪。教师的职业生涯经验是教师教育重要的信息源，而情感的体验连接了教师日常生活与非日常生活的过去、当下以及将来。教师通过经验叙事来对自己个人经验知识进行体验、修正、整理、突破。

（三）社会价值及道德主体的发展

道德是人的生活经验和人的社会需要的产物，而非外在于人的异己力量。因此，对个体来说，道德原则和规范使人的生命活动受到经验和当时社会需要的调节，同时使人又有能力根据社会发展的需要，变革和更新道德观念。高校教师职业伦理规范作为一种价值科学，其着眼点或根本价值导向是指向社会整体的普遍价值和长远价值。社会主义道德体系寻求更高更合理的伦理价值思想，高校教师职业伦理规范可以为其提供蓝本。高度关注教师群体的人际关系与社会关系的和谐，强调作为社会进步的开拓者与文化传承的繁衍者的高校教师积极参与社会合作与实现个人自我完善的辩证统一，它可以有效解决高校教师正确处理个人在发展过程中的各种关系，特别是解决好如何为师问题。在此基础上共建彼此尊重、平等相处、协力互助、平衡和谐的师师、师生关系，追求一个公正而富有人性的理想社会。因此，加强高校教师职业伦理共同体的建构，塑造教师良好的人格修养、营造和谐宁静的理性精神秩序，实现教师群体和社会的和谐发展，已成为高校教师群体适应社会主流发展趋势的重要保障。

第二节　回到现实世界：
高校教师职业伦理共同体建构的秩序诉求

就高校教师职业及其专业发展而言，最具代表性及核心凝聚力的举措就是具有伦理性质的行业共同体的建立，进而对教师的专业实践提供伦理规约、提出责任要求。道德之为道德，主要在于一个人的内在品质——只有具有了某种内在的品质，才是一个道德的人，只有道德的人才能有道德的行为，建立合乎道德的行为规范，才能维持教育教学及其生活的秩序。

一、同情的绵延：基于情感的德性生活诉求

高校教师伦理生活问的是："我如何才能过上幸福美好的人生。"教师德性伦理的目标是培养有德之师。德性伦理学认为人类有着特殊的本性，即我们都有着特殊的目的和目标——成为有德之人，我们的行动是实现这一目标的手段。① 自愿还是被动接受？德性是自主选择和不断生成完善的。即便伦理学明确告诉人们应履行哪些道德要求，也不一定导致好行为的出现。一般而言，强硬坚决的道德论证或道德要求，如果"与对一个人的整个生活具有根本意义的个人利益相冲突"②，就不会成为行为者的心理动因，也就无法形成好的道德秩序。高校教师的德性生活世界要以是否有助于高校教师共同体的伦理精神和学生的精神成长为旨归。③ 孟子曾说"一个人需要听取他人看法"，与亚里士多德的"拥有美德之人不必听从他人的想法"大相径庭，但在教师中，站在他者的视角看待事物是必不可少的，有人称之为情感主义的同情。在这一方面，以休谟为代表的情感主义较之亚氏的德性伦理学可能更为合适。同情决定了自我与他人间的关系。如果人太过于关注自我，人们会说他冷血，

---

① 高国希：《道德哲学》，上海：复旦大学出版社2005年版，第255页。
② 徐向东：《自由主义、社会契约与政治辩护》，北京：北京大学出版社2005年版，第218页、第341页。
③ 许烨，刘克利：《有德之师：高校教师职业伦理规范的鹄的》，载《大学教育科学》，2014年第4期，第59–63页。

对他人缺乏同情，同情可以让你知道何时开始不再关注自我，何时应该关注他人。同情是促人行善的主要动机。

教师的同情心是指教师所具有的易于、愿意并能产生同情的现象、引导自己行为方向的心理状态或态度倾向。教师的同情是高校教师德性伦理形成与成长的源泉，即推动着高校教师德性伦理的不断生成和发展。就高校教师德性伦理来说，劳动中的"同情"在其中的前提性作用主要表现在以下三个方面：一是教师个体的同情促使了教师德性的生成。个体的同情是教师对于教学生活中某个具体个人的遭遇或行为在情感上所发生的共鸣。当教师在教育实践中，看到或了解"上不起学"的孩子对读书的向往，会对他或她的处境和感受深表"同情"或"怜悯"；二是社会的同情促使了教师德性在劳动中生成。社会的同情是教师对某个社会群体的共同遭遇或行为在情感上所发生的共鸣；三是人类的同情促使了教师德性在劳动中生成。人类的同情则指教师对于整个人类处境、命运和精神状况在情感上所发生的共鸣。但值得注意的是，同情也不宜被滥用。

高校教师的思想政治素养、人文素养、知识涵养等因素直接关系着大学生思想政治教育的效果，在此意义上，高校教师职业伦理共同体的应然性理想对于引领社会道德风向、提升社会文化精神、培养优质接班人，从而最终为和谐社会的构建提供必要而充分的精神资源。在人生态度上以辛勤劳动为荣、以好逸恶劳为耻，在行为处事上以遵纪守法为荣，以违法乱纪为耻，在生活方式上以艰苦奋斗为荣、以骄奢淫逸为耻。可以说，高校教师职业伦理中所蕴含的道德特征本身就是一种道德伦理的需要。

把高校建设成为一个"伦理共同体"，意味着高校不仅是组织教学、传递知识的场所，更应该是一个学习者的共同体，是人和思想的集合体。在这里，教师、管理者和家长、社区因学生和谐发展的意愿而结合，对一套共享价值观和理念承担义务。共同体对于同质性的偏执追求必然会导致对异质性的绝然排挤。共同体的一面是善良、容忍、友爱、确定性和幸福，另一面则是封闭、不宽容、压迫、排他和不自由。"伦理共同体"使高校与封闭的、靠外在规则控制的"系统世界"适当分离，使高校教师的生活世界得以兴盛。

二、差异的共生：基于差异的规范伦理诉求

所谓规则，不过是现实中游戏者对游戏活动产生的某种感觉，或是对某种自发的逻辑秩序的遵循。社会中存在的各种法律、行为准则，说到底都是存在于一定社会结构中的某种"协同性被客观地调节到适应于游戏的必然性。"[①] 一般来说，高校教师"伦理共同体"与其他社会组织的区别是"伦理共同体"是用社会盟约来隐喻教师之间的社会联结性质，是以"规范"为基础；而一般组织是用"社会契约"来隐喻彼此之间的联结性质，是由利益需求作用而形成以"规则"为基础。

在社会生活中，当规范给大学教师行为提供了标准的解释模式时，当规范主导着大学教师交往时，当规范被大学教师群体所集体认可时，才可能形成稳定的秩序。规范性可以包括三层含义：一是理性力量，二是动力性力量，三是评价真理。而这种具有伦理规约性质的"规范"和"秩序"恰是目前高校教师职业所急需的。就像改变"GDP至上"的社会发展观一样，高校教师"伦理共同体"改变了"分数至上""成果至上"的教育观，体现了高校可持续发展的实力。高校并不只有经济生活的简单原则，教师也不仅仅为了自身的利益而从教。"伦理共同体"将改变高校组织内部人与人关联的形态，它把"寻找适合教师的学生"改变为"寻找适合学生的教师"。高校教师"伦理共同体"要调和多样性与差异性，遵循"有原则分权"与"分层忠诚"相结合的原则，强调教师由于自然意愿而结合成一个集体，有共享的价值观和理念，把每个教师从个体的"我"改造成集体的"我们"。尽管共同体旨在使教师们出于利他的心理而追求共同的事业，但它同样可能会使一些人和谐一致，同时排斥另一些人。共同体还可能夸大教师与他者的差异，导致分裂、破碎和脱离。鉴于共同体的这些特征，有原则的"分权"和尊重不同教师的"忠诚"被用来作为解决教师差异的指导原则。

---

① ［法］布尔迪厄：《文化资本与社会炼金术》，上海：上海人民出版社1997年版，第69页。

对于被同质化侵害的大学校园，迫切的需要一种允许差异和个性存在的伦理规范。这种伦理规范，则可从三个方面来探讨：形式，描述大学教师行业内行业规则可能会采用的外形结构；内容，指的是行为规范的实质部分；现状，指怎么样实施行为规范。由于每一位高校教师都是不同的个体，具有不同的思维，都具有平等的自由选择权，都有自己的道德价值判断、道德意识、价值信念、价值认同等道德原则，因此目前并不存在一个放之四海皆准的、可以借此来解决所有高校教师道德分歧的基本道德原则。在此意义上，高校教师伦理共同体的规范是基于差异而共生的、是在充分尊重每一位共同体成员专属道德原则的基础上形成的。

三、交往的需求：基于交往的学术共同体诉求

高校教师"伦理共同体"是基于"共享价值观""共同伦理精神""共同交往需求""盟约式"的关系，而不是基于货币交往的契约式关系。哈贝马斯认为，"目前人的日常生活交往已经在寻求一种与后形而上学时代相适应的开放的道德共识"，并走向一种交谈的道德空间。高校教师伦理共同体是建立在师生交往、师师交往、学术交往等交往关系之上的，是超越存在关系的一种伦理性的关系，在其中，教师是关系中的存在，关系在逻辑上先于个体自我。"伦理共同体"正在这种对存在、对认识的超越中形成一种为他者而交往、为他者而负责，同时在对他者的聆听和回应中成就自身的伦理情怀。良好的师生交往、师师交往、学术交往、自我交往等是教师个人成功的重要条件，这也是由教育工作的本质所决定的。如果长期处在师生关系紧张，同事之间交往紧张，学术交往紧张，教师与自己关系紧张、与家庭交往紧张等扭曲教师与他者关系的氛围之下，势必将损害教师自身的和谐。不管是"利益关系"还是"情感关系""伦理共同体"首先需要指出各种关系均是情感的、亲密的联系，而不是只是形式上、体系上的联结。

当社会形态从社区向社会变迁时，由于高校教师的伦理人和社会人身份共存一体，神圣的共同体生活愿景也会转变为世俗的社会生活愿景。迫于扭

转高校教师职业窘境和大学学术生态的需要，出于高校教师神圣的社会责任要求，基于知识创新和文化传承的需求，急需根据高校教师职业道德的柔性特征和职业伦理的刚性特征来构建一种学术共同体，使高校教师从世俗的社会生活回归于神圣的共同体生活，重塑高校教师职业伦理规范。就高校而言，回归神圣的共同体愿景也是其内在的本质要求，能够激发一种特殊的归属感和强有力的身份认同，使教师凝聚在共享的价值观、共同伦理精神下彼此分担道义和责任，这对于文化传承、社会进步也具有重大意义和作用。在共享的价值观、共同伦理精神的凝聚下，教师们创造了一种特殊的归属感和强有力的共同身份，彼此分担道义和责任。

四、和谐的创建：基于和谐的高校教师伦理秩序诉求

对人和人类社会来说，社会和谐是一个历史的概念，也是个相对的概念。和谐并不意味着完美，而意味着改革和改善。因此，可改革和可完善性总是在某种程度上意味着过去和现在的不完善、不完美和将来的善美追求。和谐社会应当是以公正支撑的合理的伦理秩序的社会，也就是民主、法治、公平、正义的社会。社会是由一个个人组成，塑造健康人格、营造和谐宁静的理性精神秩序，实现个人的和谐发展时实现社会和谐发展的基础。从齐美尔（Georg Simmel）的追问——"社会何以可能"，到保罗的忧思——"必须保卫社会"，一百多年来社会学家研究视角从来没有离开过"社会秩序"这一研究主题[①]。毫无疑问，秩序是一个社会存在与发展的基础。无论是人们的日常互动，还是社会结构的稳定，离开了基本的社会秩序都无从谈起。社会主义道德体系寻求更高更合理的伦理价值思想，高校教师职业伦理秩序建构可以为其提供蓝本。

高校教师职业伦理作为一种价值科学，其着眼点或根本价值导向是指向社会整体的普遍价值和长远价值。高度关注教师群体的人际关系与社会关系的和谐，践行社会主义核心价值观，强调作为社会进步的开拓者与文化传承

---

① 朱虹：《必须重塑社会信任》，载《社会科学报》，2012年7月26日，第3版。

的繁衍者的高校教师积极参与社会合作与实现个人自我完善的辩证统一，它可以有效解决高校教师在正确处理个人在发展中的各种关系，特别是解决好如何做人的问题。高校教师世界的和谐是动态的充满活力的和谐，而不是静态的一潭死水的自我等同。高校教师伦理道德的和谐、师生交往的和谐、学术创造的和谐是教师世界和谐的重要内容和组成部分，也是大学和谐的重要基础，在此基础上共建彼此尊重、平等相处、协力互助、平衡和谐的师师、师生关系，追求一个公正而富有人性的理想社会。因此，加强高校教师职业伦理共同体建构，促使其良性运行，已成为高校教师群体适应社会主流发展趋势的重要保障。

第三节　高校教师职业伦理共同体建构的实践取向

现代社会中正统的管理被一种不言自明的论断——"好的组织将产生好的人"所引导，伦理问题的解决与合理的制度设计密切相关。托马斯·霍布斯认为在国家组成之前，即政治社会到来之前，是不存在任何善恶的共同准则，个人的欲望便是善恶的尺度。但自康德超越了霍布斯在《利维坦》中描绘的主权国家形式的政治共同体而诉诸一个更为广泛的政治——伦理共同体[①]。事实上，高校教师无法脱离社会而存在，大学校园也无法脱离社会大环境而存在，高校教师职业伦理共同体应该依靠社会对教师"有所为"的价值期待来构建，应该是一种德性伦理共同体。从这一意义上讲，高校教师职业伦理是指高校教师共同体的伦理责任，只有顺应社会时代发展和当前教育改革现实所提出的教师德性要求，只有真实的反映教育道德的现实和教师德性伦理的现状需求，借鉴吸收国外优秀成果服务于德性伦理规范建设，才能符合社会对高校教师"有所为"的价值期待。由于历史时期的不同，高校教师职业伦理共同体构建在不同的经济基础上所需要的方法手段也是有所差别的。

---

① 张旭：《论康德的永久和平观念中的道德与政治》，见《现代政治与道德》，上海：上海三联书店，2006年版，第167页。

我们需要分析共建过程的特征,才能理解伦理共同体构建路径的多样化区别。

一、专业知识共同体:广博、求真

知识共同体作为一种自然现象古即有之,但这一概念的强化与"知识"的学科化和专业化运动相关,高校作为生产知识,培养知识创造者的主要制度性场所,是"知识共同体"的主要形式之一。

社会转型时期,国家的政治权力缺乏适当的定位,社会分工不清,行业标准混乱,知识活动缺乏独立性,学界中名实不符的情况是一种常态。在官本位的学术体制下,确立不起同行评议的权威,知识不能自由结合,只有知识个体,没有知识群体。由于专业标准的被行政化,盛产以已昏昏、使人昭昭的无良学者、学术忽悠。在专家教授名下,并不是都能达到社会行业标准的知识水准,还有相当数量的一批只是有本单位利益博弈的职称意义。而高校教师知识素养的提升,可以促进高校教师专业的发展,帮助其认识高校教师专业的伦理,形成专业观念,提供其作为指引高等教育行动的依据。不少人认为,一个专业教师只要具备了从事相应学科的专业知识即可任教,其实不然。从目前国际教师专业化发展的趋势来看,未来的高校教师应该具有较为广博的关于自然科学、社会科学、人文科学、语言学等综合方面的知识。而随着知识更新周期的缩短,知识老化速度的加快,作为高等教育的直接施行者要想在这种急速变化的时代中获得生存、发展与成功的机会,必须及时更新自己的知识库,使之不断生成新的知识,终身学习。

在专业知识上,"闻道有先后,术业有专攻"。与一般意义上的学校学习组织群体不同,教师的专业知识不是空穴来风,都是学有所本,渊源有自,逐步积累起来的。因而高校教师专业知识共同体是以教师专业发展为根本目标,使教师紧密围绕学生学业需要和自身职业发展需要而承诺共同的道德价值判断、道德意识、价值信念、价值认同或相关德性、责任等,建立相互支持、共享经验,协同学习的这样一种知识学习型组织。教师是社会上专业化知识程度最高的人,应能以自己的学识教养引导社会,为提高社会分工的专业化水准,树立身体力行的表率。学生在 18 岁以后进入大学,主要是进行"心脑手合一"的教育,其教育目标应以培养"具有世界文化胸怀和善于解决问题的人"为重。具体到每个学科专业,基本功的要求各有不同。如治西学的需要翻译文本,治历史的需要掌握史料,治经济的需要数学工具等等。而要达到"术业有专攻"的程度,要能获得专业的话语权,是需要做大量的读书和研究工作的,绝非朝夕之功。所以,在知识型社会,专业化则是通过学者的专业化知识来实现的。学者的专业化知识背景的厚重轻薄,决定了其知识话语权的大小多少。围绕"人文学科教育、自然科学与社会科学教育、专业技术教育"这三个层次进行系统训练,详见下文示例:

人文学科教育的课程:生态世界观与生态学、中西哲学史、中外艺术史、科技发展史、美学、宗教、伦理学、文学、音乐、绘画、设计艺术、舞蹈、儒家心学、道的哲学、禅的艺术、中医世界观与方法论、藏传佛教的修炼体系、风水、气功等;

自然科学与社会科学教育的课程:数学、物理、化学、生物学、计算机科学、生命科学、地球科学、空间科学、系统科学等,外语、语言学、心理学、教育学、社会学与生活、人类文化学、历史学、地理学、军事学、逻辑学、法学、政治学、国际关系学、经济学、管理学、财政学、金融学等;

专业技术教育的课程:理、工、农、医、文、史、哲、教、法、财、金、管、音、美、体、舞等专业课程。

首先,通过专业知识共同体的建构,将专业技术教育、人文学科教育、自然科学与社会科学教育三个层次的专业知识进行重新架构形成高校教师的知识体系,将高校教师团结在共同的目标和兴趣上,通过合作,对话和分享活动来促进自身的专业成长。如人文学科教育类的教师可以多研习自然科学、社会科学方面的知识,而从手自然科学与社会科学教育的教师可以多开展人文方面的知识学习等等。培根说过:"读史可以使人明智,读诗可以使人灵秀,伦理学可以使人庄重,修辞学可以使人善辩,逻辑学可以使人敏锐、凡有所学皆成性格。"如此种种。其次,教师通过培养学生们"艺术的感觉、哲学的思辨、科学的实证"这三大核心素质并熟练地掌握专业技术，实施一种以解决问题为中心的教育模式，可以用"问题教学法"把学生们导入一种学习的状态，通过提问、自学、讨论、学科精神与学科结构分析与讲解、案例讨论、作业、实验、活动、实践、课题研究、写学术报告等，培养学生们的问题意识——人文学科的问题，自然科学与社会科学的问题，专业技术的问题，自我实现与就业的问题，努力培养大学生们发现问题、认识问题、分析问题与解决问题的各种能力，实现"心、脑、手"合一的全面整合，并从内心深处升发出一种走向世界的扩张性与创造性。教师在教学中的方式方法改进与学习中与学生共同体验世界。

正如朱熹所说："集群圣之大成而折衷之。其事虽述，其功则倍于作矣。"[①] 在知识精英化的文化时代，学界的学术传承有序，知识层次分明，学业标准清晰。而今的学界，先是文化刨根的革命，继之市场大潮的冲击，加之以官本位的管理体制，难担得起"继往开来"四字了，取而代之的是急功近利的风气盛极一时。"述而不作"者鲜有罕见，"作而不述"者比比皆是。能写书而不读书的，有网上功夫而无读书功夫的，也是不乏其人。虽然著书立说的多不胜数，低端产品评定了职称，高端产品成就了策士，但国家的文化实力并没有得到提升，反而是不断下降的趋势。互联网时代，要拼凑出个"著作等身"的大师来，并非难事，粗通文墨者就可以做到。而那些整理年谱、注释著作、编选资料、修订校勘等具有公益性质的学术基础建设工作，没有辨伪存真的学术功底，却是做不来也做不好的。从学术史上看，一部扎实的资料书籍，对学术界的贡献，要远比一般著作大得多，也长远的多。但在现行评价体系上，往往拿不上台面。当前，虽然坊间新版书籍汗牛充栋，但具有原创性价值的屈指可数，知识含量的差异更是判若云泥。有些书的出版之日，也就是它的寿限之期。包括一些小有名气的写手级教授、博士级官员、老板级博导，如果论起学问底子，多是几本教科书培养出来的。如果略微留心一下，从大众媒体到官方行文，从学习文件到名人讲坛，经常可以看

---

① 出自《论语·述而》，后朱熹作《论语集注》。

出一些常识性错误、知识性硬伤和贻笑大方的逻辑混乱。这是一种既缺乏知识积累，又缺乏知识创新的低水平轮回状态。我们知道，评价一个老师：三流的教知识，其不过满足临时之需；二流的教方法，其可解决一类问题，但终不能贯通；一流的教思想，其可达"心游万仞，精骛八极"的境界，为一生的发展注入源源不断的生命能量。要打破这种低水平轮回，就是要实现知识活动的专业化。对此，学者是责无旁贷的。①

二、伦理精神共同体：人本、理性

高校教师的伦理精神共同体，大体上是由国家的"观念的上层建筑"伦理、社会公共生活伦理和教师个体的"伦理观念"三种形态构成，其中"观念的上层伦理"精神共同体居于主体地位并发挥主导和用，具有升华和引领"公共伦理"和"基础伦理"的功能，在整体上决定了整个高等教育系统和高校教师个人精神生活的社会属性。高校教师伦理共同体所拥有的精神实质上是教师伦理精神和道德精神的统一体。从某种意义上，从人类社会一开始，就有了对伦理精神的追寻，有了按照伦理精神的要求安排人的群体生活的愿望，有了用道德原则及规范去调整人们之间关系的需要。② 在后现代社会，人类开始致力于一种拥有道德制度的社会模式建设，基于道德制度的伦理精神开始进行自觉建构，也可以说在人类的未来，或者说人类当下已经显现出来的趋势，是对完美生活的追求和促进人的全面发展。高校教师伦理精神共同体要以马克思主义伦理精神来重建高校体系，以人为本，完善人的德性，实行道德建设的理念创新，这也是马克思主义伦理精神的逻辑起点和价值归宿。教育大计教师为本，教师大计师德为本，师德大计大爱为本。以学生为本的本源价值，是坚持育人首位。

知识分子个人修为中最可贵的，是对精神独立的不懈追求。"士不可以不

---

① 王海光：《学者、学问与学品》，载《战略与管理》，2010年第1-2期。
② 张康之：《论伦理精神》，南京：江苏人民出版社2010年版，第55-56页。

弘毅，任重而道远。"① 真正的知识分子往往超越世俗的愿望，以精神独立为最大的慰藉。他们执着于对真理的追求，具有独立的人格和学术品行。对于高校教师来说，唯有精神的独立，才能在面对各种外界力量的冲击和诱惑时保持内心的安定和审慎的判断，能够在不同的教育理论、理论权威和学科专家的威慑下保持潜心专业研究的抉择，才能在社会世俗生活中安身立命的同时追求精神的同步而不会徘徊迷惘。教师理论化知识的获得，也必须以其精神的独立与自由为前提。特别是在师范生的培养上，有抱负的师范生以及新教师要清楚何为"教学动机"，而且教学动机中必须包含为同事及服务对象负责的愿望。参与教师教育学习的学生通常从授课教师那里获得职业道德教育，获得最初的认知框架，但授课教师一般情况下无法根据课堂表现对这类师范生进行评价，也不会给予师范生机会让其自觉地正式自己的教学动机。大多数情况下，参与教师学习的师范生并不能从学习中培养这种意识，无法形成正确的所需的最基本的职业动机。

  大学教师共同体所拥有的精神实质上是教师伦理精神和道德精神的统一体。有文道："不端"再多，总是离奇个案，浮躁再少，确是群体心理。这反映出学术界特别是高等学校浮躁现象的普遍性和治理该顽症的复杂性。作为个体的大学教师在个人意志上是形式各异的，有的强大有的脆弱，而当其作为共同体的成员则需要扬弃个体意识的主观性，遵循"集体行动的逻辑"，让自己的个体意志与整个教师职业伦理和社会伦理意志相一致。高校教师群体就是一个伦理共同体，需要扬弃外界的客观自然、与内在的主观自然道德教育目的相左的成分，把教师个体和教师伦理共同体，个人至善和社会至善有机的融合在一起。换句话说，作为共同体的成员，集体中的教师们需要扬弃自我的主观性、抽象性与偶然性，把自我的道德意志上升为"不以个人喜好为转移的"共同体的客观意志，由此便形成了教师共同体精神。如此，整个高校德育也必然呈现一定的价值合理性。教师的个人道德意志与伦理意志得到了完美结合，教师个人与教师共同体得到了完美统一，教师个体的内在意

---

① 《论语·泰伯》。

志就会向行动转化。在具体的专业实践中，教师作为高校德育的主体，需要进一步扬弃伦理共同体的主观自然和个体内在的主观自然，最终实现伦理和自然、个体意识和伦理义务的和谐统一。

高校教师职业伦理的发展有赖于一定理性自觉的人来完成。理性在道德与伦理教育中具有重要作用。伦理道德不仅是规范的获得，还在于规范获得的过程中发展道德推理与处理判断两难境遇的能力。这就要求作为主体的教师应当具有自由的意志，并进而内化为自身的内在要求。高校教师应该追求理想人格的塑造，首先要拥有独立人格，这是学术生态环境中的研究主体，可以独立思考，独立行事，而不需要顾及政治权威、舆论高调和商业价值，要具备较为丰富的精神文化生活。大学教师作为拥有独立人格的个体，除了其社会人身份外，其属性范畴已扩展到社会价值标准的维护者、理性和道德准则的典范、文化学识的权威，这也就要求教师的责任良知必须控制个人的权力欲望，用理性的自我监督与制约来主动服从良知的掌控。

任何改造或替代规则伦理的道德学说都必须关注行为者的内在心理。行为者对道德规则的正确使用要求"与一个人的生活经验以及他对'如何生活'的普遍看法具有某些本质的联系"[①]。要使学术共同体的建立具有真正的对话精神，就必须首先确定共同体原则。各利益相关主体都有自己对于高等教育终极目的的理解，因此也会存在一些分歧，不可能在教师的专业品质与专业理想方面取得绝对一致的意见，但正因为分歧的存在，才显得共识达成的重要。大学教师通过对话语权、知识权、规训权等权力的策略性使用，如在策略的选择、实施和调控方面使权力运作具有灵活和可伸缩性，用以化解师生关系中的"权力定势"和师师关系中的"权力依附"，使传统意义上的教师对权力的任意"宰制"发展到对权力的"服务"。

生命意识的不断丰富和人性的不断完善，是摆脱生态危机的人性论根据。人性是复杂的多面体，甚至是一种悖论性的存在。这就需要加强人文素质的

---

① [美]约翰·罗尔斯：《正义论》，何怀宏等译，北京：中国社会科学出版社1988年版，第341页。

培养和人文精神的孕育。学品如人品。学品的高低，人品的真伪，是要听其言而观其行的。从知与行是否具有一致性上，判断其价值系统的稳定性。知行能够统一，知识的修为和道德的完善就能够相得益彰；知行如果相悖，言行表里不一，多重价值标准，势必造成道德取向的分裂，形成双重人格。所以，有没有道德品行的自觉自律，对知识的态度是大不一样的。自己享受着锦衣玉食，却向饥寒交迫者进行知足常乐的布道，既便能讲得天花乱坠，也不过是非常滑稽的愚人节目。当学业失去了道德内化的意义，成为单纯牟利的知识工具时，离自欺欺人也就不远了。笔者不敏，对当下这些五花八门的理论观点实在无力辨别高下，经常用一个笨办法，就是看其能否保持价值标准的一致性。"能够言行一致的就是真学，不能言行一致的就是伪学。"却倒也是屡试不爽，经常可以看到在某些冠冕堂皇言语下面的私欲作祟。

在社会主义现代性的良序社会，高校教师应当确立的基本伦理精神当然离不开主体精神与自由精神。在主体精神有必要提到"耻感意识"。耻感意识是指出于自律而对过错产生的一种耻辱感，如"八荣八耻"中所说到的"八耻"。耻感以对合理价值规范的自觉意识与认肯为前提，用以表达对内在法则的敬重。高校教师在继承民族德性精神中的否定性美德时必然要培养耻感这种道德意识，这样才能在亵渎具有普遍效准性的社会行为规范、背叛自己的理想信仰而内心又有所警觉时对主体进行反思，自我批判，及时纠正。这种耻感意识本身也是社会的希望。

伦理精神确立之后的重要环节是对伦理精神的导入，将理念转化为行动。如果说一所高校有"信奉""追随"这样的品格存在，那一定是对价值观、精神和理念的信奉和追随。在高度一致的伦理精神的盟约下，高校教师群体能够摆脱政治、利益和权力因素而建设友好的人际关系和社会关系，生成爱国、守法、敬业、忠诚、宽容、信任、平和的环境。在这样一个环境下，教师们因为情感的自然联络，以及对教育教学的责任感而工作，把个人得失放在其次。

三、德行规范共同体:关怀、向善

高校教师德行规范共同体的构建,旨在使教师通过对德性的追求来践行德行。著名哲学家、伦理学家麦金泰尔认为,作为当代道德文化基本特征的情感主义的相对主义,既是当代道德危机的重要原因,又是当代道德危机的重要表现。要克服以情感主义为典型代表的伦理相对主义,就必须重新确立德性在人类社会生活中的中心地位,必须回归德性传统。人是生活与社会政治生活与文化传统中的社会性、群体性的存在,人的行为不仅仅遵从一个社会和文化传统所要求的伦理规范,而且人们具有——也应当具有——对德性的自由追求。在麦金泰尔看来,德性的培养有助于消除人的实践活动作为获取外在利益单纯工具的性质,使人的实践活动成为具有内在利益的活动,实现人的实践活动的内在利益与外在利益的统一;德性能够使人的社会生活成为统一的整体,实现每一个人追求自身统一的内在愿望。与人的品格的设定大致相同,高校教师伦理共同体的品格也包括了正直、诚信、非凡的道德感、责任感、目的感、关怀、信念、公正、民主等素质,品格的关键是超常的道德素质。在有品格的"伦理共同体"中,教师们把共同体的品格追求作为一个普遍规范,通过德行来实现共同体目标。高校成长的关键在于教师的成长,只有通过"德行有用"的共同意愿突出共同体成员的目的、身份和意义,才能使高校、教师、学生把握自己的命运,实现教育的目标。它突出了共同体成员的目的、身份和意义。

佩利格里诺和托马斯玛从他们对医学专业学生的研究中得出:品德很少能通过伦理课程获得改变。在他们看来,一名教师塑造善行或恶行的能力可能是强大的,也可能是微不足道的,这取决于学生做出回应和做好准备的程度,也取决于这位医学教师是否愿意公开地、频繁地讨论和示范忠诚、同情、正义、坚韧、温和、正直和自谦等德性。阿奎那在《神学大全》中说,"爱是所有美德的母亲和根本,因为她是所有美德的形式"。爱是"人与上帝之间的友爱。"因为在爱中有一种互相给予的善意(good-will),一种相互的爱。这种爱只存在于分享某种共同的善的朋友之间。①"师有百行,以德为首,以爱为魂。"在现实生活中,我们是无法设想一个教师能够拥有所有德性的,即使是"贤人""圣人"也不可能做到,但这并不妨碍教师愿意通过学习和修养去获得德性。要求教师在美德实践的过程中坚持个人对善的追求,需要从以下方面的德行着手:

道德的德行——诚实、信义、礼貌、勇气、正义;

智力的德行——明辨、慎思、好奇、求真、创新;

交往的德行——善良、爱心、耐心、自立、乐于助人、愿意合作、尊敬他人;

政治的德行——爱国、守法、承诺公共利益、负责任地参与。②

这些关于高校教师德行的内容提供了一个立体框架,阐明高校与其他社会机构相比具有文化上的独特性。"通过本质而来的美德只是天赋和起点,而不是完善。"③道德主体至少需要一种至高的(supreme)美德。一旦拥有它,这种美德本身就会指引自我朝向终极的善,并且将主体不同的欲求、行为和美德统一起来。但阿奎那、豪尔沃斯(Hauerwas)等人并没有在亚里士多德那里找到关于这个问题的解决办法,即如何提供一种方式,来充分解释"自我如何获得一种指导,可以将我们不同的美德和行为统一起来"④。

以权力欲望为例,根据福柯的观点,我们可以把教师权力看做是一个慢慢扩散的标准化的网络,这个网络侵犯教师语言,教师制度,甚至侵犯他们自己的主体意识。种种教师道德病态的出现均出自于教师主体对权力的欲望,权力可以带来威望、名利、情欲,为了权力欲望而玩弄权术、渎职贪污,甚至进行权力创租与寻租以获得更大的利益。传统的如孟德斯鸠在《论法的精

---

① [美]德洛里奥:《道德自我性的基础:阿奎那论神圣的善及诸美德之间的联系》,刘玮译,北京:中国社会科学出版社2008年版,第140页。

② 许烨、刘克利:《有德之师:高校教师职业伦理规范的鹄的》,载《大学教育科学》,2014年第3期,第59—63页。

③ [美]德洛里奥:《道德自我性基础:阿奎那论神圣的善及诸美德之间的联系》,刘玮译,北京:中国社会科学出版社2008年版,第142—143页。

④ 同上。

神》中所说的要防止滥用权力就必须以权力约束权力，但就目前的情况看来，这种"以权力约束权力"也可能造成权力与权力相勾结或者权力门户等。因此，为了更好地实践德性伦理的内容要素，使教师的德性要求、伦理责任和德性实践遵循既定的秩序，必须加强对教师权力的自我控制。高校教师对自身权力的控制属于一种道德控制，属于社会控制的范畴，是指高校教师遵循社会规范以及与之相适应的手段和方式，借助社会舆论和教师自身良心所产生的力量，对自身社会行为以及价值观念、权力观念进行指导和约束，对自身参与各类社会关系进行调节和制约的自我管理过程。高校教师要想正确地对待自己的权力，获得职业生涯有序的生存和发展，就必须严格遵守社会控制体系。高校教师要正确把握权力控制的刚度，对恶性的权力越轨行为进行及时遏制。

因此，为了达到它们的完善，这些美德的种子需要正确理性的指导性培养，而这正是实践智慧或明智的作用。因为虽然这些自然倾向作为美德的起点可能对道德生活有所帮助，但是如果未被实践理性培育，它们可能会对个人的发展不利。因此，在原本充斥着浮躁的学术氛围和权力争夺的教师职业生涯中，教师更应回归理性，坚持个人对善的追求，这也是教师个人在面对教师集体在泛社会化和行政化潮流追逐中应该坚守自我德性的关键所在。教师永远都应该坚持对善的追求，控制自己的权力私欲，通过自己的努力来实现目标。这种目标的实现所得到的利益归功于他自己的价值，而不是"牺牲"另外一位教师或集体的道德财富。

人是不断生成的，而非预成的。在影响人的发展因素上，遗传只是人发展的生物前提，它只是一个必要的条件，而不是决定的条件，起决定作用的是环境与教育，而二者相比，教育又是起主导作用的。因为教育是一个有目的、有计划、有系统地全面地促进人的发展的过程。高校教师是知识的认知、传承和创新的创生者，教育学生成长成才。作为知识的认知、传承和创新的领路人，高校教师的主要职责是教书与育人。古人云"亲其师则信其道"，那么也只有信其道才能从其教。教师肩负着用正确的思想教育学生、培养学生的道德品质、塑造学生的精神世界，以及为国家培养"四有"新人的重任，这就决定了社会对教师的品行比对其他行业的从业人员有更高的要求。在处理教书与育人关系问题上，对于高校教师而言，首先要教育学生怎样做人，其次才是传授专业技术。既不能以学科为本位将教书与育人割裂开来，忽视学生在教学活动中的道德生活和人格养成，也不能混淆教书与育人的各自确定的内涵，用育人代替教书。而是要精通业务，学而不厌，寓思想教育于传授知识之中，寓思想教育于每个教学环节之中，寓思想教育于师生交往之中，建立一个接纳的支持性的宽容的课堂气氛和生活氛围。高校是人文关怀的发生器和传承器，教师要身怀关爱学生之心，办有利学生之事，时刻把学生的成人成才放在心上，要关注每一位学生，关注学生的情绪生活和情感体验，关注学生的道德生活和人格养成，与学生们分享他们的感情和想法，和学生一道寻找真理，能够承认过失与错误等。孔子说过："其身正，不令而行；其身不正，虽令不从。"著名的教育家叶圣陶先生也曾经反复告诫教师"身教最可贵，行知不可分"。在高校对具有自主行为能力的学生主体进行思想品德教育，教师的"身教重于言教"，为人师表也就是这个道理。前苏联著名教育家苏霍姆林斯基说过"教师成为学生道德上的指路人，并不在于他时时刻刻都在讲大道理，而在于他对人的态度（对学生、对未来公民的态度），能为人表率，在于他有高度的道德水平。"教师只有做到言行一致、身体力行，学为人师、行为世范，严于律己、勇于自责，才能确立教育威信，才有利于教育活动的顺利实现。教师本身具有高尚的道德、信念、情感意志和行为，对学生世界观、人生观、价值观和审美观的形成和完善，发挥着潜移默化的影响和作用。教师要把学生培养成什么样的人，自己就首先应该成为那样的人，或者说至少要朝着那样的方向和目标努力。

四、科研学术共同体：自律、严谨

从科学技术研究的组织形式与功能结构来看，科学已经作为一种社会建制与"科学共同体"而存在。所谓"科学共同体"，按照美国科学社会学家默顿在《科学的规范结构》中所描述的特征：一方面它是一个既松散又有信息交流和联系的社会群体；另一方面在其内部，科学研究已成为制度化活动，其成员有共同的目标、科学规范、行为准则和精神气质，如普遍主义、公有主义、无偏见性、有条理的怀疑精神。[①] 科学的社会规范除了具有科学共同体对科学建制外的侵害进行自我捍卫的功能外，在其约束和调节科学共同体中科学工作者的行为的功能上，与科学的伦理规范是相容相通的，或者说，科学的社会规范本身即具有伦理特性和道德意义，这体现了科学活动的伦理意蕴，反映了科学活动与道德实践的内在统一。

高校教师的科研学术共同体，是作为教师专业成就的一种价值判断，从内部来看，它将提供一种有利于学术交流和成果评价的组织和形式，发挥约束和调节科研学术共同体中研究者的行为的功能；从外部来看，它能有效捍卫学术侵害所带来的一系列影响和后果，有效协调学术活动与道德实践的内在统一。高校教师的科研学术共同体本身就具有伦理特性和道德意义，体现学术活动的伦理意蕴。就伦理的本意和最突出的传统伦理的特征而言，高校科研领域的道德建构是一种信念伦理，即试图通过确立某种理想与内在信念，使教师的科研行为符合道德标准，指望用善的理念与"道德良知"克服个人不当的私利欲望和越轨行为。与此相关，高校科研领域的道德建构也是一种自律伦理，即以实现外在道德他律的内化而达到个体自律的最高目标。传统伦理过于强调道德的非强制性约束，把道德践行完全建立在教师高度自觉的自主、自律，乃至"慎独"上，实际上这也是一个难以单独实现的目标。从前瞻性、可行性的视角，高校教师科研学术共同体的建构应该在继续规范性研究的基础上，致力于伦理规范运行机制的建构。

高校教师在学科学术创造中要"发扬学术民主"，遵守学术自觉和学术道德，严谨治学，实事求是，避免肤浅浮躁和模仿抄袭。2002年我国教育部针

[①] 朱法贞：《现代科学技术的价值审视与伦理建构》，载《辽东学院学报（社会科学版）》，2007年第3期，第19－23页。

对高校学术研究中的问题，提出《关于加强学术道德建设的若干意见》①，对学术道德规范也作了明确界定："增强献身科教、服务社会的历史使命感和社会责任感。坚持实事求是的科学精神和严谨的治学态度。树立法制观念，保护知识产权、尊重他人劳动和权益。认真履行职责，维护学术评价的客观公正。为人师表、言传身教，加强对青年学生进行学术道德教育。"

高校教师应懂得创新，大胆"试错"，而不是一味的模仿，不仅自己说他人之话，也教学生说他人之话。目前的大学教育和师范教育存在一些或多或少的隐性缺陷，虽然注重学生创新思想的培养，但事实上许多大学生或潜在的青年教师并不善于独立思考和承担责任，他们总是乐于接受现状，遵循既定的价值体系。虽然还有一部分大学生渴望大学这个智慧的堡垒能够带领他寻求答案、知识、意义以及志同道合的伙伴，但这种能够让大部分人都不负所望的教师已经日渐减少了。教师们所激发的是模仿力，而不是创造力。许多教师为了教而教，为了符合大众的声音和普遍利益的道德准则而变得自相矛盾。这种对现实的妥协，也便是自以为是的善，是对其岌岌可危的伪自尊。教师对美德的诸多实践是相辅相成的，任何一种美德的缺失都可能损害教师道德的本性，影响学术生态的平衡。

高校教师应懂得团结协作，公平竞争。在生活中可探讨任何引起自己求知兴趣的课题，并可以自由向他人发表自己的各种发现，并且有出版的自由及信仰的自由权利。道德并不是相互分散的，凡不能抓住道德之根基的人就不可能抓住任何一种道德，而在其品格中表现出某一道德的人，也必将表现出其他所有道德。反之，我们道德本性中的任何一个部分的堕落都会祸及整个道德生活②。这种对科研学术共同体伦理的遵守，是一个学者之所以能成为学者的道义基础。唯有如此，教师们才能在不断的创新，不断完善既定的价值体系下带领志同道合的伙伴们在智慧的堡垒中寻求答案、知识和意义，开

---

① 教育部：《关于加强学术道德建设的若干意见》，2002年2月27日。
② 许烨：《生活在拟像之中：论后现代高校教师的教学伦理》，载《湖南师范大学教育科学学报》，2013年第9期，第85－89页、第108页。

拓学术研究事业，追求真善美的神圣事业。

五、社会服务共同体：良心、忠诚

"市场行为不是孤立的行为，而是一种社会行为，一种文化伦理行为"。①发达的市场经济都灌注了一种深刻的文化精神。社会服务作为高校的一个理念，是随着高校功能的不断被发现而渐渐形成的。现代高校社会服务遍及社会各个领域，在服务贡献中不断发展壮大，为此要构建高校教师的社会服务共同体。在高校中，教师的"专业德行"，职业操守可以在很大程度上替代领导，具有一种强憾的、作用巨大的文化力量。

作为社会主义国家的高校教师，要构建顺应社会发展的道德与文化信仰。以为人民服务为核心、以中华传统美德为基础、以集体主义为原则的社会主义道德，是社会主义精神文明的基本内容，是构建社会主义和谐社会的伦理支撑。这也是在高校教师共同体中需要深化的社会主义文化信仰，倡导以社会主义核心价值体系——马克思主义指导思想，中国特色社会主义共同理想，以爱国主义为核心的民族精神和以改革创新为核心的时代精神，社会主义荣辱观为主导的和谐文化，将社会主义道德信仰作为共同体培育的内容。高校教师要充分发挥其文化功能和力量，提供教学服务，包括委培、推广教育、举办技术创新人才培训等；提供科技服务，包括科技成果转化、技术咨询等；提供信息服务，如共享高校数据库、图书资料等；提供装备服务，向社会开放精良装备如仪器设备、实验室、测验中心、计算中心等。

高校教师职业伦理规范作为高校教师文化的深层结构和核心内容，对高校教师文化建设与发展具有重要的指导价值，是高校教师文化建设与发展的生命和灵魂。马克思在《哥达纲领批判》中揭示，"权利永远不能超越出社会的经济结构以及由经济结构所制约的社会的文化发展。"② 人始终处在自己的

---

① 朱法贞：《教师伦理学》，杭州：浙江大学出版社2008年版，序言。
② ［德］卡尔·马克思：《哥达纲领批判》，北京：人民出版社1965年版，第14页。

精神产品——"文化关联"之中，人创造了文化，同时也被文化制约。① 高校作为文化传承的机构，其权利属性与知识和文化的关系十分密切。高校教师的文化自觉性和自信心需要被唤醒，如此才能形成共同的文化信仰。

　　市场经济秩序等建立必须以文化伦理精神做基础。为了更好地促进高校教师开展科技产品开发，成果推广转让，科技信息咨询和教育培训等活动，不能忽视教师的良心与忠诚对其进行社会服务的重要导向作用。良心是个人形成自己特有的判断，并根据这种良知判断行事。良心自由是宪政中的基本权利，是个人意志的存在，是公共权力所不能触及的必须予以尊重的存在。良心作为高校教师道德存在系统的核心内容，是人的一切本质规定中最为本质的存在形式。高校教师的道德良心生成义务感、责任心以及全部道德观念、道德情感、道德意志和道德信念。如果说高校教师的道德修养是一个把社会理性、群体理性和职业理性内化为自己道德存在过程的话，那么他也可以在道德修养中形成良心。而忠诚是一条重要的职业道德，是高校教师在教育活动中面对利益冲突使所表现出来的品格。忠诚其本身是一种理性行为，向教师群体导入忠诚概念可以降低教师流失的可能性。由于学科性质的差异性和教学工作的相对"自治性"，教师的团队意识、组织归属感在很大的程度上只能在学科组的教学、科研工作中形成，这也使得教师对于学科的忠诚显然高于对学校的组织忠诚。在忠诚情感缺失的情况下，高校组织要想向教师导入组织忠诚观念，必须以学科为背景，提高学科的组织地位，使得以学科组为基础的教学、科研团队能够加强，培养"高薪挖不走"和"扎根本校执教"的教师信念，以提高教师的工作责任心和对学校组织的忠诚度。以"良心自由"和"忠诚"成长而来的个人信仰，是具有独立人格的前提条件，它有几个层次的理解：首先，良心和忠诚是教师自主决定的权利。第二，良心和忠诚是每个教师凭借自己的任性而应当具有、同时享有的权利。第三，良心与忠诚不仅仅是教师内心的自由选择和道德判断，也是一种天赋的文化信仰的

---

① 谢地坤：《走向精神科学之路——狄尔泰哲学思想研究》，南京：江苏人民出版社2003年版，第7页。

存在。

正如联合国教科文组织在《21世纪的高等教育：展望和行动世界宣言》重所指出的："应当澄清这一方面的模糊与混淆：市场规律和竞争法则不适用于教育，包括高等教育。"① 高校教师本着良心与忠诚，心怀一种为社会服务的思想，才可能走进社会，亲近社会。高校教师应当明白，高校是位于时代文化科学发展前沿的求知求真的"学问之府"。高等教育活动主要是一种社会教育活动，而不是社会经济活动。高校应当"服务于"经济，但不是"服从于"经济，更不能变为经济运作的"工具"。因而正如被访教授之一所说的那样："对于幸福教育的教师来说，教育不是牺牲，而是享受；教育不是重复，而是创造；教育不是谋生的手段，而是生活本身。"

"好的组织将产生好的人"，在高校教师的发展过程中，应该把教师群体作为高校组织的主体和共同体，通过构建一种"共同体"的全局观念，将"共同体"的精神深入到实践理性层面，以便发挥教师的集体作用。总之，高校教师职业伦理的共同体建构绝不是仅仅依靠上文说的内容，而是需要共同体成员的共同努力，积极向善，形成一股"向善"的合力。

---

① 联合国教科文组织：《21世纪的高等教育：展望和行动世界宣言》. http：//www. lailook. net/klxx/02/2009-12-17/1691. html. 2009年12月17日。

结 语

高校教师职业伦理作为处理高校教师的各种社会关系的准则,体现的是社会对高校教师的要求,具有社会占主导地位的价值取向。它与一般伦理相区别,具有多向性、群体性、道义性、导向性、担当性、去魅性等特点,是一种指导高校教师人际交往的"统一思维"。研究高校教师职业伦理,对加强高校教师的职业伦理修养,践行社会主义核心价值观,建设有中国特色的社会主义理论体系均具有一定的现实意义,体现了科学性要求、民族性要求和时代性要求。通过对中西方教师职业伦理历史演进的梳理,可以发现我国传统教师职业道德是"教师德性",强调仁义、兼爱,教师伦理是以教师为中心,强调教师自身人格的修养;而西方教师职业道德是"教学道德",强调的是美德、理性与信仰,教师伦理以学生为中心,从如何培养学生的角度出发制定和规范教师的职业道德;二者互有长短。由于本书的理论视角在于高校的"教师在伦理道德意义上应该如何成长为教师"这一命题,因此为了阐明现实中高校教师面对的道德和伦理困境,笔者从访谈和生活观察中得到的大量材料中选取了一些有代表意义的内容进行辅证。

正如本书所呈现的,高等教育中的职业伦理不是一个狭义的概念,即只是与教师专业实践相关的伦理法则、规范,而是应该包括伦理取向的基础性核心原则,教学交往过程等。首先,德性是做人的根基,教师德性是高校教师职业伦理永恒的主题,是高校教师职业发展的"阿基米德点"。自文艺复兴后,以人的理性对抗神性,伦理学中的德性"沉寂"下来,规范取而代之。但是20世纪80年代兴起的恢复古希腊德性伦理传统的现代德性伦理学运动,对反思当前全球社会的道德危机困境,开展了一轮新的伦理学探索——"追寻德性"。从对高校教师德性的研究来看,学者们从哲学的批判角度走向了道德哲学的思辨,继而转向了生活化的伦理思辨,最后坚持以"无私"和"奉献"为核心内容的道德善良作为裁决。事实上,并不存在某种具体的社会道德来供人们参详,历史上的善和恶也并不以其纯粹的形态而显现出来。这种对政治社会道德的抽象理解,也使得个人德性的千差万别。许多教师一辈子都在追寻"什么是善"与"何谓生命本身"。随着现代市场经济社会的建立,社会中的每个人无论自觉与否都成为"经济人"和"市场人"。然而,当人们不断追求其教师行为成绩的过程中,对大学教师的社会功能却遗忘或者说淡化了。当教师要做出有关原则性的行动时,必须对个人的人际关系处境有全面的了解和评估,这也是对个人德性实践的考量。

其次,高校教师职业伦理规范之必要,体现于对高校教师普遍行为的制约,体现于对教师个体行为的约束,体现于对高校教师专业实践提供伦理支撑。古人所谓"不以规矩不能成方圆",说明了规则对人的社会生活具有非常重要的意义。缺少了规则,人们的生活行为将会失去最基本的导向。规范是对人的自由选择和活动的外在约束,表现为社会对个体的外在要求。事实上,高校教师职业伦理虽然承担着形塑高校教师个体品质以及维护专业声誉的功能,在此意义上,高校教师职业伦理就是指在社会生活和高校生活中,为了调节教师与教师、教师与学生、教师与社会的各种关系,维护正常的社会秩序而规定或约定俗称的标准和准则,它是指导高校教师的教育活动、社会生活得以存在、发展的必要担保。人性总是向往并追求自由的,但理性告诉我们:绝对的自由是不存在的,人总要受到外在必然性的制约。高校教师也不例外,只有依据某种外在规则系统才能保证个体行为自由的正当性与适当性。高校教师道德规范作为社会道德规范的一种特殊形式,既不是神的意志的体现,也不是人的主观意志的产物,而是人们在长时间的实践过程后总结出来的对高校现实道德关系的普遍规律的反应,这一方面从本体论上说明教师道德有其客观的内容和产生的社会基础,另一方面从认识论上说明教师道德是教师对自身及其关系的理性把握。高校教师作为一种类存在，不能不关注与学生、与他人、与群体的关系以及自身行为产生的社会效应和后果，从而确定"我应该做什么"（what I ought to do）的问题。

第三，高校教师与学生、教师与教师之间的交往是教师职业伦理关系的存在形式。这种交往自然是要获得知识、形成技能，但无论如何伦理是第一位的，伦理学优先于认识论和存在论。早在17世纪，英国哲学家洛克首先提出初始形态的交往理论，后经过休谟的以感情为核心的交往"共感论"，孟德斯鸠对交往与交往关系的产生的唯物主义解释。自笛卡尔伊始，西方哲学完成了自身的主体性转向。在之后的漫长历史当中，康德、费希特、黑格尔、马克思，以至胡塞尔、哈贝马斯无不在主体哲学的视域下开始其对人和世界的思考。高校师生交往关系首先是一种伦理性的关系，是对存在关系的超越，是"无限"对存在的一种切入，是一种真正的"超越"的关系。而教学交往是高校师生交往关系的主要存在形式，其在本质上是一种道德努力。教师正是在教学的过程中，对存在、对认识的超越中形成了一种为他者而交往、为他者而负责的伦理情怀。无论是教师还是学生都在对他者的聆听和回应中承担起自身的道德责任，同时也在对他者的责任中成就了自身。无论是主体性的教学交往还是主体间性的教学交往，总是自我与他者的交往，都必然要面对自我与他者的关系问题。

第四，高校教师职业伦理秩序应该是一种复合的理想伦理秩序。高校教师职业伦理共同体建构的目标是培养有德之人，用以加强高校教师道德建设、文化建设和和谐世界的建构。以良心与正义、人格与自我、平等与自由为价值取向的高校教师职业伦秩序是现代性的平等伦理秩序。为此，本书提出高校要倡导爱国、守法、公正、自由、德行、公益、宽容、信任，构建公平、自由的教师宪政秩序，德行、公益的教师行为秩序，宽容、信任的教师生活秩序，从"世俗道德"走向"神圣道德"的教师道德秩序。

第五，在研究高校教师职业伦理的同时，还必须研究高校教师共同体的伦理道德精神，把大学教师群体视作德育的主体和共同体。目前的教师伦理理论和道德界说主要指向个体，而不是将之作为一个道德共同体来看待的，事实上教师在高校德育中的作用是以群体或集体为单位来发挥作用的，一个学生成才也绝不是靠单一教师的作用，而是靠教师集体的共同作用。正是缺乏这种对高校教师共同体主体性的整体认识，高校德育在很多时候都停滞在纯粹理性的王国，因此高校教师的共同体主体性应该放进高校教师职业伦理研究中，应该将纯粹道德的思维形式深入到实践理性层面。为了改变高校德育疲软的现状，作为个体的高校教师需要建构一种"共同体"的全局观念，而不是将自己个体化，因为单个道德的个体无法确证道德的合理性，"良心也可以处于作恶的边缘"。如果高校教师个体无法摆脱自己的抽象性，也就不能具有共同体的精神。虽然一般意义上理解的高等教育主体都只指向其中的教师个体，使得在德育过程中教师集体精神的缺位。在此情境下，高校教师"共同体"的集体无意识消解了个体德性的影响，教师集体的道德意识和责任也被弱化了。在高校德育过程中，应该主要把教师群体作为德育的主体和共同体，通过构建教师广博、求真的专业知识共同体，人本、理性的伦理精神共同体，向善、关怀的德行规范共同体，自律、严谨的科研学术共同体，良心、忠诚的社会服务共同体五个方面来维持理想的高校教师职业伦理秩序。

加强高校教师文化建设，提高高校教师的思想政治觉悟，有助于形成良好的高校教师职业伦理秩序，提高教育的效果，实现使人民满意的高等教育事业发展的新局面，促进社会进步与文化的发展。高校教师职业伦理秩序和谐是社会和谐的伦理基础之一。只有建构理想的高校教师职业伦理意识，发扬高校教师的专业伦理精神，才能促进教师集体的进步，促进教育系统的反正，促进社会和谐发展。本书意在赞美那些善良、和蔼、无私奉献、负责、关怀体贴、求真、公平、诚实的高校教师。我坚信大多数教师都具有这样的美德。

必须指出的是由于在理论层面上进行基础研究，因此，本书的视野可能不够宽广。其次，由于这是笔者运用访谈法进行调查研究，因此自始自终都是在摸索中前行，有些被访教师因种种原因并不乐意配合使得访谈调查进展十分缓慢。加之由于笔者的研究时间、访谈对象数量有限，尚不能全面地深入各高校内部而主要是在湖南地区高校进行，如要进一步推广研究结论，需要更大样本的测量和分析。再次，由于笔者水平有限，又由于高校教师职业伦理关系、德性养成的形成过程异常复杂，本研究虽然有针对性地提出一些建构设想，但只是宏观性的对策。总之，本书旨在抛砖引玉，如何建构和谐的高校教师职业伦理秩序，促使高等教育环境良性发展，仍需要教育工作者多方面的努力。作为高等教育中的"他者"，所有的高校教师如何应对，如何实现道德自我的发展与提升仍旧是大学教师需要一生追寻的人生哲学。孟子在两千三百多年前说，君子有三乐，其中两乐是"得天下英才而教育之"和"仰不愧于天，俯不怍于人"，这是古圣先贤对师道、对专业主义和职业伦理亘古常新的解读。只有每个老师都致力于专业主义、敬畏职业伦理，才能孕育出有德性、有知识的杰出公民。

参考文献

[1] Aziz Asphahani, Tara Bell, Tom Stoebe. "*The ASM - Materials Camp Program for Professional Development of Teachers, Advanced Materials & Processes*", October, 2011, 36 - 39.

[2] Birmingham, C. Phronesis. "A Model for Pedagogical Reflection". *Journal of Teacher Education*, 2004, (4).

[3] Brinkmann, Johannes; Henriksen, Ann - Mari. "Vocational Ethics as a Subspecialty of Business Ethics - Structuring a Research and Teaching Field. Journal of Business Ethics," Sep2008, Vol. 81 Issue 3, p. 623 - 634, 12.

[4] Chuan - bao Tan. "On change of concepts: From teacher's occupational ethics to professional ethics Frontiers of Education" in *China Volume* 1, Number 3 2006, 439 - 446.

[5] Chunyan Chen. "Cultural Responsibility of Subjects" in *Moral Education in Colleges and Universities Asian Social Science Vol.* 7, No. 7; July 2011, 159 - 162.

[6] Cornelius Castoriadis. "Institution of Society and Religion", trans. David Ames Curtis, in *Thesis Eleven*, Vol. 31, 1993, 1 - 17.

[7] Elena Jurasaite - Harbison. "Reconstructing Teacher's Professional Identity in a Research Discourse: A Professional Development Opportunity an informal Setting", *Trames*, 2005, 9(59/54):2, 159 - 176.

[8] Elizabeth Campbell. "Let Right be Done: Trying to Put Ethical Standards into Practice". *Studies in Educational Leadership*, Volume 1, Part 2, 2003, 107 - 125.

[9] Gerhard Minnameier, "*Ethics and economics, friends or foes? An educational debate*", *Journal of Moral Education*, Vol. 33, No. 3, September 2004, 359 – 369.

[10] Gillian Rose. *Judaism and Modernity: Philosophical Essays*. Oxford: Blackwell, 1993, 6.

[11] Hanssen, B. "Ethics of the other", in M. Gaber, B. Hanssen and R. L. Walkowitz(eds), *The Turn to Ethics*. London: Routledge. 2000.

[12] John Eggleston, "*Teachers' Centres: a British development in further professional training*", *European Journal of Education*, Vol. 14, No. 4, 1979, 351 – 357.

[13] Kittay, E. F. "Ethics of Care Workshop: Tools and Methods in Bioethics", *EURESCO Biomedicine Within the Limits of Human Existence Conference*, Davos, Switzerland, September 2001, 8 – 13.

[14] Lisa Barbella. "Hot for Teacher: The Ethics and Intricacies of Student – Professor Relationships". *Sexuality & Culture*. Volume 14, Number 1, 2010, 44 – 48.

[15] Marion Smiley. "*From Moral Agency to Collective Wrongs: Re – thinking Collective Moral Responsibility*". *Journal of Law and Policy*. 2009, 171 – 202.

[16] Marta D. Collier. "*An Ethic of Caring: The Fuel for High Teacher Efficacy*". *The Urban Review*. Volume 37, Number 4, 2005, 351 – 359.

[17] Maulthner, M. "Snippets and silences: ethics and reflexivity in narratives of sintering", *International Journal Social Research Methodology*, 2000, 3(4), 287 – 306.

[18] Neil Mercer, "*Classroom dialogue and the teacher's professional role*", *education review*, Vol. 21, No. 1, 2007: 60 – 65.

[19] Peter Taylor. "*Where crocodiles find their power: learning and teaching participation for community development*". *Community Development Journal*. Vol 43 NO 3 July 2008, 358, 389.

[20] Rosalind Hursthouse. *On Virtue Ethies*. Oxford University, 1999, 29.

[21] Xu Qing. "*Reflective Teaching——an Effective Path for EFL Teacher's Pro-

fessional Development", *Canadian Social Science* Vol. 5 No. 2 April 2009, 35 – 40.

[22] Wineberg, Timothy W. *Enacting an ethic of pedagogical vocation: Pursuing moral formation in responding to the call of sacrifice, membership, craft, memory, and imagination*: [Simon Fraser University]. Burnaby, Canada: Simon Fraser University, Spring 2006.

[23] W. Norton Grubb Marvin Lazerson. "*Vocationalism in Higher Education: The Triumph of the Education Gospel*", *The Journal of Higher Education*, The Ohio State University, Vol. 76, No. 1, January/February 2005, 1 – 25.

[24] 安启念:《马克思恩格斯伦理思想研究》,武汉:武汉大学出版社,2009年版。

[25] 蔡怡:《道德领导——新型的教育领导者》,北京:教育科学出版社,2009年版。

[26] 陈秉公:《思想教育学原理》,北京:高等教育出版社,2006年版。

[27] 陈来:《古代思想文化的世界》,北京:生活·读书·新知三联书店,2002年版。

[28] [德] 恩斯特·卡西尔:《人论》,甘阳译,上海:上海译文出版社,1985年版,第33页。

[29] [德] 弗里德里希·尼采:《悲剧的诞生》,周国平译,北京:生活·读书·新知三联书店,1986年版。

[30] [德] 沃尔夫冈·韦尔施:《我们的后现代的现代》,洪天富译,北京:商务印书馆,2004年版。

[31] 杜向民、黎开谊:《嬗变与开新——高校辅导员制度发展研究》,北京:中国社会科学出版社,2009年版。

[32] [法] 笛卡儿:《第一哲学沉思集》,宫维明译,北京:北京出版社,2008年版。

[33] 樊浩:《"伦理"——"道德"的历史哲学形态》《学习与探索》,2011年第1期,第7 – 13页。

［34］高晓红：《政府伦理研究》，北京：中国社会科学出版社，2008年版。

［35］葛荣晋：《中国哲学范畴通论》，北京：首都师范大学出版社，2001年版。

［36］郭艳君：《克思历史观的生成论本质》《学习与探索》，2010年第3期，第24－27页。

［37］郭增花：《实践与至善——马克思在伦理学上的变革》，北京：经济科学出版社，2011年版。

［38］龚群：《道德乌托邦的重构——哈贝马斯交往伦理思想研究》，北京：商务印书馆，2005年版。

［39］郝文清：《现代思想政治教育学》，合肥：合肥工业大学出版社，2008年版。

［40］胡锦涛：《高举中国特色社会主义伟大旗帜，为夺取全面建设小康社会新胜利而奋斗——在中国共产党第十七次全国代表大会上的报告》，北京：人民出版社，2007年版。

［41］胡晓林：《〈世界全史〉百卷本中第018卷〈世界古代中期文化教育史〉》，北京：光明日报出版社，2004年版。

［42］黄坤锦：《各国教师专业之比较研究，台湾比较教育学会和师范教育学会：国际比较师范教育学术研讨会论文集（下）》，台北：台湾师大书苑，1992年版。

［43］罗国杰：《马克思主义伦理学》，北京：人民出版社，1982年版。

［44］刘大椿．：《国人文社会科学发展研究报告：2006社会和谐与人文关怀》，北京：中国人民大学出版社，2006年版。

［45］李萍、钟明华：《伦理的嬗变：十年伦理变迁的轨迹——"中国现代化进程中的伦理变迁与道德教育"研究丛书》，北京：人民出版社，2005年版。

［46］马克思主义哲学编写组编：《马克思主义哲学》，北京：高等教育出版社，2009年版。

［47］［美］R. G. 佩弗、段忠桥等：《马克思主义、道德与社会主义》，北京：高等教育出版社，2010年版。

［48］［美］麦卡锡、刘森林、王文扬：《马克思与古人：古典伦理学、社会主义和19世纪政治经济学》，上海：华东师范大学出版社，2011年版。

［49］［美］阿拉斯代尔·麦金太尔：《伦理学简史》，北京：商务印书馆，2003年版。

［50］［美］A·麦金太尔：《追寻美德》，宋继杰译，南京：译林出版社，2008年版。

［51］［美］A·麦金太尔：《三种对立的道德探究观》，万俊人、唐文明、彭海燕译，北京：中国社会科学出版社，1999年版。

［52］［美］托马斯·潘恩：《常识》，田素雷译，北京：中国对外翻译出版公司，2010年版。

［53］［美］安·兰德：《理性的声音——客观主义思想文集》，万立新译，北京：新星出版社，2005年版。

［54］［美］安·兰德、纳撒尼尔·布兰登：《自私的德性》，焦晓菊译，北京：华夏出版社，2007年版。

［55］［美］Derek Attridge、Geoff Bennington、Robert Young 编：《历史哲学：后结构主义路径》，夏莹、崔唯航译，北京：北京师范大学出版社，2009年版。

［56］［美］穆瑞·罗斯巴德：《自由的伦理》，吕炳斌、周欣、韩永强等译，上海：复旦大学出版社，2008年版。

［57］［美］德尼·古莱：《发展伦理学》，高铦、温平、李继江等译，北京：社会科学文献出版社，2003年版。

［58］［美］琼·凯利－加多：《性别的社会关系》，王政、杜芳琴主编，《社会性别研究选择》，北京：生活·读书·新知三联书社，1998年版。

［59］［美］托德·莱肯：《造就道德：伦理学理论的实用主义重构》，陶秀璈等译，北京：北京大学出版社，2010年版。

[60][美]汉娜·阿伦特：《耶律撒冷的艾希曼：伦理的现代困境》，长春：吉林人民出版社，2011年版。

[61][美]纳斯鲍姆：《善的脆弱性》，徐向东等译，南京：译林出版社，2006年版。

[62][美]罗伯特·梅逊：《当代教育思想精要》，陆有铨译，北京：文化教育出版社，1984年版。

[63]齐学红：《学校德育的社会建构——兼论道德批判的困境》《教育理论与实践》，2006年第7期，第61-64页。

[64]强以华：《西方伦理十二讲》，重庆：重庆出版社，2008年版。

[65]《思想与社会》编委会：《现代政治与道德》，上海：上海三联书店，2006年版。

[66]苏茂安等：《和谐社会主义论》，广州：广东人民出版社，2010年版。

[67]涂力、罗小龙：《近五年教师职业道德研究综述》《西南交通大学学报（社会科学版）》，2011年第5期，第127-131页。

[68]檀传宝：《教师伦理学专题——教师伦理范畴研究》，北京：北京师范大学出版社，2010年版。

[69]檀传宝等：《走向新师德——师德现状与教师专业道德建设研究》，北京：北京师范大学出版社，2009年版。

[70]陶艳华：《马克思政治伦理思想研究》，北京：人民出版社，2009年版。

[71]唐凯麟：《伦理大思路》，长沙：湖南人民出版社，2000年版。

[72]王世忠：《论我国市场经济体制下的教师职业伦理观》《高教探索》，2008年第2期，第115-119页。

[73]王恒：《时间性：自身与他者——从胡塞尔、海德格尔到列维纳斯》，南京：江苏人民出版社，2008年版。

[74]徐德华、郭宏群：《对教育视野下"人的存在方式"的研究——从

预成论到生成论》《教育探索》，2007 年第 11 期，第 6 页。

［75］徐廷福：《美国教师专业伦理建设及启示》《比较教育研究》，2005 年第 26 卷第 5 期，第 71 – 83 页。

［76］［匈］阿格尼丝·赫勒，《现代性理论》，李瑞华译，北京：商务印书馆，2005 年版。

［77］［匈］卢卡奇：《理性的毁灭》，王玖兴等译，济南：山东人民出版社，1997 年版。

［78］严书翰、王怀超等主编：《科学社会主义三十讲》，北京：中共中央党校出版社，2006 年版。

［79］［英］塔拉·史密斯：《有道德的利己》，王旋、毛鑫译，北京：华夏出版社，2010 年版。

［80］［英］戴维·罗斯：《正当与善》，林南译，上海：上海译文出版社，2008 年版。

［81］［英］梅拉尼·莫特那、马克辛·伯奇、朱莉·杰索普等主编：《质性研究的伦理》，丁三东、王岫庐译，重庆：重庆大学出版社，2008 年版。

［82］［英］约瑟夫·拉兹：《自由的道德》，孙晓春等译，长春：吉林人民出版社，2005 年版。

［83］［英］Burns, R. M.、Pickard, H. R.：《历史哲学：从启蒙到后现代性》，张羽佳译，北京：北京师范大学出版社，2008 年版。

［84］［英］M. C. Lemon：《历史哲学：思辨、分析及其当代走向》，毕芙蓉译，北京：北京师范大学出版社，2009 年版。

［85］［英］西蒙·布莱克本：《我们时代的伦理学》，梁曼莉译，南京：译林出版社，2009 年版。

［86］［英］史蒂文·卢克斯、田世锭、段忠桥等：《马克思主义与道德》，北京：高等教育出版社，2009 年版。

［87］张旭：《论康德的永久和平观念中的道德与政治》《现代政治与道德》，上海：三联书店，2006 年版。

[88] 张应杭：《伦理学概论》，杭州：浙江大学出版社，2009 年版。

[89] 张博颖：《马克思主义伦理学的一个新发展——从阶级道德到公民道德》《理论前沿》，2004 年第 9 期，第 27－29 页。

[90]《中国共产党第十七次全国代表大会文献汇编》，北京：人民出版社，2007 年版。

[91] 中国思想政治工作研究会：《中宣部思想政治工作研究所编》《思想政治工作概论》，北京：人民大学出版社，2007 年版。

[92] 中共中央文献研究室：《江泽民论有中国特色社会主义（专题摘编）》，北京：中央文献出版社，2002 年版。

[93] 周德义、杨志红：《师德修养论》，长沙：湖南人民出版社，2003 年版。

后 记

行文至此，窗外恰是细雨绵绵的初秋时节，捧着这份逐字敲打出来的20余万字的书稿，却体会到捧着深秋硕果时的欣慰与激动。感叹岁月如歌，光阴似箭，博士求学生涯在弹指一挥间已经结束，本书也是在我博士论文的基础上修改而成的。

回首在湖南大学的求学历程，在收获与成功的经历中，总能得到老师们的教导和关爱，同学们的鼓励和支持，我心中总是充满感激。我希望感谢那些以不同方式对本书顺利完工作出贡献的人们。

首先，我荣幸的感谢我的硕士导师唐松林教授。他从2006年开始举办每两周一次的学术沙龙，至今十年间从未间断。他智慧超群，分析透彻而且思想严谨，使我受益匪浅。在他的帮助下，我对哲学，对伦理，对教师研究开始产生浓烈的兴趣。不管是我的硕士论文选题还是博士论文选题，都是直接萌发于自身的爱好和情感体验。后来，这种爱好和体验逐渐变成了研究的内在动机，促使我想要去了解和深入关注高校场域中的教师职业生涯，希望能够通过自己的研究，探寻高校教师应有的样子、实际的样子。我很感谢我的恩师从未将自己的学术观点强加于我的思想之上，使我能够逐渐独立地形成自己的见解和感悟，以此养成独到的看问题的视角及思辨的艺术，慢慢喜欢上具有挑战性和冒险性的一些课题。

我要特别感谢我的博士导师刘克利教授和龙献忠教授。非常有幸能够在宝贵的学习期间得到两位导师的指导。作为导师，他们以渊博的知识，诲人不倦的高尚师德，严谨认真的治学态度，为我指点学术上的迷津；作为长辈，他们对我关怀备至，刘导师见识的广博、思想的深刻总让我醍醐灌顶；龙导师开朗的性格、宽容的态度和豁达的心胸总让我如沐春风。在毕业之后，两位导师也十分关心我的就业动态，不时地询问我是否需要他们的帮助。我的每一份成绩都倾注了两位导师大量的心血，在此，向我的两位博士导师表示最崇高的敬意和衷心的感谢。

其次，我要感谢湖南大学马克思主义学院的各位教授，如陈宇翔教授、柳礼泉教授、彭福扬教授、龙佳解教授、刘晓玲教授在本文开题时提出的珍贵意见和建议，以及在课堂上、在学术讲座和交流过程中给予的无私的观点。特别感谢陈宇翔教授不惜辛劳，在博士论文送审之前给予的无私帮助。感谢中南大学的曾长秋教授、湖南师范大学的王泽应教授和周仲秋教授的指点。感谢吴红艳老师、彭薪羽辅导员们给我的关爱和帮助，如春风化雨，永铭于心。感谢打印室的吴姐帮我修改格式、打印文本。

我要特别感谢湖南大学图书馆，毕业还书时借阅记录1486本，正是这些文本给了我莫大的资本。感谢本书参考文献中诸多著作的编写者，是他们提供了深入的有代表性的成熟的研究成果供我学习。感谢中外的大师们流传下来的经典著作文本，我从他们的优秀成果中吸取了无限的灵感。

我受惠于所有在本研究中发出声音，提供经验的湖南大学、湖南师范大学、中南大学、湖南农业大学、湖南理工大学的100位受访教师。他们对教学，对学生担当的专业责任让我感动不已。而且，我难以充分表达对他们的敬佩、他们的勇敢和坚强，袒露分享自己对于教学、生活与伦理的思考、道德上的困惑与疑虑。同时我也感谢那些因种种原因拒绝发声的受访教师，是你们给了我坚强的力量去完成挑战。

我还要感谢湖南省社会主义学院的各位领导、同事，是在他们的帮助下本书得以成稿，并得到在院经费资助下印刷出版的机会。

没有我的同学兼友人钟和平博士的鼓励，本书也许不会如此顺畅的写完。我感谢他四年来的好意和一贯的专业支持，我还要感谢他邀请我参与他申请的课题的研究工作。感谢我的师兄郑凯文、同门杨美新、师弟董树军和师妹周晶，感谢我的同学们，在本书研究过程中给予了特殊帮助和亲切关怀。能与他们一起学习共同成长，我倍感荣幸。他们的专注和热情是我们之间的专业距离变得微不足道。

  我也要将本书的成果献给我最敬爱的双亲。我要感谢他们多年来给予我在情感、理智和物质上的全力支持。我要感谢他们能分担我的思想，无条件的赞赏和无私的付出。感谢他们数十载如一日的温暖，是这些温暖使我成为善良和幸福的人。

  "一生努力，一生被爱。"秉承一颗感恩的心，再次对所有关心、帮助我的人说一声"谢谢"。

许 烨

2015年10月于长沙